宋史三部曲 之

东京梦寻录

夏坚勇 —— 著

译林出版社

图书在版编目（CIP）数据

东京梦寻录/夏坚勇著.—南京：译林出版社，
2023.4
（宋史三部曲）
ISBN 978-7-5447-9514-2

Ⅰ.①东… Ⅱ.①夏… Ⅲ.①散文集－中国－当代
Ⅳ.①I267

中国版本图书馆 CIP 数据核字（2022）第 216065 号

东京梦寻录　夏坚勇／著

责任编辑　焦亚坤
装帧设计　韦　枫
校　　对　戴小娥　王　敏
责任印制　颜　亮

出版发行　译林出版社
地　　址　南京市湖南路 1 号 A 楼
邮　　箱　yilin@yilin.com
网　　址　www.yilin.com
市场热线　025-86633278
排　　版　南京展望文化发展有限公司
印　　刷　南京爱德印刷有限公司
开　　本　890 毫米 ×1240 毫米　1/32
印　　张　10.875
插　　页　2
版　　次　2023 年 4 月第 1 版
印　　次　2023 年 4 月第 1 次印刷
书　　号　ISBN 978-7-5447-9514-2
定　　价　59.00 元

一国君臣如病狂然，吁，可怪也。

——《宋史·真宗本纪》

目录

第一章　瑞雪兆"疯"年　　　　　　　001

第二章　天书　　　　　　　　　　　042

第三章　又降天书　　　　　　　　　087

第四章　再降天书　　　　　　　　　115

第五章　东封　　　　　　　　　　　157

第六章　西祀　　　　　　　　　　　193

第七章　南谒　　　　　　　　　　　　232

第八章　神圣祭坛　　　　　　　　　261

第九章　还降天书　　　　　　　　　287

尾　声　从坑书到焚书　　　　　　　321

第一章　瑞雪兆"疯"年

1. 雪

景德四年冬天的第一场雪,比往年来得要晚些。

虽说姗姗来迟,却并不是蓄谋已久的样子,反倒显得有点随意,早晨还是很明朗的天色,到了小晌午说变脸就变脸。雪花刚飘下来时,似乎还有点试探的意思,但转瞬间就纷纷扬扬地肆虐开来,搅得天地间一片混沌。大街上的人都显得很狼狈,到处是抱头鼠窜的身影。但毕竟是入冬后的第一场雪,气氛终究还是欢乐的,即便是逃亡,也是欢天喜地的逃亡。慌乱者当然也有,例如在皇城前横贯内城的东西大街上,那就真的是兵荒马乱了。

兵荒马乱是因为大街上确实有"兵"和"马",他们是到城东的汴河码头仓库去背粮的。开封四平之地,无险可守,本朝自开国以来,即以数十万禁军驻扎京师。太祖皇帝深谋远虑,为避免禁军染上城市生活的奢靡之习，规定士兵每人每月的一石半口粮，均需自己去仓库背负，而且还规定：

> 营在国城西，给粮于城东，南北亦然。相距有四十里者，盖恐士卒习堕，使知负担之勤。[1]

赵匡胤是行伍出身，他知道军队如果长期没有仗打，要么就腐化堕落，要么就无事生非，当然更多的情况则是腐化堕落加无事生非。通过长途背粮锻炼意志体格以防止骄兵，设计者的初心可谓良苦。可宋王朝开国已快五十年了，特别是宋辽"澶渊之盟"后，化干戈为玉帛，边事浸宁，当兵的闲着没事干，没有理由不骄惰。这些年，背粮制度已流于形式，仍然是城西驻军到城东背粮，城北驻军到城南背粮，丘八们已懒得亲力亲为，一个个皆雇人搬运，自己或骑马或步行，一路监工，眼睛却盯着满街的红男绿女，权当是每月一次到内城观光而已。但今天观光者的运气不好，从城西的殿前司军营到城东的汴河码头仓库，单程二十里，冬天日头短，早上优哉游哉地出发，现在背粮返回，大致正走在大内前面的东西大街上。这一带殿阙巍峨，金粉繁华，本是观光的好去处，但骤然间大雪弥天，一时来不得也去不得，从城东到城西的通衢大街上，说兵荒马乱一点也不过分。

这里要说明一下，上文中的"城东""城西"是《宋史》中的说法，《宋史》是元朝人修的，所谓"城东""城西"是元朝人自说自话，北宋时的东京人决不会这样说，他们只会说"州东""州西"。为什么不称"城"而称"州"呢？开封当然是城，而且已经一千多年了，太史公笔下所说的魏国"七仞之城"就是那时候的开封。[2]但到了后梁太祖朱温在这里建都称帝时，突然城将不城了，因为他的老子叫朱诚，避讳，凡是该叫"城"的都改叫"州"。[3]某种语言习惯一旦形成——即使是由于专制者的强权——其生命力甚至远远超过了某个专制王朝的盛衰周期。朱家的后梁在历史上只逗留了短短十几年，但屈指算来，开封这种称"城"为"州"的特殊用语已整整用了一百年，而且还要继续用下去，因为至少到了北宋末年，在孟元老的《东京梦华录》中，人们仍然能看到"州北瓦子""州西瓦子"之类的记载。

俯瞰京师的雪景，最理想的所在是封丘门外的开宝寺塔，那是京师的制高点。凭高眺远，首先映入眼帘的应该是逶迤莽莽的三重城墙：外城、内城和皇城。寻常日子，那大圈圈里的小圈圈，小圈圈里的黄圈圈是极醒目也极壮观的。但现在，天地万物都被大雪遮蔽了，那雄硕的城墙也仿佛被施了隐身术似的不甚分明，只有几座城楼呆头呆脑地突兀着。反倒是顺天门外的金明池白亮白亮的，那里的水面没有结冰，雪落平湖静无声——不仅无声无息，而且无影无踪——因此，金明池非但没有被大雪遮蔽，反而被大雪映出素面朝天的容颜。这说的当然是湖面，至于临湖的亭榭、水殿、楼台，还有作为金明池标志物的大小龙舟，就只剩下了臃肿的轮廓。金明池最大的一艘龙舟乃宋初吴越王钱俶所献，长二十余丈，龙头凤尾，高大华贵，上为宫室层楼，皆雕镂金饰，并设有御榻，以备游幸。开宝年间朝廷准备用兵后蜀和南唐，太祖常乘坐龙舟在这里检阅水师。后蜀和南唐收入版图后，仗打得少了，即使打也是和北边的契丹或西夏打，没有水军什么事，金明池的水战演习逐渐变成了水嬉演出。每年三月，这里有龙舟争标及水上百戏，官家亦亲临观看，且赐宴于龙舟。但龙舟水嬉的欢娱中偶尔也会闻到政治阴谋的血腥气，根据传说中杜太后和太祖立下的"金匮之盟"，太祖身后当传位于太宗，太宗身后传位于弟弟廷美，廷美最后再把皇位交给太祖的儿子德昭。但世世代代当皇帝的诱惑力太大了，与之相比，所谓手足之情根本一钱不值。太宗在"烛影斧声"的迷雾中登上皇位以后，为了扫除传位给自己儿子的障碍，便指使人诬告秦王廷美图谋在太宗泛舟金明池时作乱。廷美因此获罪，并被贬死房州。这是宋廷高层政治斗争回响在金明池的一段插曲。钱俶所送的这艘豪华龙舟后来一直用到北宋后期，哲宗绍圣末年，朝廷才新造了一艘更大的龙舟。据说新龙舟落成后，京师大风昼冥，池水汹涌澎湃。风息之后，有关方面报告说，原来是新旧龙舟在池内大战三日，旧龙舟固然遍体鳞伤，新龙舟也瞎了一只眼睛。哲宗得知后"降敕悉杖之"，把双方都打了一顿，两舟始得宁贴。[4] 这当然是"有关方面"为了逃避责任而编造的鬼话，但官家和大臣们居然相信了，还煞有介事地对龙舟施以杖刑。可见谎言只要借助鬼神的名义，就可以堂而皇之地畅通无阻。

登开宝寺塔是为了俯瞰全城，若是要看皇城的雪景，最好的视角还是东华门外的樊楼。樊楼是京师最有名的酒楼，又紧邻皇城，其中的内西楼，居然可以"下望禁中"。"禁中"就是皇城，从"下望"这个词，我们可以想见樊楼的高度。皇城习惯上称为大内，大内其实并不很大，这里原先是唐代的宣武军节度使衙署，作为"王室藩屏"的节镇衙署不算小，但作为一个王朝的宫城就显得逼仄了。如果以东华门和西华门之间的通道为中轴线，正好可以将大内分为南北两大部分，其南部为外朝，又称前朝。这中间包括举行大朝会的大庆殿，官家日常视朝的垂拱殿，以及"二府"建筑群。"二府"为中央主要的办事机构，包括政事堂和枢密院。政事堂为宰相治事之所，又称东府，管理行政。其西的枢密院管理军政，又称西府。两者对持文武二柄，号称"二府"。此外，前朝东区则有集贤、昭文、史馆组成的"三馆"，是文化精英们扎堆的地方，一个时代的文采风流有很大一部分就是从这里"流"出去的。前朝诸殿的名字皆古雅华丽，不少都包含着典故，例如官家视朝的垂拱殿，语出《尚书·武成》，垂衣拱手而治，堪称为政的最高境界了。但这样无为而治天下者，谁曾见过？

　　中轴线以北就是后苑了，这里是官家和嫔妃们的生活区，你看那一排溜名称："尚食""尚辇""尚酝""尚衣""尚药""尚书"。"尚"者，管理也。这么多的"尚"，全是负责皇帝一家衣食住行吃喝拉撒的机构，统称"内诸司"。从总体上看，前朝建筑多是礼仪性的，体量较为宏敞；后苑的建筑则精巧紧凑，曲径通幽，更加人性化。雪中的后苑，若套用两句陈词滥调，就是玉树琼花，银装素裹。若套用唐人张打油的名句，就是"黄屋顶上白，白石身上肿"。"黄屋"不难理解，但"白石"是什么呢？太湖石（太湖石俗称"白石头"）。宋朝的皇帝多好文之君，后苑崇尚园林风格，每座院子里，太湖石堆砌的假山自是不可或缺。下雪了，那些瘦皱漏透婀娜多姿的石头，现在只能用一个"肿"字来形容，实在是委屈了。比之于外朝的办公区，这里更多了些烟火气或者闺阁气，偶尔有妃子或宫女在雪地里追逐，洒下一串笑声。这些平日里被森严的礼法所拘禁的女人也因为大雪而得以展现她们自由的天性。后苑有各种规格的院落，从它们的大小和位置可以看出主人的身份。从高处看，这里有点拥挤。但有意思的是，拥挤的后苑居然有一块稻田，那不是为了追求稻香村的农家情调，而是官家为了推行占城早稻，特地在这里辟田试种。到了收获的时候，便把臣子都召过来参观，让他们写诗唱和，谓之"观稼"。[5] 这除了进行农本思想的灌输而外，主要是一种娱乐。后来为了观稼，还专门建了一座观稼殿。这么多年下来，宋王朝君臣之间关于观稼的唱和诗已经收获了不少，到底占城早稻推行的成效如何，不得而知。但有一点是知道的，那就是这几年就全国而言，粮食问题确实不是问题，例如今年秋天"诸路皆言大稔"，淮南、京西诸路"麦斗十钱，粳米斛钱二百"。[6] 这样低的粮价，既是草民百姓们过日子的底气所在，也是官家一看到下雪就把臣子召来喝酒的底气所在。

官家把臣子召来喝酒这件事在史书中有记载，略云：

> 辛巳，上谓王旦等曰："……比岁稼穑屡稔，朕尝以灾沴为虑。兼闻今年宿麦甚广，得此时雪，农家无冬旱

之忧也。"遂赐近臣饮于中书,又宴馆阁官于崇文院。上作《瑞雪》诗,令三馆即席和进,两制次日来上。[7]

同时在两个地方请两拨大臣喝酒赏雪并赋诗,看来官家的兴致确实很高。

这一年是北宋景德四年,辛巳,即十一月十六日。

官家即宋真宗赵恒。

2. 三皇子

赵恒,曾用名赵德昌、赵元休、赵元侃。赵恒这个名字是二十八岁才开始用的,这一年他被太宗立为皇太子,而在此之前,他的身份是三皇子。皇帝老婆多,皇子也多。太宗的皇子不算很多:九个。赵恒排行老三,故称三皇子,当然这是他二十八岁之前的称号。与三皇子这样的称呼联系在一起的还有他的封号,起初是韩王,后来是襄王,再后来是寿王。这些爵位是皇子的标配,只要血统在册,就像排排坐吃果果,到了一定的年龄都会轮到的。但到了二十八岁时,三皇子不排队了,他脱颖而出了。由皇子变成皇太子,虽然只是在身份标签中嵌入了一个"太"字,但这个"太"字的分量实在太重了,那几乎是一座锦绣江山哪!果然,第二年老皇帝登遐(帝王死亡的讳称),皇太子登基。登遐加登基，换代不改朝，赵恒的称呼变成了官家。

以三皇子备位储君最后入承大统，这样的情况并不算很特殊，但有些前提条件要讲清楚。

赵恒生于太祖开宝元年（968年），他出生的时候，坐在皇位上的是他的伯父，开国皇帝赵匡胤。当然，他当时不是皇子，而是皇侄。无论多么伟大的预言家都不会想到这个叫赵德昌的皇侄日后会有当皇帝的狗屎运，因为以这个身份，他和皇位之间的距离何啻万水千山。按照皇位继承的正常程序，该皇侄如果要当皇帝，最起码要满足以下三个条件。首先，赵匡胤身后不是把皇位传给儿子，而是传给弟弟赵光义。第二，赵光义身后不是把皇位传给弟弟赵廷美，而是传给自己的儿子。第三，赵德昌上面的两个哥哥或被废或早死。只有满足这三个条件，皇侄赵德昌才有可能变成皇子赵元休、皇子赵元侃以及皇太子赵恒，并最终坐上龙庭。这是一条因果关系极其严密的逻辑链条，只要缺失了其中任何一个环节，一切免谈。但问题是，这三个条件中，第一条和第二条实际上是一个解不开的死结，也就是说，如果赵匡胤传子不传弟，皇侄赵德昌就永远不可能登上皇位；但如果赵匡胤传弟不传子，根据后来披露的"金匮之盟"中的"三传约"[8]，其条件恰恰是赵光义身后也要传位于三弟赵廷美，赵廷美身后再把皇位还给太祖系。如此，则皇位与赵德昌还是半毛钱的关系也没有。再看第三个条件……其实用不着看了，如果第一条和第二条的死结不解开，第三条满足与否已经没有任何意义了。

以上推理依照的是皇位继承的正常程序，也就是所谓的按常规出牌。如果要破解上文所说的死结，那就只有不按常规出牌了。

但这种话只能悄悄地说，因为事关谁当皇帝，这是天底下最大的政治，如果不按常规出牌，岂不是……篡，或者……大逆？

篡，以下犯上非法夺取也。但这个词的血统很高贵，其指向一般为最高皇权，低层次的权力争逐根本配不上它。而与篡捆绑在一起的就是大逆。世界上有些词是专门属于某一类人的，例如"篡"和"大逆"就专门属于皇权争逐中的失败者，因为如果你成功了，就是真龙降世、真命天子，该派你来奉天承运，从"诏曰"到"钦此"。

那么就出牌吧。

揆诸中国历代帝王史，我们还无法找出另一个王朝立国像赵宋那么突如其来且易如反掌。汉唐大帝国的肇始就不去说了，那是血雨腥风中打下来的。残唐五代，干戈扰攘，各方诸侯你方唱罢我登场，虽则都是短命王朝，但各朝开国君主创业无不经过二十年以上的惨淡经营，从马前鞍后地装孙子开始，备历艰难亦备历周折，始得逐渐坐大南面称王。而赵匡胤自二十一岁从军到三十三岁称帝，不过区区十二年，且无论勋绩、身份，都远逊于五代各朝的创业之主，其中的原因就在于他抓住了一次集天时地利人和于一体的机会果断出手，发动了陈桥兵变。"千秋疑案陈桥驿，一着黄袍便罢兵。"[9] 其实没有什么可疑的，那个夜晚所发生的一切，从头到尾都是精心策划的阴谋。在陈桥驿的那个夜晚，赵匡胤和拥戴他的那些人可能会想到各种后果，但唯一不会想到道德上的缺失。在五代的历史上，周世宗柴荣不仅雄才大略，而且可称贤明。作为后周的大将，赵匡胤在柴荣尸骨未寒时就从孤儿寡妇手里把江山夺过来，这种背信弃义恃强凌弱的举动，道德上难免遭到诟病。但政治家从来不怕弄脏自己的手，当然也不怕别人说什么，因为他们知道，历史是胜利者书写的，天下都在我手里了，谁敢说三道四？这是权力的自负，他们有理由自负。但一段明摆着的历史，总还是要有人说的，只不过在私下偷偷说而已。等到有人理直气壮地说出来，那就离倒台不远了。三百多年后，元军进抵临安，风雨飘摇中的南宋小朝廷遣使求和，乞求以割地称臣和赔款保存社稷，被元军统帅伯颜轻蔑地拒绝。伯颜说：你们赵家的天下当初即得之于孤儿寡妇之手，今亦失之于孤儿寡妇之手，此天意也。话说得很刻薄，但至少在形式逻辑上，人家刻薄得并不错。

陈桥兵变后八年，赵德昌生于晋王府。晋王是皇弟赵光义的爵位，他的职务是开封府尹，也就是首都市长。辇毂之下，首善之区，这个位子太重要了，再加上皇弟的身份，上朝时排班都在宰相之前，这是很少有的。据说赵德昌出生时，"赤光照室，左足指有文成'天'字"。[10] 这是《宋史》中的说法，当然是子虚乌有的鬼话。翻开《宋史》中帝王的本纪，类似的鬼话很多，例如太祖赵匡胤出生时，"赤光绕室，异香经宿不散"。[11] 太宗赵光义出生时，"赤光上腾如火，闾巷闻有异香"。[12] 说来说去，一个是"赤光"，一个是"异香"，都是贵人降生的祥瑞气象。到了赵德昌这儿，翻花样了，除去赤光，还有脚趾上成"天"字的纹路。刚看到这里时，我觉得很有意思，为了强调该小子受命于天，居然把创意用到脚趾上去了。但又一想，问题来了。新生儿脚趾上的皮肤皱褶，不可能横平竖直地很规范，说是什么字无非"看似"而已。但看似其他什么字问题不大，看似"天"字，那是要冒很大危险的，因为天字的笔划稍有歪斜，就会变成另一个字——夭。而且这个字的意思很不好，或曰短命，或曰刚出生的禽兽，都是恶咒。那么，你凭什么肯定新生儿脚趾上的那几条纹路就是受命于天的"天"字，而不是短命或刚出生的禽兽的那个"夭"呢？我这样想当然有点恶搞的意思，其实当初的修史者是不会有任何风险的，他们依据的是宫中的《起居注》和《真宗实录》，那些东西都是史官们为在位或逝去不久的帝王所作的编年史。当代人写当代史，总是靠不住的。更何况是为人主立传，难免一个"谀"字。但尽管如此，我还是提请大家记住赵德昌左脚趾上的那个"天"字，因为我总觉得那中间似乎透露了当事人的某种心理隐疾或解读真宗朝政治的某种心理密码。而且后来我们将会看到，为了那个子虚乌有的"天"，这个从皇侄到皇子再到皇帝的幸运儿是如何丧心病狂地折腾满朝文武和天下苍生的，他导演的那一幕幕荒唐的闹剧，即使不能说后无来者，也肯定是前无古人的。

十六岁出阁时，[13]赵德昌改名赵元休，这个"休"的意思应该是喜庆而不是完蛋（休矣），也就是休戚与共的"休"。改名的直接原因是他和他的一帮兄弟都从皇侄变成了皇子，取名原则从原先的"德"字系列改为"元"字系列。当然，最先改名的是他们的老爸，由赵光义改为赵炅，这是为了体恤天下臣民，尽可能地少给他们增添麻烦，因为"炅"字比较冷僻，避圣讳的范围要小一些。

不用说，他老爸登基当皇帝了，是为太宗。

太宗登基，给历史留下了一桩疑案——"烛影斧声"。

"烛影斧声"的真相早已沉埋在历史深处，成了永远解不开的谜，但关于赵光义篡取皇位并传之子孙的说法几乎是史学界的共识。根据现有的资料，这中间至少有两点是可以肯定的。其一，不能肯定太祖之薨是由于赵光义的谋害，但可以肯定其死亡属于毫无先兆的暴卒，他也肯定没有留下传位赵光义的遗诏。因此，太宗登基乃是他利用宫廷内线实施的"露月政变"的结果（赵匡胤死于开宝九年十月二十日，"露月"为农历十月的别称）。其二，不能肯定关于太祖身后传位次序的"金匮之盟"的存在，但太宗即位后一直把太祖的两个儿子和三弟廷美视为自己千秋继统的障碍，其后的德昭自刎、德芳"疾薨"、廷美死于流放地，都是太宗迫害的结果。

这中间，廷美的遭遇很值得一说。

据《宋史·杜太后传》记载，杜氏生五子（其中长子和第五子早夭），廷美位序第四。太宗即位后，加廷美为开封府尹兼中书令，封秦王，表明自己沿用太祖时皇弟尹京的旧制。从表面上看，廷美似乎取得了皇储的地位。但是在家天下的专制体制下，一个并非传承人主血统的准皇储其实是很危险的，特别是太祖的两个儿子不明不白地死后，廷美的存在就成了太宗的一大心病。"卧榻之侧,岂容他人酣睡。"这是当年太祖的名言,如今也恰好契合了太宗的心结。在他看来,这万世皇权的"卧榻"应由他传之子孙,岂容别人觊觎?世界上最残酷的莫过于权力斗争,而权力斗争中最残酷的又莫过于围绕皇权的角逐。在皇权的诱惑面前,父子兄弟喋血相残,人伦亲情一钱不值,这些都是司空见惯的现象。其中所呈现的凶残与卑鄙不啻人性泯灭,甚至连禽兽也不如,因为禽兽尚有怜子之慈和反哺之私。而且,禽兽在争斗时也大抵只有凶残,它们似乎还不大懂得卑鄙。太宗登基后的第一个年号叫"太平兴国",意思是安定团结不折腾,但实际上对外的战争和对内整人的运动一直没有停止过,现仅就太平兴国四年至九年期间的内外重要事件择要如下:

太平兴国四年二月,用兵太原,灭北汉。五月征辽,大败于高梁河。回师后,为行赏功臣事,太宗怒斥太祖长子德昭有不臣之心,威逼之下,德昭自刎,年三十一岁。

太平兴国五年九月,辽军攻宋,双方互有胜负。

太平兴国六年三月,太祖次子德芳"寝疾薨",年二十三岁。九月,太宗早年的幕僚柴禹锡告发秦王廷美"将有阴谋",预示太宗对廷美"将有"兴大狱之举。

太平兴国七年三月,金明池水殿落成,太宗将泛舟。有人告发廷美"欲以此时窃发"作乱。罢廷美开封府尹调西京留守,一批文武臣僚因"交通秦王"而贬官流放。不久,接替卢多逊入相的赵普告发卢多逊与秦王勾结事。卢全家流泛崖州,廷美被勒令归私第,子女取消皇室待遇。五月,继廷美出知开封府的李符上奏，说廷美"衔恨怨望，乞徙远郡"。降廷美为涪陵县公，房州安置。

太平兴国九年年初，廷美忧悸成疾，死于房州，年三十八岁。

不知大家有没有注意到一个诡异的现象，从太平兴国六年三月到九年年初，把廷美从准皇储一步步搞到最后贬死房州，太宗花了差不多三年时间。他采用的是钝刀子割肉的方法，慢条斯理，不慌不忙，一边又有足够的机会表演自己的假仁假义。这期间，廷美接连遭到告发，但告发者其实一点实实在在的证据都拿不出手，所依据的都是自己的想象和虚构。第一次柴禹锡告发的罪名是"将有"阴谋，第二次太宗游幸金明池前，告发的罪名是"欲以"窃发作乱，第三次李符告发的罪名是"衔恨怨望"。"将有"者，凭空捏造也；"欲以"者，信口开河也；"衔恨怨望"者，主观臆断也。三者相加，等于一句源于宋代而遗臭于青史的俗语——莫须有。莫须有在当时是什么意思？不需要有，或许有，一定有，说法各异，反正全是那种专横霸道而又挤眉弄眼的流氓腔调。官家有什么心事，那些整天揣摩圣意的臣子最清楚。因此，官家要做的事，很多时候其实是用不着自己授意的，自会有人帮他搞定。所谓"主忧臣辱，主辱臣死"就是这样教导的，不能为人主排忧解难，那是做臣子的奇耻大辱，连死都来不及。从廷美被祸的个案中我们可以看到，当人主要搞什么运动或整什么人时，那些冲在最前面的打手不外乎这么几种人：

第一种是柴禹锡们。柴禹锡何许人也？当年太宗还是晋王时，他就是晋王府的幕僚，这种所谓的"潜邸旧人"是宋代政坛上一支相当活跃的力量，因为人主一旦登基，这些人便一荣俱荣，遍布津要。他们是人主的老部下、跟班，或者叫心腹（宋代政坛上亦称之为"肺腑"），理所当然地也是人主最得心应手的基干力量。而对于"柴禹锡们"来说，他们就是人主"左牵黄右擎苍"中的那个"黄"和"苍"，充当鹰犬既是他们的本职所在，也是他们的本性所好，因此，一有风吹草动，自会争先恐后。

第二种是赵普们。赵普就不用介绍了，他的名气太大了，开国宰相，半部《论语》治天下。谈及太祖太宗朝政治，似乎很难绕过这个人物。但名气再大，宦海沉浮总是难免，因为你是臣子，归根结底得看人主的脸色。太祖晚年，赵普失宠，被打发到地方赋闲。一个曾在高层政坛上呼风唤雨的老官僚，失意之后岂能甘心？他连做梦也在窥测方向。现在他终于逮到了机会，以诬告廷美作为垫脚石，他如愿以偿地重登相位。现在我们应该知道了，"赵普们"是一群失意政客，他们咬人是为了邀宠进身，东山再起。

第三种是李符们。李符是个能吏，他最风光的一幕是开宝五年出任京西南路转运使。转运使是给中央搞钱的，太祖为了加持其权威，特地手书"李符到处似朕亲行"赐给他。李符就把这八个字绣在大旗上，走到哪里打到哪里，以示人主恩宠。不知道"拉大旗作虎皮"的典故是不是出自这里，但用在这里肯定很恰当。但李符虽有才干，人品却不敢恭维。"符无文学，有吏干，好希人主意以求进用。"[14] 这是《宋史》中对李符的评价。"希"是揣摩、迎合的意思，此人不学而有术，喜欢讨好人主以获取升迁。现在，他刚刚接替廷美出知开封府，这个位子很敏感。首先，开封府尹是进入中央执政班子的"四入头"之一，[15]这是天大的利好。其次，前任出事了，他必须旗帜鲜明地亮出自己的政治站位。因此，一上任就狠踹前任一脚，这也是"希人主意"之一种，目的是讨好主子，巩固既得利益，为日后的升迁拿下"印象分"。

当然，区区个案，不可能把各类见风使舵落井下石的政客尽数罗列。廷美案就其过程而言也算不上复杂，有些本来应该露脸的角色还不曾有表演的机会。例如，打着时髦的旗号泄私愤报旧怨的。或者，担心自身难保，就调门特别高地表现"紧跟"的。只要专制政治存在一天，这些人就会茁壮生长一天。也就是说，那些个角色原来是多少种，后来还是多少种，一种不多，一种不少。

说完了廷美的遭遇，似乎还有必要说一下房州。这个深藏在武当山深处的边远小邑，贫穷、闭塞，是一片未经开发的蛮荒之地。"其固高陵，若有衡宇。"这里的"固"和"衡"都是鄙陋的意思，一座座荒陋的土山，有如简陋的房屋，房州即由此得名。当然，把廷美送到房州来，并不仅仅因为这里是穷乡僻壤。国家这么大，穷地方苦地方偏僻的地方多的是，之所以选中这里，还有更重要的原因。关于朝廷流放罪臣的地方，当时有两句说法："春循梅新，与死为邻；高窦雷化，说着也怕。"[16]"春循梅新"和"高窦雷化"都是州名，合称八州恶地。流放到这几个地方，不死也要脱几层皮。房州虽不在八州之内，但房州有它的神秘之处，那就是：风水政治学。此地四面环山，中心河谷断陷，在风水上称之为"困龙局"。困龙局，懂了吗？历史上，这里确实是"困"过几条"龙"的。嗣圣元年，唐中宗李显被其母武则天废黜后流放，在这里胆战心惊地苦熬了十四年，那是差不多三百年前的事了。陈桥兵变后，后周的小皇帝柴宗训也被安置在这里。小皇帝当时刚刚七岁，在皇位上屁股还没坐热，就被赵匡胤带着一帮丘八赶了下来。虽然赵匡胤假惺惺地赐给柴氏"丹书铁券"（免死金牌），即使犯罪也不得加刑。但要消灭一个人，办法多的是，不一定非得法律上判死刑，所谓"房州安置"就是办法之一种。这个"安置"厉害啊，几乎是一"安"定生死的意思，也是"置"于死地而后……超生的意思，当然，这个"超生"指的是佛教中的死后投生。一个词的生命力可能与它的强度有关，正因为"安置"足够强势，所以千载之下，仍历久弥新。倒霉的柴宗训在房州勉强生活了十三年，二十岁时无声无息地死在这里。现在涪陵县公赵廷美也来了，前两个流放者都是当过皇帝的，廷美不是，他只是根据老赵家皇位传承的规矩，皇位似乎也有他的份，而他倒霉的根源就在于这个"似乎"。当皇帝这种事你"似乎"什么？你这一"似乎"，人家就把你当对手整，这不是找死吗？政治这种事，你如果有实力就霸王硬上弓地和他干，没实力就趁早躲远点。廷美在房州只活了一年半，从"忧悸成疾"这几个字中，我们可以想见他最后的生存状态。他死后，太宗还向近臣放风，说廷美是乳母耿氏所生。为了掩饰自己逼杀同胞兄弟的罪责，这个心毒手狠的伪君子竟然不惜编造谎言，向自己的老爸——也包括老妈——泼脏水。

国事家事天下事，这一系列变故的最大受益者无疑是赵恒，陈桥兵变，一夜之间让赵氏取代柴氏成了国姓；烛影斧声，一桩谜案让老爸赵光义成了大宋王朝的第二代君主；煮豆燃萁，对德昭兄弟和廷美的迫害则保证了皇位将由太宗的子孙世代传承。那个让多少野心家和阴谋家机关算尽丧心病狂的九五之尊南面之位，已经离赵恒越来越近了。

且慢！

廷美死在房州时，赵恒还不叫赵恒，叫赵元休（四年以后又改名元侃）。他还有两个哥哥，大哥元佐，二哥元佑。一"佐"一"佑"排在他前面，堵死了他走向皇位的通道。按照皇位继承的次序，他充其量算是第三梯队。也就是说，即使现在老爸"崩"掉了，皇帝也轮不到他做。而且还有一点，在皇位继承这种事上，第三梯队一般是派不上用场的，因为，如果第一梯队接班了，后面的梯队就得重新洗牌，按照他自己的儿子编排次序。原来你还排第三，现在连进入梯队的资格也没有。

这样一说，三皇子是没有什么戏了。

但情况很快就发生了变化，因为大哥元佐出事了。

作为皇长子，元佐的条件实在太好了。史书中说他"少聪警，貌类帝，帝钟爱之"。[17]"少聪警"可能是实情也可能是惯用的谀词，"貌类帝"却不大好瞎说，老皇帝钟爱也是肯定的。况且他还精通武略，长于骑射，曾跟随太宗出征太原、幽蓟，有过真刀真枪的战场体验，这样的经历对于长在深宫的皇子来说尤为重要。事实上，太宗也一直把元佐作为皇储培养，只是因为老皇帝生性猜忌，担心立储后会形成新的政治中心，影响自己的权威，才没有正式册封太子。

元佐的"太好"还包含一点：心肠太好。我们无从确认他对太宗身后皇位传承的想法，但我们可以肯定，对于父亲迫害德昭兄弟，他是很不满的。但太宗的手段很隐蔽，兄弟俩最后一个是自刎，一个是猝死，别人除去哀怜也说不出什么。元佐也只能不满而已。但到了太宗迫害廷美时，他就挺身而出了，为了营救这位叔叔，他甘冒宸严向太宗求情，力陈廷美无辜。当然，他这样做不会有任何效果。廷美死于房州，元佐闻讯后悲愤交加，一时竟成狂疾。这是一种由于遭到刺激而引发的间歇性神经病，只要情绪稳定，自会慢慢痊愈。

那就让他慢慢痊愈吧。请注意，他需要的只是情绪稳定。稳定，懂吗？就是安稳、平静，喜怒哀乐皆波澜不惊，至少，在恢复期间，谁也不要去刺激他。

如果他不是皇长子，不是准皇储，他身上没有维系巨大的利益，这样的愿望或许会很容易实现。但现在，不行……

雍熙二年重阳节，太宗在宫中设宴，召集皇子们饮酒作乐。因元佐病未痊愈，就没有通知他。这很正常。

散宴后，老二元佑便去看望元佐，当然要说到当天的宴会。元佐就很不高兴，对老二说："汝等与至尊宴射，而我不预焉，是为君父所弃也。"[18] 他认为自己已经被父王"所弃"，也就是不被当儿子看了。当晚抑郁难平，独自喝酒解闷，酒精迷性加上神经错乱，竟放了一把火焚烧宫院。

这一下事情大了。

在元佐焚宫这件事中，老二元佑是一个相当敏感的角色。我们不知道他在元佐家说了些什么，我们只知道他走了以后，元佐就放火焚宫了；我们也不知道调查事由时他对太宗说了些什么，我们只知道事后太宗怒不可遏，不仅把元佐废为庶人，甚至还要断绝父子关系。说元佐的火和太宗的火都是元佑"撩"出来的，这样的推理缺乏根据。但他处在那个特殊的位置上，元佐一废，他是最直接的受益者，而所谓的受益又是堪称天下第一权力的皇权。因此，对当事人心机之诡谲，怎样揣测都不为过分。

太宗对元佐的失望，不光在于他袒护廷美、干扰自己的战略部署；也不光在于他精神失常，以致纵火焚宫；可能还在于这一切的原始根源：心肠太好。一个将来要接班当皇帝的人，怎么能心肠太好呢？就像一个见不得鲜血的人不能当屠夫一样，心肠太好是不能当皇帝的。你心肠好，可以去当慈善家，也可以去当神州好人道德楷模，但绝对不能当皇帝，因为弄得不好那可是要人头落地的。等到国破家亡的时候，你捧着一副好心肠"垂泪对宫娥"有什么用？所谓"妇人之仁"历来就是一个带着鄙薄意味的贬义词，指向的是那些胸无大志缺少杀伐决断的庸夫和懦夫，例如那个虽然力能扛鼎却见到有士兵生病就流眼泪的项羽。

元佐被废，元佑的机会来了。不久，太宗让他领开封府尹兼侍中，这是准皇储的标志。太宗还为他改名元僖，这个"僖"的字形和字义都契合在同一点上：人逢喜事。看来，元僖可以放宽心思吟一阕《好事近》了。

人逢喜事——精神爽,这是一句俗语,但元僖的私生活并不很爽。不很爽的原因就在于他宠爱侍妾张氏,冷漠正室李夫人。对于男人来说,这似乎很常见,但元僖的偏爱却送了自己的命。张氏恃宠骄横,这并不奇怪。但这个愚蠢的女人居然想毒杀李夫人以上位,结果上演了中外好多经典戏剧中的一段经典情节:误毒第三者,元僖暴死。

到了这时候,属于三皇子的大剧才真正拉开了帷幕。

运气这东西你不能不服。运气好的人,其实用不着上蹿下跳拳打脚踢,当别人蹿跳打踢时,他只需耐住性子,慢慢等。等别人一个个都落荒而去,空下来的舞台便是属于他的。

元僖暴死是太宗淳化三年年底,两年后,一直在立储问题上首鼠两端的太宗正式下诏,立三皇子元侃为皇太子,并改名赵恒。自五代以降的近百年中,这是第一个由帝王生前册封的名正言顺的太子,赵恒真是太幸运了。第二年,太宗驾崩,三十岁的赵恒入承大统,是为真宗。现在看来,这些年赵宋家族所有的好运和变故,似乎都是为赵恒准备的,赵恒是这一切的最大受益者。但运气太好有时也并不是好事,正因为得之侥幸,当事人便难免心虚,或者说有点没来由的拘谨和自卑。一个拥有天底下最大权力的帝王怎么可能自卑呢?但赵恒确实自卑。这说明,形成某种心理惯性与其所处的地位并不一定有多大关系,有些人哪怕沦为乞丐,也可能心雄万夫牛皮哄哄,自信"乞"遍天下无敌手;而有些人——例如赵恒——即使贵为帝王,也仍旧心虚胆怯，总觉得背后有人在指指戳戳地窃窃私语，议论他执政的合法性问题。有时候，他甚至会想到后晋大臣桑维翰——此人因为身材短小，人称"桑矮子"——说过的一句话："居宰相，如着新鞋袜，外面好看，其中不快活。"[19]他觉得做皇帝也差不多。

赵恒登基后改元咸平。一个并不强势的君主，上台后自然不想生事，只希望安定团结。六年后又改元景德，景德就是大德、崇德，讲社会的核心价值，修明文治，仍然是守内虚外的意思。景德这个年号给历史留下的印记，后人耳熟能详的有两处，一个是这期间宋辽签订了"澶渊之盟"，以化干戈为玉帛的方式确立了两大邻国之间的战略互信，为双方赢得了一百二十年的和平。一个是江南西路有一处名为昌南（因居昌江之东南）的地方改名为景德镇。这座因烧造贡瓷而闻名的小镇日后成了中国的瓷都，以至不管是帝王还是平民，饭后若无意中翻过碗底，说不准就会看到"景德镇制"之类的字样。现在是景德四年年底，也就是说，这个运气极好却拘谨自卑的真宗皇帝登基已经整整十年了。

3. 解语杯

吃饭"朝九晚五"是古已有之的习惯。但古人计时不说"九点"和"五点"，而说"朝时"和"晡时"，因此，早饭和晚饭便叫"朝食"和"晡食"。成语"灭此朝食"的典故出自《左传》，但到了宋代，"朝食"和"晡食"的说法仍然没有变化。官家赐宴应该是吃晚饭，也就是晡食。冬天的晡时暮色已经很浓了，但因为下雪，积雪映出了天光，透过这朦胧的天光，可以看到庭院里飘飞的雪花——却是不紧不慢，下得极有耐心。

宋王朝的中央行政机构集中在皇城的西南片，也就是大内东西中轴线以南、钟楼和文德楼以西一带。官家把宴席安排在政事堂（宰相府），地点在朝堂西侧，朝堂不是上朝的地方，上朝的地方有三处，一处是重要节日和重大礼仪活动的大朝会，在大庆殿；一处是官家每天视朝的地方，在垂拱殿；还有一处是由宰相主持的常朝，在文德殿。朝堂实际上是朝廷的新闻发布厅，但官家今天在政事堂和臣僚们一起喝酒赏雪的新闻估计是不会发布的。

喝酒赏雪，官家做东，还有比这更开心的事吗？

而且竟然是最高规格的宴会。

宴会的规格高不高，不是随口说的，有具体的评价标准。宋代的宴会，酒跟菜配套，这当然说的是正式的宴会。民间的那种非正式的饭局，流水上菜，不撤旧盘，一边大呼小叫地喝酒，吃到后来，盘盘碗碗堆满餐桌，一片狼藉。正式的宴会就不同了，吃新菜，撤旧菜，酒菜搭配，并以此体现宴会的规格。体现在哪里呢？很简单。喝一杯酒换一道菜，属于规格较低的宴会。喝一杯酒换两道菜，规格就上去了，官家的私人宴席也就是这个档次。规格最高的是国宴，喝一杯酒换四道菜，契丹使者来呈送国书，朝廷在都亭驿款待客人，二府两制的高官全部出席，宴会就是这种规格。

今天用的也是这种规格，一杯酒换四道菜，这就超常规了。官家叫大家一起喝酒赏雪，本是心血来潮临时起意，这样的场合，一杯酒换两道菜算正常，换三道菜就受宠若惊了，但谁也不会想到，现在上了国宴的规格。

上规格就上规格吧，反正客随主便。太祖皇帝有言：酒乃天之美禄。太宗皇帝在赐宴近臣时也说过：卿等这般年华，正是戴花喝酒之时。来啊，都满上……

说起来是官家做东，但官家并不和臣僚同桌共餐，他独自占据一桌，然后叫内侍向他指定的大臣劝酒。劝酒有专门的劝杯，斟满了酒放在劝盘上，内侍双手托盘端到大臣面前。他是代表官家劝酒的，被劝的人没有讨价还价的余地，只能一饮而尽，然后还得向官家谢恩。在宋朝那个时候，除去大朝会，臣子对皇帝是用不着跪拜磕头的，只行拱手礼就行了。但尽管如此，宴会中间一会儿你谢恩一会儿他谢恩，不光臣子麻烦，官家也不得安生。这说明酒席上一旦有了尊卑应酬，那就谁也别想吃得舒服。其实官家的初衷倒是要让大家吃得舒服，他一开始就宣布，天公作美，大雪封门，那我们就关起门来喝酒，都放开喝。他说下午作了一首《瑞雪》诗，照例要诸公即席和进，但为了不影响喝酒的兴致，各位的和诗明日再上。又说，宴会结束时如果过了夜禁的时辰，几位住在城外的官员——例如权三司使丁谓住在朱雀门外——会由内侍送出城门，大家不必有后顾之忧。

下酒的菜肴一开始应该以果盘为主，一代名臣司马光曾回忆年轻时参加的一次款待契丹使者的国宴，光是果品就上了将近一百道。但现在是冬天，新鲜水果不多；加之水果寒性，严冬季节亦不宜多吃。因此上了几道干果后就是各式热菜和点心。东府（宰相府）的厨师和御膳房的厨师各有各的拿手菜，每次宴会也都有不同的菜谱。但有些菜却是不会变化的，例如果盘过后的第一道热菜旋鲊和宴会的最后一道点心太平毕罗。"鲊"在字典上解释为咸鱼，但这里不是。当年太祖为了接待初次来朝的吴越王钱俶，令尚食局制作几道南方口味的菜。御厨仓促受命，"一夕取羊别为醢（肉酱）以献焉，因号'旋鲊'，至今大宴首荐是味"。[20] 为什么用羊肉呢？因为宋朝的羊主要靠从契丹进口，价钱很贵。什么东西价钱贵了，就理所当然地被视为高档。估计旋鲊里还加进了其他一些价钱很贵的辅料。把当时价钱贵的食材搅和在一起做成酱，这是御厨们没有办法的办法。但他们成功了，因为"至今大宴首荐是味"，一道肉酱成了名菜。至于太平毕罗，不用多说，就是馅饼，只不过个头忒大，内容极其丰富，因此又被称为"一包菜"。毕罗也好，一包菜也罢，好吃不好吃就是一道馅饼，那凭什么每次都在国宴上殿后呢？无他，就是名字好，吉祥。

　　宴会的气氛一般和规格呈反比，规格越高越是正经沉闷。大家说的都是国泰民安的恭维话：诸路稼穑大稔，淮、蔡间麦斗十钱，粳米每斛二百钱，创历年未有之新低，真乃盛世气象。资政殿大学士王钦若甚至说今秋陈州、郓州等地的蝗虫不祸害庄稼，皆抱草而死。这是官家的政德感动上苍，才有如此旷世奇观。把这些言论记录下来，不用整理就是一篇极好的时政教材。官家显然很高兴，但又显然不满足于此，他不时还要搞一点即兴的娱乐以活跃气氛。春秋季节曲宴宜春殿时，最常见的就是赐花。例如出牡丹百余盘，每人一朵。其中品种高贵的千叶牡丹只有十余朵，只赐给亲王宰相。官家赐的花，臣子都是自己戴。有时官家为了表示对某人的特别恩宠，就让内侍为其戴花，于是"观者荣之"。荣耀啊，羡慕啊，甚至还有忌妒啊，全都在这个"荣"里面。当然，最有创意的还是把赐花和赐酒结合在一起，摘一朵含苞未放的荷花，轻轻掰开花苞，把斟满酒的劝杯放进去，再将花苞合拢，让内侍送给指定的大臣喝，这叫"解语杯"。因为人们认为荷花有灵性，能解人意。这是很高境界的君臣相得，其中有嘉奖亦有期许。但官家赐"解语杯"的情况并不多，如果发生，那就不光是"观者荣之"了，大家还免不了猜测：官家究竟有什么心语要臣子"解"呢？

太平毕罗上来了 —— 就是那种被称为"一包菜"的大馅饼 —— 这就宣告宴会进入尾声了，有的人已经开始伸头探脑，看外面还下不下雪。这时官家却破例把宰相王旦召到面前，一连赐酒三杯。

而且用的是"解语杯"。

冬天没有荷花，只能用绢花。这无所谓，关键是"解语"，意思到了就好。

王旦三饮而尽。因为就面对着官家，也因为是"解语杯"，不同寻常，于是跪拜谢恩。礼毕，官家又问："这酒可好喝？"

王旦当然说好喝。

官家哈哈一笑，向内侍作了个示意，内侍捧出一坛酒。官家说："好喝，把这坛带回去，与妻儿共享。"

散席。

东华门外，自然都有车马等候，但不会有轿子。乘轿是皇室的特权，偶尔为了照顾年老有疾的元勋重臣，经皇帝特许才可以乘轿。开国名臣赵普晚年准许乘轿，特地作《谢许肩舆入内表》。前些时官家在玉宸殿读前朝奏牍，对这篇出自大才子王禹偁之手的谢恩表甚为称赏，特别认为其中的"实君父之殊私，非人臣之常礼"两句，于兢惶涕泗中尤见得体。[21]可见对于臣子而言，乘轿是莫大的荣宠。此刻，大臣们酒足饭饱，一个个醉眼蒙眬地从东华门鱼贯而出，有清醒者踩镫跨鞍时偶一抬头，只见好大一轮圆月有如冻凝在天幕上，这才想起今天恰逢既望（十六日）。雪却悄悄地停了。

出东华门再沿大货行街向东去的官员不少，因为很多人都住在马行街附近。京师的繁华地段向有"南河北市"的说法，[22]"南河"自然是汴河沿岸，"北市"即马行街商业区。而且这里离大内不远，官员们每天上朝很方便。王旦也住在这一带，此刻踏雪夜归，一路上亦络绎有人同路，但没有谁像他那样抱着一只酒坛子的，估计也没有谁像他那样回去彻夜难眠，因为，他回家后发现——

那坛子里装的不是酒，而是一坛珠宝。

我们已经知道了，王旦是当朝宰相。但宰相是通常的说法，在朝廷的任命书中，从来没有宰相这个官职。就像现在称某人为老板，其实他的正式职务应该是董事长或总经理或总裁之类。王旦的最近一次升迁，任命书上是这样写的：拜工部尚书、同中书门下平章事、集贤殿大学士、监修两朝国史。不熟悉宋代官制的人可能会以为他就是一个内阁部长，其实打头的那个"工部尚书"只是寄禄官阶，并无具体职事。他的具体职事是随后的那个"同中书门下平章事"，也就是宰相。宰相常常不止一个，有时两个，最多三个。首相为昭文相，也就是官称后面带"昭文殿大学士"者。带"监修国史"者为次相。带"集贤殿大学士"者为末相。但不管官称后面带什么，他们要做的工作就是宰相的工作，和学士没有任何关系，"××学士"只是用来标志他们在宰相中的排序。这一说大家就知道了，王旦既是集贤殿大学士又监修国史，因此，他应该是次相。但需要说明的是，自去年一月王旦拜相以后，官家就没有委派首相和末相。也就是说，王旦虽然不是首相，却是独相，实际主持中书门下的全面工作。官家的这种安排当然可以理解为对他的信任，但也不能排除对当事人的某种暗示或者诱惑：首相虚位，你还有很大的上升空间。

　　皇帝贿赂大臣，这种事不能说没有，但不多。说贿赂不大好听，那就说卖好吧。最近这段时间，官家向王旦卖好的举动已经不止一次了，其中调整王旦的班位算是一件大事。官家每天在垂拱殿视朝，大臣站班时有很多规矩。大的规矩是，大臣只能站在仪石之南；小的规矩是，每人站在什么位置——也就是所谓班位——都是规定好的。不管多大的官,站错了位置当场就会受到呵斥,甚至还会被处分。两个月之前,官家特地"诏阁门移宰相班位于仪石之北,余立其南"。[23]也就是说,原先宰相和参知政事、枢密使等人扎堆儿站在一起,现在官家把宰相的班位调整到仪石之北,让他单独面对官家,这就在立朝仪式上突出了王旦的地位。那么理由呢?据说是王旦和那些人站在一起,太挤。这恐怕说不通,以前两个宰相甚至三个宰相——其中还包括像张齐贤那样吃相难看的大胖子——不都是这样站的吗?怎么到了王旦一人独相时,反倒太挤了?说到底,官家这是为了向王旦卖好。

官家如果把贿赂或卖好用在某个大臣身上,这个大臣会不会得意忘形呢?肯定有人会的,但至少王旦不会,他相当清醒。在他看来,所谓君臣相得,是要靠双方共同经营的,但做臣子的尤其要把握好分寸,既不能放弃原则而失之于逢迎谄佞,又不能放弃世故而失之于简单粗暴。当然,最重要的还是你要识得大体,堪当大事,为官家排忧解难。沧海横流,方显出君臣本色。三年前的那个关键时刻既见证了官家对王旦的倚重,也见证了王旦的干练与持重。在官家的记忆中,景德元年的冬天似乎特别冷,当时契丹纠集十万兵马(号称二十万)大举南下。契丹军长途迂回,绕过宋朝的边防重镇大名府,直逼开封的北方门户——澶州。这是官家即位以来遭遇的第一次危机。这一危机不仅危及皇位,而且危及大宋王朝的江山社稷。这两者有时是一回事,有时却不是一回事。生性懦弱的官家实际上是被宰相寇准和殿前都指挥使高琼裹挟着北上亲征的。御驾亲征这个词说起来相当排场，甚至还有几分华丽（那大抵是受旧戏舞台的影响），总之给人一种威风八面自信满满的感觉。但景德元年冬天的大宋官家却找不到这种感觉，他最大的顾忌倒不一定是自己的安危，而是派谁留守京师。天子亲征，六军既出，京师便鞭长莫及，这向来是政治家之大忌，因为如果有人想在京师搞政变，这是最好的时机。什么叫政治？政治就是对时机恰到好处的把握。连李白那样的书呆子都能发出"所守或匪亲，化为狼与豺"的警告。但现在的问题是，最危险的并不是"匪亲"，而恰恰是至亲——自己的同胞兄弟，因为只有这些同属皇家血统的兄弟才有资格取官家而代之。官家兄弟八人，除去二哥元佑已死，再除去他自己，还有六人。这中间还包括大哥元佐，虽然他曾被太宗所废，但长子的政治优势是天经地义的。当年太宗驾崩后，李皇后和王继恩——就是那个在"烛影斧声"中帮助太宗篡位的内侍——等人曾策划让元佐登基，如果不是吕端的沉稳老到和处置果断，皇位上的官家就不是现在的官家了。现在，元佐和诸位兄弟人还在，心死不死不好说，但官家不能不防。自己在前方打了胜仗还好说，万一战败，六个兄弟中的某一个在京师趁乱而起振臂一呼，就可以堂而皇之地坐上龙廷，赵宋王朝的历史就翻开了新的一页。

东京留守，留谁来守，这是个问题。

世界上的事情有时是没有道理可讲的，例如，不是说遇事要瞻前顾后多想想吗？错！有时想得太多了，最后做出的决策反倒是昏招。出征前，官家决定由雍王元份为东京留守。元份在兄弟中排行老四，是官家最大的弟弟。官家的想法或许是，这个和自己一母所生的弟弟已经卧病在床两三年了，一个病入膏肓活一天算一天的人是没有多少生命能量觊觎皇位的。

元份确实没有能量觊觎皇位，但问题是，他那微弱的生命之光已经快要熄灭了。宋军刚到澶州，就传来了元份病危的驿报。在大战一触即发且胜败未卜的严峻形势下，继续指定一个健康的兄弟为东京留守显然是不可取的。权衡之下，官家决定派随军的参知政事王旦火速回京，接任东京留守。

好一个王旦，且看他受命后如何履新：

> （上）命旦驰还，权留守事。旦曰："愿宣寇准，臣有所陈。"准至，旦奏曰："十日之间未有捷报时，当如何？"帝默然良久，曰："立皇太子。"旦既至京，直入禁中，下令甚严，使人不得传播。[24]

王旦要官家当着宰相寇准的面向他交底，所谓"十日之间未有捷报时，当如何？"话说得很委婉，其中的含义却相当尖锐：如果打败了，官家遭遇不幸（阵亡或被俘），接下去谁当皇帝，为王朝承祧继统？这是设想了最坏的情况，要官家交代后事。官家可能从来没有考虑过这个问题，因此"默然良久"后，才很不情愿地说出了"立皇太子"。但这句话有问题。不是官家说得有问题，而是史家在这里做了手脚，因为官家当时尚无子嗣，所谓立皇太子根本无从说起，他所说的继承人不可能是皇太子，而应该是他六个兄弟中的某一个。由于王旦设想中的那种情况后来并未发生,所以当时的指定也就因其过于敏感而成了永远的秘密,史家在记载这段史料时也不能不有所屏蔽。王旦秘密潜回东京后,即直入禁中,同时封锁消息。东京一切如常,从表面上看似乎仍由元份为留守,免得其他兄弟生出非分之想,实际上大权已转移到王旦手中。直到二十天后,宋辽签订了"澶渊之盟",官家以一首得意扬扬的《回銮诗》班师回朝。

"澶渊之盟"开启了两宋历史上一个很有意思的惯例:在对外冲突中,宋王朝打败了求和,打胜了也求和,无论胜败都给对方送钱。

但官家不称之为送钱,他称之为"赂"。那次宋方的使者曹利用和契丹谈判回来,官家正在用餐,他急于知道谈判结果,便一面抓紧吃饭,一面让小太监出去问曹,究竟许给契丹多少钱。这段情节,史书上写的是"使内侍问所赂"。[25]一个带着少许巴结色彩的"赂",将官家底气不足的自卑心态暴露无遗。

王旦是经历过大事的人,也是宠辱不惊的人,但官家的一坛珠宝还是让他耿耿难眠。这倒不是因为见钱眼开太过兴奋。不是的,王旦不是爱钱的人。他虽然贵为宰相,家境却相当清寒,这除去家累的原因——哥哥早亡,寡嫂及侄辈率由王旦负担;子女婚姻亦不求门阀,致有需接济者——主要是因为他不爱钱。钱是何等的高傲自负,你不爱它,它绝对不会给你半个媚眼。这似乎很公平,也是司空见惯的常识。而对于一个不爱钱的人来说,别说是一坛珠宝,就是一吨珠宝也不会让他动心的。王旦所耿耿难眠者，"耿"在对官家意图的揣测，亦"耿"在自己应抱持的态度：是跟风上还是随大流，抑或是唱反调？

官家的意图其实用不着过多揣测，他就是想干一件事，要取得宰相的支持，但自己又不好说。他不说，王旦也知道。从陈桥兵变到"烛影斧声"，从德昭之殇到廷美之死，从元佐被废到继位风波，官家总觉得背后有人在讥笑他的皇位得之侥幸。再加上"澶渊之盟"后，朝廷中确有"城下之盟，何耻如之"的议论。[26]现在，他需要用一个盛大的仪式来固化自己执政的合法性，也固化自己登基十年来的丰功伟绩。这项活动就是封禅泰山。

什么叫封禅？从字面上讲，"封"就是祭天，"禅"就是祭地。祭天祭地，很好！但为什么要跑到泰山去祭呢？因为祭其实就是向天帝汇报思想和工作，我们都知道，汇报思想和工作往往是和领导拉近乎的绝好机会。泰山最高，离天最近，和天帝说话当然最方便。封禅是旷世盛典，不是什么人想封就可以去封的。只有受命于天的帝王，且功业宏伟，才有资格行封禅之礼。一代帝王封禅泰山，被视为国家鼎盛、天下太平的象征，帝王本人也理所当然地成为"奉天承运"的真命天子。撷诸青史，也只有汉武帝、唐玄宗等少数几个明星帝王成就过封禅盛典。

官家的心事，做臣子的焉能不察？就在昨天——十一月十五日——殿中侍御史赵湘抢先上了一道封禅的奏章。这小子，显然是奔着头功来的：

　　　庚辰，殿中侍御史赵湘上言请封禅，中书以闻，上拱揖不答。王旦等曰："封禅之礼,旷废已久,若非圣朝承平,岂能振举?"上曰："朕之不德,安能轻议。"[27]

殿中侍御史是个从七品的小官,这样的角色是没有资格直接向皇帝上书的,因此,他的意见须在官家视朝时由"中书以闻"。这里的"中书"指的是宰相王旦或参知政事赵安仁。赵湘请求封禅的建议究竟是谁向官家报告的,这里没有说,我们也没有必要去追究。我们感兴趣的是官家和王旦两个人的反应。官家最初的反应是"拱揖不答",故作矜持。他应该矜持,他也只能矜持。现在你叫他说什么好? 一口答应吗? 急吼吼的,吃相难看,太没有面子。况且,一个小小的殿中侍御史上书这样的大事,显然是不合适的。一口拒绝吗? 也不妥当,一开始把门关死了,就不好往下走了。那么就矜持吧,"拱揖不答",且听听王旦他们的态度。王旦的态度是没有态度,或者说他的态度很微妙。他说封禅这样的大礼已经旷废好久了,"若非圣朝承平,岂能振举"。这话太绕了,太修辞了,他究竟是赞成还是不赞成封禅,你怎样理解都可以。官家试探他,他也在试探官家。他用了一个设问"若非",也就是为封禅设置了一个资格——"圣朝承平"。那么"今上"够不够这个资格呢? 他没有说。他不说,官家只好自己说。他说我没有什么功德,"封禅这样的大事不敢随便讨论"。他这样一说,封禅是不是就没戏了? 当然不是。他这种话是说给臣子听的,因为做臣子的怎么会同意官家没有功德呢? 他们肯定不会同意的。那么请稍等,一个歌功颂德的新时代就要到来了。

其实不用等，近几年歌功颂德已渐成风气，起因似乎与司天监的那一班人的鼓吹有关，根子却在于大臣中那些整天揣摩圣意的马屁精。司天监的功能介于天文和神权政治之间，说白了就是上天表情的翻译官。这几年他们不断有关于星象异常的报告上奏朝廷，这本来并不奇怪，因为他们就是干这一行的，干什么吆喝什么，他们要刷存在感。不论是一个单位还是一个官员，如果长时间没有存在感，他们还要不要吃饭了？因此，报告不报告是他们的职责所在，信不信则由你。儒家学说的老祖宗孔子是不信的。他老人家旗帜鲜明："不语怪力乱神。"古代哲学家也认为："天道远，人道迩"，"国将兴，听于民；将亡，听于神"。似乎很无神论。但另一方面，中国古代政治又讲天人感应，神道设教，把天加于天子头上来实施精神管制。历代的帝王有信鬼神的，也有不大信的。赵宋的太祖是开国皇帝，太宗算是亚开国皇帝，虽说都是靠政变上台，但篡位后征战四方，也可称马上天子。一般来说，强梁的开国帝王都不大信鬼神，不然他们就不敢打破旧有的秩序了。他们更相信自己，相信靠自己的能力去"取"。赵恒是赵宋首位正常继统的皇帝，所谓正常继统，即皇位是制度给的，或者更准确地说是某个人或某几个人给的，不是靠自己的能力去"取"的。或许是身为三皇子在兄弟中相对弱势，被立为太子后，在父亲的猜忌下又一直充满危机感，这位后来被称为真宗的皇帝真的很信奉天命鬼神，这大概是无力改变现实中的弱势，转而求助于另一个世界，以期获得一种内心平衡吧。

一个自卑而又信奉天命鬼神的官家，让司天监的那一班人和大臣中善于揣摩圣意的马屁精们有事干了。

去年初夏，司天监上奏说周伯星出现了。这个"周伯星"可不得了，它是古代传说中所谓的四大瑞星之一。它出现了，说明君王的圣德和功业感动了上天，这是国家政治生活中的大事。于是文武百官纷纷上表称贺，一时众声喧哗，颂歌入云，实在热闹得可以。到了秋天，枢密使王钦若还不肯甘休，又重提此事，认为"天既垂休，礼岂不答"。意思是老天对陛下的政绩做出了肯定的表态，如果不答谢老天，是不合礼法的。官家亦顺水推舟，同意有关部门讨论"祀星"的礼仪。观念的东西，意识形态的东西，光讲不行，还要用仪式感加以强调和固化，从而生动形象地教化人心，这一点很重要。

然后，景德四年风调雨顺，诸路皆言丰稔，形势好得像作人来疯的顽童，一发而不可收。不打仗了，老百姓有饭吃了，很好！但吃饱了撑的怎么办？从六月开始，关于各地发现符瑞和司天监发现"五星皆伏"奇异天象的报告接踵而来，这些都是大快人心的事，其中"五星皆伏"更是千百年不曾有过的奇事、大事、喜事，于是皆"诏付史馆"。入冬以后，朝臣中开始议论封禅，起初只是少数人的窃窃私语，但渐渐地就堂而皇之地有恃无恐了。官家也在私下里到处打听关于"河图洛书"传说中的"天书"是怎么回事。山雨欲来风满楼，终于有了昨天赵湘的公开上言封禅。

这些王旦都看在眼里，他是清醒的，他也因清醒而痛苦。今天酒宴上的"解语杯"加一坛珠宝，说明在封禅这件事上官家很在乎宰相的态度，更说明官家已经铁了心一定要做。官家铁了心一定要做的事自己如果反对，以后君臣关系就不好处了。君臣之间一旦有了嫌隙，倒霉的当然是臣子，这没有什么道理可讲，因为皇帝是唯一的，宰相却可以走马灯似的换个不停。在这个世界上，能当宰相的人多得是，想当宰相的人更加多得是，官家要除授或贬谪某个宰相，只要在晚上叫内侍给值班的翰林学士送一张纸条——所谓的"词头"——让学士连夜起草诏书，第二天一早就可以宣布。王旦并不是贪恋权位患得患失，但自蒙童以始，正统的儒家思想从耳濡目染到沦肌浃髓，文人学士的人生理想就是四个字：修、齐、治、平，而最终的定格只有治国平天下，也就是建功立业。不当官，你纵有满腹经纶三头六臂也无处施展，谈什么建功立业？

谯楼三鼓，心事浩茫，窗纸上的月色倒是明亮些了，大概是积雪映衬的结果吧。

当然，封禅也不是全无道理，虽说那么大的排场劳民伤财，但借此旷世盛典，官家可以宣功德于海内，增强天命所归的凝聚力；国家亦可以布威望于四夷，令契丹西夏诸宵小为之慑服。这么大的国家，无论对内还是对外，没有权威是不行的。平心而论，官家从小长于深宫，个人魅力和气魄都远不及太祖和太宗，搞一点个人迷信，将无上的权威和荣誉集于人主一身，亦有利于王朝的集中统一。再说，官家信奉天命鬼神其实也不是坏事，因为他是帝王，没有谁管得了他，有一个天在头上罩着，会让他有所畏惧，不敢胡作非为。怕就怕他什么都不怕，大无畏，和尚打伞，无法无天，那就坏事了。到那时，你想约束他也毫无办法，只能任他由着性子祸国殃民，把坏事做绝。

王旦为人精明且淳厚，在某些场合，他是敢于义无反顾的伟丈夫。但一个人——特别是一个以天下苍生为念的政治家——不能总是义无反顾。总是义无反顾，到最后很可能从者寥寥以至四顾茫然。在大多数时候，他必须从众，必须是一个识时务者。当一种潮流已成汹汹之势时，他不会选择殉身，所谓虽千万人吾往矣，他不是没有那样的道德勇气，但他觉得那是不负责任。以命途多舛的个人遭遇换取身后追赠的荣誉，那是烈士。他不做烈士。他要做因势利导的平世之良相。既然个人无力抗拒，那么随波逐流便不失为理智的选择。大潮伊始，随波逐流者多矣，其中有人浑浑噩噩，有人心安理得，有人自以为得计，但王旦的内心肯定是痛苦的，因为他太清醒了。

"四更时，朝马动。"当宰相也很辛苦啊，四更以后就要起身上朝。冬季日短夜长，这个时候离天亮还早。王旦简单地盥漱后就上朝了。马夫牵着马在前面走，在王旦眼里只是一抹背影，这不是因为天色太暗，而是宰相大人的习惯，他习惯于一边上路一边想心事，从没留意过下人的面孔，以致后来闹出了笑话。几年后，那个马夫因年老去职，辞行时，王旦问他来这里多久了，马夫说五年。王旦说，我怎么从没见过你？马夫无语。既辞去，随即却又被主人叫回，且赏赐甚厚。因为主人从后面看去，一眼就认出了天天伺候自己的那个背影。此事见于沈括的《梦溪笔谈》，姑妄听之。回头再说上朝，斯时东方未明，万籁俱寂，马蹄踏着冰冻的积雪，发出沉闷的破碎声。前方的东华门南侧有待漏院，那是官员上朝前等待宫门开启的休息室。卯正一刻，为禁门开钥之时，等待的这段时间，正可以一边闭目养神，一边把要上奏的事情在脑海里再梳理一遍。待漏院的墙壁上，有太宗朝名臣王禹偁所作的《待漏院记》。此刻，一夜辗转未眠的王旦突然没来由地想到了那中间的一句话：

待漏之际，相君其有思乎？

是啊，上朝之前，宰相大人在想些什么呢？

注释:

〔1〕(元) 脱脱等《宋史》卷一九四。

〔2〕(汉) 司马迁《史记》卷七十二《穰侯列传》。

〔3〕(宋) 魏泰《东轩笔录》卷十五。

〔4〕(宋) 蔡絛《铁围山丛谈》。

〔5〕《宋史》卷八。

〔6〕(宋) 李焘《续资治通鉴长编》卷六十六。

〔7〕《续资治通鉴长编》卷六十七。

〔8〕金匮之盟:传说中的由宋太祖及其母杜太后立下的关于太祖身后传弟不传子的盟约,对该盟约的真实性及其内容史学界一直存在争议。金匮之盟和陈桥兵变、烛影斧声并称为宋初三大疑案。

〔9〕(清) 查慎行《汴梁杂诗》。

〔10〕《宋史》卷六。

〔11〕《宋史》卷一。

〔12〕《宋史》卷四。

〔13〕皇子十六岁为成年,从此出宫居住,称出阁。

〔14〕《宋史》卷二百七十。

〔15〕(宋) 洪迈《容斋随笔·续笔》卷三《执政四入头》:"国朝除用执政,多从三司使、翰林学士、知开封府、御史中丞进拜,俗呼为'四入头'。"

〔16〕(清) 潘永因《宋稗类钞》。

〔17〕(明) 陈邦瞻《宋史纪事本末》卷十九。

〔18〕《宋史》卷二百四十五。

〔19〕(宋) 欧阳修《新五代史·桑维翰传》。

〔20〕《铁围山丛谈》卷六。

〔21〕(宋) 王禹偁《小畜集》卷二十三。

〔22〕(日) 久保田和男《宋代开封研究》第六章第一节。

〔23〕《续资治通鉴长编》卷六十六。

〔24〕《宋史》卷二百八十二。

〔25〕《续资治通鉴长编》卷五十八。

〔26〕《续资治通鉴长编》卷六十二。

〔27〕《续资治通鉴长编》卷六十七。

第二章　天书

1. 承天节

腊月初二是承天节，也就是官家的生日。"朕即国家"，皇帝的生日就是整个国家的生日，这是法定的。但节日的名称各有不同，虽然都是大而化之的称颂吉祥之词，其中却往往潜藏着人主最隐秘的心事。赵氏几辈先人皆年寿不永，赵匡胤当了皇帝，最关心的是自己的健康，因此生日号"长春节"。但马上天子加床上天子，太操劳了，他还是没活过五十岁。赵光义靠政变上台，最关心的是自己皇位的合法性，因此生日号"乾明节"，什么意思呢？"乾"就是天，老天英明，我服从老天的安排。官家即位后，给自己的生日取名"承天节"。"承天"不用解释，就是承奉天命。从一出生脚趾上的天字纹，到承天节的命名，这个仅凭宗法关系继位自己并没有什么功德可颂的官家，几乎从头到脚都笼罩着天命的光环。

今年闰五月，农家有"闰月年，好种田"的说法，因为全年多出一个月，时间比较从容。但下半年的节令也相对提前，一进入腊月，就快要立春了。契丹派来祝贺承天节的国使也来得早，十一月二十六日就到了，官家特地在大内的集英殿宴请使团。这次宴会，有一桩新鲜事值得说说，契丹代表团带来了几只"提狸邦"给"大哥"尝鲜——根据"澶渊之盟"，辽圣宗称宋真宗为兄。这个"提狸邦"学名叫貔狸，样子像大老鼠，住在土洞里，吃谷物，也吃肉，算杂食吧。杂食动物的肉都比较鲜美，这大概是一条规律。这种像大老鼠的"提狸邦"在契丹被尊为最高规格的美食，这东西很少，偶尔捕到几只，只有国母才可以吃，连皇帝也轮不到。契丹显然很重视和宋王朝的友好关系，这次特地千里迢迢送来几只"提狸邦"，而且还是活的，一路上喂以羊奶。在集英殿的宴会上，契丹特使反客为主，指点御膳房的厨师把那几只小东西宰杀烹制后献给官家品尝。官家食之大悦，居然"再索之，使感悦"。[1] 其实，中原的皇帝什么好东西没吃过？况且草原民族那几下粗糙的烹饪他也不一定吃得惯。因此，"再索之"可能是因为真的好吃，也可能只是一种姿态，目的是为了让人家"感悦"，这是一种外交技巧。外交场合讲的话，就如同男女谈恋爱时讲的话一样，不一定都是真话，但绝对必须是合适的话，特别是在这种礼仪性的外交场合，最大的合适就是恭维对方，让对方高兴。自"澶渊之盟"后，宋辽两国关系的走向很好，对此，双方都很珍惜。

四十岁，登基十年，都是整数，照理说今年的承天节是要大庆的。但官家正在下一盘很大的棋，他预感到接下来值得大庆的事多得很，高潮迭起是迟早的事，就像一首歌曲，一开始就把调门起得太高，后面的高潮怎么处理？因此，今年的承天节非但没有大庆，反倒降低了规格。腊月初二承天节，腊月初一官家宣布开始吃斋。官家吃斋，整个生日宴会也只能吃斋了。吃斋也有几种吃法，一种是全斋，不仅鱼肉不能吃，鸡蛋不能吃，连葱、蒜、韭、芫荽之类带刺激性气味的蔬菜也不能吃。还有一种吃斋相对宽松些，宽松到葱蒜之类带刺激性气味的蔬菜可以吃，鸡蛋也可以吃。但有公鸡做伴的母鸡生出来的蛋——有些地方称之为"色蛋"——除外，这样的排除当然非常必要，因为，"色蛋"已经具备了生命的初级形态，只要有合适的温度就可以孵出小鸡来。官家对老天那么虔诚，当然是全斋。全斋就全斋呗，自家人没什么说的，问题是外国使节，人家草原民族吃肉吃惯了，没有腥膻难下箸呀。那就只好变通了，使团到京后，官家先提前在集英殿宴请他们，也就是官家吃"提狸邦"的那次。这种为外国使团接风的宴会，本来都在使团下榻的都亭驿举行，宋朝只要派一个和对方特使身份对等的官员参加就可以了。官家亲自出席，而且在大内的集英殿宴客，这就破格了。这种破格带有打招呼的意思：对不起，过几天承天节的宴会，只能委屈贵使吃斋了。

　　一个吃斋的生日宴会非常程式化地过去了，一切如仪，波澜不惊，只有御膳房的一名差役出了点小风头。北宋把御膳房的差役称为"院子"，该差役是名"托盘院子"，⁽²⁾也就是负责上菜的。这种宴会，一盘菜怎么摆，有的有规矩，有的没有规矩。有规矩的例如鱼，规矩来自《礼记》："冬右腴，夏右鳍。"这里的"右"通"侑"，劝酒劝食的意思。全句解释一下：冬天鱼肚子那个地方肥肉最多，要把鱼肚子朝向最尊贵的客人；夏天鱼脊背那个地方肥肉最多，要把鱼脊背朝向最尊贵的客人。一张餐桌上的客人，其中地位最高者，理所当然地就最尊贵，也理所当然地应该冬天吃鱼肚子夏天吃鱼脊背。这位上菜的"院子"应该没有学过《礼记》，也可能虽然学过，但觉得今天用不上，因为斋宴是不用鸡鸭鱼肉的，只是用"素"材——豆制品及瓜果蔬菜之类——做成鸡鸭鱼肉的样子。例如那一盘鱼，不管鱼肚子还是鱼脊背都是一样的原料，吃在嘴里也不会有什么不同。"院子"心里这样想，手下就随便了，没有按往日的规矩摆放，惹得该席一位颇有资历的宗室大不悦，鱼我所欲也，尊严亦我所欲也，在这么庄严隆重的场合，他认为自己的尊严受到了挑战。老爷子不高兴，后果就严重了。等待"院子"的，或鞭挞或罚俸或鞭挞加罚俸皆有可能。好在官家开恩，他觉得自己过生日，处罚下人终究不好，改为诫勉谈话。其实官家更深层次的想法是，御膳房非寻常职事，对那里的人处罚当慎之又慎，如属无心之过，则轻描淡写以示安抚；如果人品有问题，就坚决打发他走人，千万不能留下怨恨，酿成后患。御膳房不是惩前毖后的地方，更不是治病救人的地方。

相对"托盘院子"那种毛毛雨般的诫勉谈话，礼部的官员这几天可要纠结多了。从腊月初一开始——就在官家宣布吃斋的同时——大内的朝元殿前建起了黄箓道场，一群道士在那里热火朝天地作法醮神。这消息让礼部的官员很郁闷。礼部讲礼，但更讲理。设醮祭神这样的事理应由礼部负责，现在官家绕过他们直接让皇城司去操作，他们不能没有想法。但官家决定的事，你不能说没有理，皇城司的头目刘承珪是官家身边的内侍，官家有什么心事，现在还不方便向礼部明说，只能悄悄地让身边的人去办。不用怀疑礼部那些人的职业敏感，他们联系到前些时传得沸沸扬扬的封禅稍一琢磨，事情的原委就有数了。封禅这样的大典，不是谁想做就能做的，需要得到天瑞。所谓天瑞，乃上天降下的稀世绝伦之祥瑞，那是上天对帝王执政能力的嘉许，对太平盛世的肯定。古代的"河出图，洛出书"就属于天瑞。那么，官家吃斋以及宫内设醮是不是为了祈祷和迎接天瑞呢？

于是，腊月初三——也就是承天节的第二天——一上朝，礼部就忙不迭地上了一道奏章，提出解除十年前朝廷关于祥瑞的禁令。

朝廷关于祥瑞的禁令是至道三年六月颁布的。至道是太宗的年号，但这道禁令却是当今的真宗皇帝颁布的，这话怎么讲？很简单，太宗于至道三年三月驾崩，真宗即位，但为了表示对大行皇帝的尊重，当年不改元。这是例行做法。新君继统，为了稳固自己的执政基础，往往要对前任帝王的阙政有所调整，并颁布一些博取口彩的措施。真宗的调整和措施包括：追复廷美生前的西京留守和秦王，追赠德昭为太傅、德芳为太保。复封大哥元佐为楚王。这些都是为了化解历史的积怨。前朝旧事，本来就与他没有任何瓜葛，他乐得做顺水人情。空头名分，多施何妨？当然也不全是空头的东西，他还下诏罢献祥瑞。所谓"闵农事，抑祥瑞"一向被誉为君王亲民务实之举，这一善政颁布的时间为至道三年六月乙未，也就是六月初三日。

何谓祥瑞？说穿了，就是一些似是而非的鬼话。例如某地禾生双穗或铁树开花之类。这么大的国家各种怪异的自然现象何可胜数？如果都作为太平盛世的符瑞大吹大擂，而且还要护送京师，还不闹得甚嚣尘上？去年秋天，抚州献上一只罕见的乌鸦作为祥瑞。大家都知道乌鸦是黑的，"天下乌鸦一般黑"嘛。但抚州送来的是一只白色的乌鸦，这就奇了。奇的就是祥瑞。需要说明的是，在中国古代，乌鸦的名声并不坏，你听听："少妇起听夜啼乌，知是官家有赦书。下床心喜不重寐，未明上堂贺舅姑。"[3] 乌鸦岂是不祥之物？俨然是报喜的天使啊！说乌鸦不是好鸟，不祥，将其污名化，那是元代以后的事。那么抚州送来的这只白鸦是怎么回事呢？用科学的观点看，可能是属于基因突变，或者干脆就是另一种未知的鸟。在政治正确的旗号下，这种故意的心照不宣的误会司空见惯，谁也不会去揭穿。但这只白鸦来得不是时候，因为有当年朝廷的禁令在，官家没有接受，只赏了一笔路费，让他们又千里迢迢地拿回去了。

现在好了，关于祥瑞的禁令要解除了。礼部的工作值得赞赏，什么叫大局意识？什么叫政治敏感？这就是。

一项十年前的禁令现在要解除，这很正常，因为情况变化了，时过境迁，当然不能死抱着老皇历。但礼部亦有必要说出解除的理由，他们是怎么说的呢？一起来看看：

> 礼部言："福应之至，以显盛歆，虽睿德谦冲，务于自损，若史臣不记，来世何观？请止报省，关史馆。"奏可。[4]

这里没有说情况变化了要与时俱进之类的套话，而是说，官家的功业和圣德太伟大了，上天才以祥瑞表达赞许。但官家又不让向朝廷报告，这种自谦，已经到了"自损"的程度。对于陛下个人，这是至高境界的美德；但对于历史，这是不实事求是的。因为史官如果不把这些记载下来，后世怎么知道历史的真相呢？据此，今后各地发现的祥瑞现象，"请止报省，关史馆"。这里的"省"是指王宫禁地，代指朝廷。全句的意思是：请直接报告中央，载入史册。

我留意了一下，宋代史书中关于皇帝对奏章的反应，大体上有这么几种表述：一种是"上然之"，这是最积极的态度，带有赞赏之意；最多的是"从之"或"许之"，同意的意思，公事公办，不卑不亢。还有一种"上可之"，也是同意的意思，但稍带勉强。对礼部的这道奏章，官家是什么态度呢？《续资治通鉴长编》中用了一个不大多见的"奏可"，意思是奏请之事被允许。官家心里很高兴，甚至求之不得，面上却要扭扭捏捏地做出人情难却勉强同意的样子。这个"奏可"大可玩味。

但既然已经"奏可",谁也不会怀疑,此门一开,祥瑞将铺天盖地而来。

祥瑞是太平盛世的名片,二者是互为证明的同谋关系。那什么才叫太平盛世呢?一般要有这么几条:天无灾荒、朝无巨奸,外无战争、内无动乱,再加上老百姓丰衣足食。有了这么几条,各种表达天意的祥瑞现象就会出现,不仅雨后春笋,而且层出不穷。祥瑞多了,说不定还会有"天瑞"降临。到了这时候,帝王再不到泰山封禅就说不过去了。

当年太宗皇帝也曾有过雄心勃勃的封禅计划,他差一点就把这件大事办成了。

那一年有两个年号——太平兴国九年和雍熙元年,这当然是改元的缘故。两个年号的意思都很好,但既然改元,就标志着执政理念的调整。前一个年号是太宗刚上台,迫不及待地要有所作为,这体现在那个充满欲望和动感的"兴"字上。后一个年号则强调和谐清明,重点在国家治理。改元前一年,太宗颇具象征意味地把皇宫里举行重大活动的办公场所"讲武殿"改名为"崇政殿",寓示着将会在大政方针上向国内治理转向。该年春天,太宗心情大好,国事家事天下事,一切都似乎顺风顺水,没有地震也没有彗星,没有天灾也没有人祸。上年年底,黄河在滑州的决口被堵上了,河水又老老实实地回归"京东故道",这就真应了那句被臣子们用滥了的称颂语:海晏河清。而且根据报告,契丹那边正在一天天烂下去,"国家不须致讨,可坐待其灭亡"。还有一件他说不出口只能在心里偷着乐的喜事,新年不久,他就接到了老弟廷美的死讯。这个"金匮之盟"中"三传约"的直接关系人，这个有可能对自己传位儿子造成麻烦的政治对手，这个虽然被安置房州却仍然让自己耿耿于怀的涪陵县公，死了。天遂人愿啊！形势大好加上心情大好，太宗要做一件大事了。也不知是否出自他的暗中授意，或者是兖州的地方官心有灵犀，四月，所谓的"泰山父老"一千余人来京，他们不是来上访闹事的，而是来拍马颂圣的。这些风烛之年的父老啊，他们在宫门外伏阁请愿，要求皇上封禅泰山。群众是真正的英雄，这话一点不假。兖州的群众进京了，朝堂上那些朝九晚五的大臣才感到了自己的幼稚可笑。东华门外请愿者的喧闹不仅唤醒了他们对一场旷世大典的记忆，也唤醒了他们与皇帝共襄此举，从而青史留名的盛世文人梦。于是，请愿的群众带着皇帝赏赐的布料和路费刚刚离京，大臣们请求皇帝东封的表章就上来了。经过几来几往的礼仪性客套，太宗在第三表上来后，终于"勉强"答应（我又留意了一下，史书上这次的表述为"许之"）。接下来就是各部门屁颠屁颠地忙着准备了。举一国之力办一件大事，自然要风得风要雨得雨，这一点地球人都知道。

万事俱备，只欠东封。

但这时候一个小人物出来搅局了，此人是皇城司的一名士兵，负责看守皇宫的月华门。五月的一天夜里，京师大雷雨，该士兵认为这种天气不会有什么事，尽管放心睡觉就是。他这一觉就惹祸了。月华门在雷击中起火，如果当时能及时发现抢先扑救，再加上天降大雨，火势是能够控制的。但恰恰因为值班士兵的渎职贪睡，错过了扑救的最佳时机，大火很快蔓延开去，烧着了皇帝重要的办公场所乾元殿和文明殿，一直烧到第二天卯牌时分。皇宫失火是专制帝王最忌讳的，再加上是天火，再加上是在紧锣密鼓地准备封禅的敏感时期，这会被视为一种天谴，也就是上天对封禅的否决性表态。太宗马上做自我批评，又发布征求直言的诏书，且遣使分头按察各地狱讼，纠正错案。这些都是帝王向上天表示悔过自新的例行做法。半个月后，大概觉得还是不足以取得上天的谅解，只得下诏取消封禅泰山的计划。守门士兵的一个懒觉，毁掉了一场已经箭在弦上的旷世盛典。可惜了！

　　不光是可惜，而且留下了一条教训：办大事尤须细谨，千万不能出事。至嘱，至嘱！

　　但礼部上书的第二天京师就出事了，而且也是失火。

　　好在失火的不是皇宫，而是京城河南草场。本朝以重兵驻扎京师，至景德中，驻京的三衙禁军及其家属达八十万之众，配备的军马亦在五万匹以上。河南草场就是为军马供应草料的，属于军队后勤部门。腊月初四夜里，河南草场失火。负责京师城管及消防的都巡检司也属于军队序列，河南草场失火，救火应该是城外都巡检的事。情急之下，都巡检使王隐就命令驻扎在附近的虎翼军帮助扑救。虎翼军的指挥官叫高鸾，平时和王隐大概也是认识的。王隐的身份除去城外都巡检使而外，还带着侍卫亲军步军司副都指挥使的职衔，比高鸾的级别高。现在王隐叫他派人帮助救火，他就派了。草场的火当夜就被扑灭了，但第二天上朝，麻烦来了。

在说这桩麻烦事之前，有必要先介绍一下北宋禁军的指挥体系。禁军的最高指挥机构不是一个，而是三个——殿前司、侍卫亲军步军司、侍卫亲军马军司——统称"三衙"，"三衙"互相牵制，各自直属皇帝。也就是说，除去皇帝，其他没有一个有权指挥禁军的最高统帅。这个最高统帅以前是有的，叫殿前都点检。赵匡胤在称帝前就是后周的殿前都点检，他就是靠这个"点检"，"捡"了一座大宋江山。称帝后，他把这个职位撤销了。至于为什么要撤销，不用说，你懂的。王隐的身份是城外都巡检使兼侍卫亲军步军司副都指挥使。高鸾的身份是殿前司下属的虎翼军都虞候，从军阶上讲，王隐相当于步兵副司令，高鸾相当于野战军的军长。我这样一介绍，大家应该知道麻烦出在哪儿了。河南草场的火刚刚扑灭，高鸾的上级殿前司就做出了反应：虎翼军不属于侍卫亲军步军司，因此王隐无权命令高鸾去救火。不光是王隐无权，即使是高鸾的上级殿前司也无权调动虎翼军，要调动军队，必须得到皇帝的诏旨，这是祖宗家法。任何问题一旦提到祖宗家法的高度就严重了，事关禁军调动的规矩，弄得不好要出大事的。因此，第二天一上朝，殿前司弹劾王隐和高鸾的奏章就上来了。

救了大半夜火，泥里水里忙得疲猴子似的，到头来功劳苦劳疲劳一劳不劳，反而惹祸了。你说王隐和高鸾冤不冤？

这就给官家出难题了。一边是救火，而且是军用物资，事出无奈，情理可宥。一边是规矩，而且是大规矩，祖宗家法，不容逾越。

官家既讲情理又讲规矩：

上以救焚之急，隐（王隐）得便宜从事，因命释鸾
（高鸾）等罪，仍戒自今各遵往制。[5]

一"释"一"戒"。"释鸾等罪"说明罪还是有的，只不过皇
恩浩荡，不予追究。关键是"戒自今各遵往制"，重申祖宗家法，
军权在朕。

对于官家来说，他现在念兹在兹的是封禅。封禅是大恩典，
大吉祥，处分人干啥呢？但封禅须得上下联动，"上"是上天降
下的"天瑞"，以神道设教，方可服天下。"下"是须有群众请愿，
大臣上表，以体现民意所向，人心所归。"下"这一头好办，所谓
群众运动不就是运动群众吗？只要自己有一个态度，下面的人
自会跟进。那么"上"呢？

也好办！

2. 三个男人一台戏

一年三大节日：元旦、寒食、冬至。再加上承天节，四大节
日中，有三个凑一块儿，十一月冬至，腊月初承天节，再过差不多

一个月，就是元旦了。

元旦照例是大朝会，然后赐酺。这个"酺"字的偏旁是个酒坛子，一看就知道和聚饮有关。但赐酺不是一般的聚饮，而是指上司赏赐的大聚饮。因为官家吃斋，今年的赐酺也就是仪式仪式，走过场而已。然而在这平淡中，大家还是感到了某种异样的东西，确切地说是那种盘马弯弓的紧张感，四近似乎正在孕育着什么，或者说即将发生什么。像王旦这样的聪明人，前些时又得到过官家的暗示，他感受到的肯定比别人更多。从官家的一举一动中，他甚至感到那种刻意讨好大家的意味，就像一个不很自信的表演者，在登台前满脸堆笑地和观众拉近乎一样。作为一个帝王，那几乎属于义无反顾或者奋不顾身了。这说明官家不是一个能把心机藏得很深的人，在这一点上，实在差乃父太远。但官家接下去要演一出什么戏，王旦也说不准。

正月初一的大朝会过去了，正月初二的常朝过去了，到了正月初三……

正月初三也是常朝。什么叫常朝呢？一般人认为上朝就是金殿上仪仗隆盛，禁卫森严，文武百官站成蛾眉班，一直站到台阶下的广场上，然后，随着值班内侍尖细的口令山呼拜舞。这当然不错，但这是大朝会的场景。大朝会在大庆殿举行，每年只有可数的几次。其他时候都是常朝。常朝就是日常的朝会，日常的东西要尽可能地方便，还要能解决问题，你不能每天都翠华摇摇地仪仗隆盛，每天都团体操似的大呼隆地山呼拜舞。因此，常朝被分解为两道程序。首先是皇帝御垂拱殿，接受宰相、枢密使以下执政级官员奏事。这道程序比较随便，参加者是负责朝廷各部门日常事务的官员，严格地说，这是每天的工作碰头会。与此同时，其他官员则集中在前面的文德殿，等候宰相一干人奏事完毕，到这边来主持常朝。常朝仪式皇帝本人并不出席，只象征性地设一御座。垂拱殿和文德殿前后相邻，有一条柱廊贯通。那边的碰头会结束了，宰相等人沿着柱廊进入文德殿后门，于是群臣站队，由宰相押班向御座行朝拜礼，然后阁门使装模作样地宣布皇帝"不坐"（即皇帝今天不来坐朝，其实他从来也没来过）。遂放朝。现在我们知道了，垂拱殿碰头会是为了实事求是地解决问题，而文德殿常朝则完全是形式主义。

官家确实在苦心孤诣地准备一场表演，但无论是实事求是的垂拱殿还是形式主义的文德殿，都没有被选为表演的舞台，他选中的是自己的办公场所崇政殿。相比于前两者，这里更带有私密色彩。官家的这次表演，理所当然地将成为国家政治生活中最具神圣意义和轰动效应的大事，也将给此后的历史留下无尽的余波，无论是喜剧还是闹剧，都将是惊世骇俗史无前例的。为了真实地还原历史现场，下面，我在叙述中采取原始纪要的方式，以期立此存照。

表演者：史称"应符稽古神功让德文明武定章圣元孝皇帝"，天水赵氏，讳恒。俗称官家。

观众兼互动者：宰相王旦、参知政事赵安仁、知枢密院事陈尧叟、资政殿大学士王钦若、皇城使刘承珪、入内省副都知周怀政、内侍皇甫继明、护门亲从官徐来等。

地点：大内崇政殿西序（西序即西厢房。官家舍垂拱殿而选择自己办公的崇政殿，是出于私密性之考虑。但到了崇政殿为什么又舍正厅而选择西序呢？答案可能在于西序的房间相对于正厅较为低矮狭小，便于营造自己表演所需要的那种神秘幽暗的舞台情境）、左承天门、朝元殿。

时间：正月乙丑（初三）上午卯正三刻（此为表演开始时刻。确定该时刻的理由如下：冬季，东华门开启时间为卯正一刻，届时，宰相王旦等照例到垂拱殿奏事，但内侍传旨：官家在崇政殿召对。王旦等出殿门向东，越过东邻紫宸殿再沿甬道向北，进内东门，又越过侍臣讲读的迩英殿，崇政殿就到了。这样一番周折，耗时约需二刻。因此，官家开始表演的时间当在卯正三刻左右。）

那么就开场吧。

官家：（一个说惯了官话和套话的政治人物刻意地使用一种文艺腔，多少有点滑稽）你们可能不知道，我居住的那个地方庭院深深，帘幕重重。那帘幕都是青黑色的，大白天也要点着灯烛，不然屋里的颜色也辨不清。夜色降临后，帘幕随着穿堂风瑟瑟飘动，仿佛那后面有谁在窃窃私语，又仿佛藏着无数双窥视的眼睛。

［王旦等——这是有关史料中使用频率相当高的一个称呼，有时亦称"旦等"。一个界限不清是非不辨的"等"，让王旦在此后的好些历史现场面目模糊，后人很难认定哪些嘴脸和声音属于"旦"，而哪些则属于"等"，这也在某种程度上模糊了一个平世良相和伪君子之间的分野。现在，王旦等都以标准的恭敬和专注倾听官家的开场白，并不失时机地进行表情互动。有必要说清楚的是，宋代以前，宰相等觐见皇帝议事，是要被赐茶看座的。这种礼遇后来被赵匡胤用一种看似无意的方式撤掉了。——一次宰相范质等人议事时还坐着，赵匡胤说自己眼睛昏花，让他们把文书送到面前，等到送上文书回身落座时，座位已被撤去。这一撤就"撤"去了宰相"坐而论道"的待遇，皇帝的一个小动作让宰相们的屁股转瞬间轻于毫毛，从此以后，宰相们觐见皇帝，行礼后只能站着说话，皇宫的凳子不再接纳他们已然贬值的屁股。我不知道"平身"这个词是不是从那时候开始有的，但"平身"确实是站直了的意思。此刻，王旦等人当然也只能"平身"，但又不是很标准的"平"，身体皆向着官家适度倾斜，脸上的表情亦随着官家的讲述而一路灿烂。这种站立的姿势很适合表达期待、会意、惊异、赞许等各种情态。俗话说，站着说话腰不疼。那么站着听别人说话呢？听了官家这样的开场白，王旦等知道，一个带有灵异色彩的故事开

始了。听这样的故事，一边会有不少互动性的躯体语言，其效果无异于健身，这样说来，自然是不用担心腰疼的了。]

官家：过了年，那就是去年了。十一月二十七日夜里，我在半梦半醒间，忽见满屋通明，有如日在中天。我正惊惶恍惚，一个神人出现了。他戴着镶嵌着星星的帽子，穿着暗红色袍子，对我说："你要在皇宫正殿前建一个月的黄箓道场，到时候我会从天上降下《大中祥符》三篇。天机不可泄露，你不要告诉别人。"我正想和他说话，神人却已消失得无影无踪。我推窗看天，只见残月初露，说明半夜还不到。问宫人，说刚交亥时。

王旦等：（终于知道了后面情节的大致走向，所谓《大中祥符》不就是天书吗？可天书怎么降下来呢？是在光天化日之下飘然而落，还是假托梦境私相授受？河图洛书只是远古的传说，谁也没见过，说到底只是帝王的神道设教而已。且不管这些，先把那些逢迎圣意的恭维话倾诉一番。之所以用"倾诉"，是因为那些话太熟了，张口就来。为保留其深情华彩的原始语言风格，笔者不作翻译）陛下以至诚事天地，仁孝奉祖宗，恭己爱人，夙夜求治，以至殊邻修睦，犷俗请吏，干戈偃戢，年谷屡丰，皆陛下兢兢业业，日谨一日之所致也。

官家：正如大家都看到的，从腊月初一开始，我就蔬食斋戒，并在朝元殿前建道场，又搭了九层的彩台，新造了饰以金宝的彩车，恭敬地等候上天的赐予。结果一个月过去了，天书未曾降临。但我并没有停止斋戒和道场，因为我知道，对上天要至信至诚，不能有丝毫懈怠。

王旦等：臣等尝谓天道不远，必有昭报。

官家：你们说得对，天道不远，必有昭报。就在把你们召集来之前，皇城司报告，说在左承天门南角的鸱吻上挂着一束黄帛。我私下里派一个内侍去看看到底是怎么回事，内侍回来说，那个黄帛大概有二丈多长，系着一卷像书一样的东西，上面还缠着三道青色的丝绳。这个内侍的眼睛真好，他甚至看到那卷书的封口处隐隐约约似乎写着字。我想来想去，这大概就是那天夜里我见到的神人所说的天书吧。

王旦等：(跪拜)今者，神告先期，灵文果降，实彰上穹佑德之应。(再拜，呼万岁。)

又言：启封之际，宜屏左右。

［这个"又言"的主语是谁？当然是"王旦等"中间的某一个。这位老兄可能是个傻鸟，也可能是个故作傻鸟的马屁精。说他傻鸟的理由是：他朴素地认为，天书是上天对帝王的眷顾，只应该官家一人独享，因此"宜屏左右"。但他根本不懂官家的心思，官家费

059

这么大劲导演的这一出戏，不就是为了拉一帮子大臣陪绑做见证吗？如果不让其他人目击那一幕，官家这些日子的处心积虑机关算尽还有什么意义呢？如此看来，说该老兄傻鸟并不算过分。那为什么说他也可能是故作傻鸟的马屁精呢？先普及一下相关知识，在名目繁多的马屁术中，有一种就叫卖傻，其特点是用一种看似冒犯的傻话向对方眉目传情暗送秋波。对于官家设计的这场天书骗局，在场所有的人都装出深信不疑的样子。但大家都深信不疑，就谁也不能脱颖而出。马屁术的要义中有一条，当很多人一起拍时，你一定要拍得不同凡响，不然受主是不会有感觉的。于是该老兄提出了"启封之际，宜屏左右"的建议，其不同凡响之处，在于更加煞有介事。他话中的意思是，天书上的内容可能是嘉许性的，也可能是批评性的。如果是后者，让身边的人退下，可以维护官家的形象。他这样提议会不会冒犯天颜呢？当然不会，因为官家最不担心的就是天书的内容，他只担心人们对天书的信任度。而该老兄的提议恰恰是建立在对天书本身的真实性深信不疑的基础之上的；或者说，他已经把天书本身的真实性作为无须论列的前置条件。这样，他的话越是傻气，便越是正中官家下怀。这是一次精致的卖傻，他当然成功了。而且正因为他的提议，才引出了官家以下这一段姿态很高字正腔圆的台词。]

官家：NO，NO，NO！老天如果批评我们的朝政有缺失，我应当和大家一起小心地改正错误；如果对我个人品行提出批评，我也应当以忧惧不安之心不断提高自己的修养。这些都是光明正大的事，用不着害怕大家知道。所以天书我们还是一起去看。

〔那就一起去看。一行人前呼后拥，直趋承天门而去。

〔崇政殿在皇城西北侧，而左承天门则在皇城东南侧，这段路对于常人来说不算远，但对于皇帝来说却不算近。平日里，官家在皇城里喜欢用一种两人抬的肩舆代步，但今天他一定要亲自走过去，而且连最简单的仪仗也不用，这当然是为了以简俭和躬亲表现自己对上天的虔诚。天气不错，挂在承天门南角鸱吻上的黄帛横空出世，比秃子头上的虱子至少还要显眼一百倍。这个一百倍究竟是指一百个秃子还是一百只虱子或者一百个秃子头上的一百只虱子呢？这个问题暂且不予讨论，抓紧看天书去。一行人虽无摇摇翠华却也仆仆风尘地赶到承天门下，接下来是迎请天书仪式。仪式这东西说到底是由于尊卑等级而产生的，或者说，所有的仪式都是服务于尊卑等级的。当然，也有彼此平等关系的"分庭抗礼"，但那是礼，不是仪。在仪式中，每个人处什么位置，说什么话，采用何种躯体姿势都是由他的等级决定的。因此，只要真正实现了人与人之间的平等，仪式自会走向式微。天书是上天的赐予，至高至尊，因此官家先在香案前焚香望拜。拜过之后，再令内侍周怀政和皇甫继明爬上殿角，把黄帛和天书取下来——对了，应该是"请"。"请"下来的黄帛和天书先交给宰相王旦，王旦又跪着献给官家——这体现了等级制度很重要的一条原则：逐级表达，逐级强化，以烘托君主的无上权威。——官家拜受后，再恭恭敬敬地放到彩车上。

〔接下来，仪式转场。彩车在前，官家和大臣们在后，一起来到朝元殿前面的道场。现在该看看黄帛和天书上的字了。

〔受命启封天书的是知枢密院事陈尧叟。他是陈家三兄弟中的老大，太宗端拱二年状元。他的三弟尧咨是真宗咸平三年状元。二弟尧佐如果不是大哥的同榜进士，很难说不会也中一个状元。陈家三兄弟蟾桂骊珠，风华绝代。老大尧叟受命启封天书，当之无愧。

〔先看黄帛上的大字，曰："赵受命，兴于宋，付于恒。居其器，守于正。世七百，九九定。"总共二十一个字。但这二十一个字中，陈尧叟有一个字不能读，那就是官家的名字"恒"。帝王的名字，天书上可以写，但臣子不能读。他只能读作"讳"，"付于讳"。[6]

〔再看那三卷天书，其文字风格类似于上古的《尚书》和《道德经》。第一卷的大体意思是说官家能以至孝至道继承帝业，第二卷要官家以清净简俭治天下，第三卷说赵宋世祚延永绵长，云云。也就是说，三卷天书，既宣示了官家继统的合法性，又阐述了具体的执政思路，还展望了王朝光明灿烂的前景。等因奉此，都是直奔主题的金句，一句顶一万句的干货，如果有人不明就里，还以为是翰林学士为官家起草的《元旦献辞》呢。

〔天书来了，很好！但王旦不得安生的日子也从此开始了。在天书事件中，既然他和大家一起成了"王旦等"，他又是一人之下万人之上的宰相，以后无论是上天堂还是下地狱，他不走在前头谁走在前头？当下，官家吩咐王旦"宿斋中书，晚诣道场"。[7]也就是晚上吃素，且宿在办公室，饭后到道场来。到道场来干什么呢？史书里没有具体说，我一时也想不出一个合适的词。来的目的是守着天书，这个"守"当然有守护的意思，但又不全是。天书降世后，暂时还没有确定供奉的殿堂，夜里让宰相陪着，是表示恭敬。从意思上讲，接近于守灵。守灵是遗体未有归属（入殓）时，得由亲友陪着。但守灵这个词毕竟散发着死亡气息，不好。那就叫守夜吧。这样一来，王旦今晚又得喝厚朴汤了。东华门外街市上的厚朴汤倒小有名气，因为它不仅荣幸地进入了政府采购名单，甚至还进入了朝士们的打油诗。王旦贵为宰相，有时处理事情过了饭点，也只得叫下人到东华门外去买蒸饼和厚朴汤，将就着下肚。在两府执政级的高官中，还没有听说有谁比宰相更不讲究享受的。当晚，王旦就着厚朴汤啃了两块蒸饼，当他打着饱嗝赶到道场时，却发现官家早已到了。那些道士见皇帝和宰相都来了，越发地抖擞精神，卖弄身手，朝元殿前竟有甚嚣尘上之势。]

好了，关于天书降世的现场纪要就此打住，再说一遍，采用这种笔法并非故弄玄虚，而是为了保留历史现场的直观性和鲜活感，为后世立此存照。

黄帛和天书现在就躺在彩车里，有皇帝和宰相在为之守灵——不对，是守夜。一卷黄帛上拴着三卷天书，那造型会让人想起乡村顽童玩的儿戏：一根丝线上拴着三只蚂蚱。因此，无论就形象意义还是内涵意义而言，套用两句人们耳熟能详的俗语都再合适不过：黄帛是个纲，纲举目张。黄帛上的二十一个字，提纲挈领，以天意的名义宣告了赵宋皇权的历史必然性和执政合法性。而对于官家来说，其中的关键又在于"付于恒"这一句，也就是说，天书闹剧的根本，在于官家借天意来强调其皇位的正统性。由于众所周知的原因，官家心理上一直笼罩着自卑的阴影，他太在乎"付于恒"了，他太需要"付于恒"了，他太渴望"付于恒"了。正因为有这么多的"太"济济一"膛"，一旦有了机会，他就顾不上吃相难看不难看了，他太急吼吼了，有如一个拳师，出手时用力过猛，露出破绽来了。

破绽是显而易见的，甚至连瞎子也能看出来——瞎子不是看出来的，是听出来的，知枢密院事陈尧叟用带着巴蜀方言的腔调宣读黄帛上的二十一个字时，在场的人都听得清清楚楚，所以那中间的破绽瞎子也心知肚明。怎么可以是"付于讳（恒）"呢？这明显带着官家作弊自为的痕迹。这个"付于讳（恒）"太突兀了，突兀得有如从美女的樱桃小口里探出来的几颗龅牙，不扎在你眼里也扎在你心里。地球人都知道，上天虽然主宰万物，却不是絮絮叨叨的管家婆，他是雷霆万钧一言九鼎的。既是天书，所说应该是天下大势，至少也应该是天下大事。那么，承接在"赵受命，兴于宋"下面的当然应该是"付于胤"，他是开国皇帝，一个新的历史纪元肇始于斯，这样，后面的"世七百，九九定"才能说得通。不然，就变成从赵恒开始"世七百"了。赵恒有什么资格开启新纪元？他开启新纪元，说轻了是数典忘祖，说重了是想改朝僭越。迎请天书的现场当然没有一个人是瞎子，那个有如从美女的樱桃小口里探出来的几颗龅牙似的"付于恒"，人们不仅听在耳里而且看在眼里，因此，他们一边山呼万岁一边难免在心里嘀咕：这天书是谁整出来的呢？

是啊，这天书是谁整出来的呢？大臣们虽然心里在嘀咕，却不敢说出口，他们怕得罪皇上。好在任何威权只存在于一定的时空维度之内，哪怕他曾经一手遮天。

说，也只是推测。

主谋者当然是官家，这在上文关于他"吃相难看"的分析中已经揭示了。那么具体实施者是谁呢？首先可以确定一个范围：内侍。这些人是皇帝的家臣，他们的职责就是为皇帝及其家人服务。如果说大臣和皇帝之间至少在名义上还讲究一点公事公办或体貌宽柔，那么内侍和皇帝之间则完全是以人身依附为标签的驯服和跪舔。在天书事件中，最不可或缺也最有可能参与核心机密的有两个人，一个是皇城使刘承珪，一个是入内省副都知周怀政。当然，他们都是内侍。

先说皇城使刘承珪。皇城使是个什么官呢？说得通俗一点，就是中央警卫局局长兼中央机关事务管理局局长。这两个局长厉害啊，他手下有禁卫七千，公吏五百。皇城内的大小事务没有他管不着的，哪怕飞过一只苍蝇也逃不过他的眼睛。再显赫的皇亲国戚进入皇城都得经过他同意，甚至连命妇们伏天朝参，给她们发几杯冰镇饮料也要他发话。说得不客气一点，在他这个位置上如果有不臣之心，是可以搞政变的。或者说，谁想搞政变，首先要取得他的合作。这样一个皇城使，皇城内的一举一动都在他的监视之下，对天书事件如果事先不知情、不参与，那是硬说阎王没卵子——鬼都不相信。不讲别的，光是派人在夜间爬上承天门，把几丈长的黄帛挂上鸱吻，这种事没有他的授意，谁敢做？而官家在崇政殿对王旦等所说的"适睹皇城司奏"[8]，来报告发现天书的估计就是刘承珪本人。因此，认定他是天书事件中的合谋者和具体操作者，应该没有任何问题。

再说入内省副都知周怀政。入内省是入内内侍省的简称，从这两个连在一起且呈递进关系的"内"就可以想见他们服务后宫程度之深入。解释一下这两个"内"：前一个是进入内部

（入内），后一个是内部服务（内侍）。在专制社会里，"内"体现着一种规格，例如内部文件、内部精神以至内部特供之类，不仅神秘，而且带着迥出众生的优越感。皇城俗称大内，在这里服务的内侍有两个层次，内侍省和入内内侍省，很显然，后者地位更高，即所谓"役服亵近者"是也。如果你看到"亵近"这个词有点不舒服，那么你的感觉是对的，至少周怀政对官家的那种"亵近"服务让人很不舒服。据说官家在后宫几乎离不开周怀政，他有失眠症，常常要枕着周的大腿才能入睡。这让人不由得会想到汉哀帝和董贤的那点糗事以及"断袖之癖"的由来。官家是不是有龙阳之好我们不去说他，但周怀政之得宠是肯定的。副都知是入内省的二号长官，他又和官家有一"腿"，天书事件中从策划于密室到攀爬于宫门，怎么能少得了他的参与呢？

　　但关于周怀政，有一个情况要说明一下。上文说到，爬到承天门上取天书的是周怀政和另一名叫皇甫继明的内侍，这是宋人李焘在《续资治通鉴长编》中的记载，下面还有一个注解："《封禅记》不载周怀政，今从《实录》。"《封禅记》为什么"不载周怀政"呢？因为周后来出事了，犯了谋反罪，被砍了头。中国的传统向来是谁出事了，那么以前在历史上的形象要么被抹黑，要么被屏蔽。《封禅记》是关于真宗封禅泰山的报告文学，但该书问世时，周怀政尚未出事，他仍然是官家的"股肱"之侍。由此可以断定，一百多年后李焘看到的《封禅记》应该是后来被修改过的。而编撰帝王《实录》的根据则是其生前的《起居注》，那是原始记录，相对比较客观。《续资治通鉴长编》是一部严肃的史学大书,作者在取舍材料时当然更相信《实录》。

综上所述,天书这件事,起意者当然是赵恒,但如果没有刘承珪和周怀政的配合也是办不到的。皇帝、皇城使、入内内侍省副都知,三个男人一台戏。

但两个内侍,能算男人……吗?

内侍算不算男人我们暂且先放一边,因为另外有一个真正的男人似乎也参与了这台演出。此人叫徐荣,是看守承天门的亲从官。请注意:亲从官不是"官",而是警卫皇城的禁军,隶属于皇城司。说这个徐荣是真正的男人,是因为亲从官都是百里挑一的彪形大汉,其标准身高为(宋尺)五尺九寸一分六厘,[9]我实在不理解精确到后面的这个"一分六厘"有何必要,若换算成现在的长度单位——因为古人太认真,换算时我也只得尽量精确——为一米八一七三九五。要知道,古代男子的身高总体上比现在矮,一米八一以上的男子在当时可谓鹤立鸡群了;还要知道,皇城使刘承珪手下有亲从官三千人,亲事官三千六百人,其中亲从官都是一米八一以上的大汉。话说亲从官徐荣正月初三一早巡察宫门,个子高的人往往自我感觉好,走路喜欢挺胸昂首,他这么一挺胸一昂首就恰好看到了挂在承天门鸱吻上的黄帛。接下来的情节大家都知道了。再接下来就轮到徐荣的好事了,为了嘉奖他最先发现了天书,官家下诏把他从普通士兵提拔为十将。宋军编制,每都为百人,大致相当于现在的连,头目为都头和副都头(看过《水浒》的人应该很熟悉这两个头衔)。而十将则是仅次于副都头的小头目,大致相当于现在的排长。虽说军阶不高，但毕竟连升了好几级。况且他这次露了脸，官家都注意他了，以后还怕没有晋升的机会吗？又况且，官家还另外赏赐他锦袍银带，再加一笔数目不详的奖金。这个徐荣真是撞上狗屎运了，他在承天门下就这么眼睛向上一瞄，转瞬间就成了个堂而皇之的人物，名利双收。

榜样的力量是无穷的，接下来有好戏看了。从此以后，京师人走路都不注意脚下，只往高处看，希望自己也能撞大运，发现天书什么的。时间长了，渐渐形成了高瞻阔步的习惯。好在那时的小偷不偷大街上的窨井盖，不然就惨了。外地人进京，还以为京师人眼角高、傲气，或者讲究派头。其实派头个屁，一个个只是惦记着升官发财而已。

3. 觥筹交错的春天

"懒妇思正月，馋妇思寒食。"[10]这是京师的两句俗语，什么意思？风土人情呗。正月里京师有各种娱乐活动，例如关扑、伴射、灯彩、斋会之类，连女人们也把正月当作做针线的"忌月"，成群结队地上街赶热闹。寒食节不能用火，家家都预先备好各种花样的美食——青团油糕，或馄饨蒸饼——令馋妇食指大动。其实这两个节日不光是懒妇和馋妇喜欢，懒汉和馋汉也喜欢，甚至更喜欢。毕竟好吃懒做的还是男人居多，吃喝玩乐也总是男人走在前头。那为什么偏偏拿女人说事呢？很简单，因为男人有话语权。有了话语权就可以决定舆论导向，历来如此。

承天门降了天书，今年的正月更热闹了。

这个热闹的"闹"字，依据通俗造字原理可以理解为门庭若市。一个王朝的门庭应该是大内宫城吧，今年正月的热闹首先是从这里开始的。自天书降世，各种仪式几无虚日。初三的那场戏就不再说了。初四一早群臣入贺于崇政殿，中午赐宴。这么大的喜事，当然要向各路神仙和列祖列宗报告，于是下午又奏告天地、宗庙、社稷及京城祠庙，一路上人马倥偬，浩浩荡荡，也惹动了宫城外的尘埃，天书事件亦开始向民间扩散。初五是天书入殿仪式，也就是把天书从彩车上请入朝元殿。这次仪式动用了宫悬、登歌及黄麾仗。可不要小看了这三个古怪的名词，那可是代表着最高规格的排场。宫悬即宫廷悬挂钟磬的数量及乐队的规模，最高规格为"八佾"（六十四人）。登歌为乐师登堂所唱的歌，所谓歌者在堂，登歌颂美也。黄麾仗则是皇帝在重大节日或接见藩国国王时所用的仪仗，那中间别的不说，光是打旗的仪节就有上千人。契丹派来祝贺元旦的特使也被邀请出席，顺便让他开开眼界，见识一下赫赫扬扬的大国威仪。初六，大赦天下，改景德五年为大中祥符元年。改左承天门为左承天祥符门，改开封直辖的浚仪县为祥符县。其实这个浚仪在历史上大有来头，不应该改的。《诗经》中"在浚之下""在浚之郊"的"浚"就是浚仪。《论语》中的仪封人请见孔子，这个"仪"也是浚仪。但官家现在恨不得把祥符的标签像桃符一样贴遍千门万户，哪里还顾得上《诗经》或者《论语》？

也不光是热闹，还有看得见摸得着的福利，文武百官皆普调一级工资。对亲从官徐荣的嘉奖就属于这一批次，但他是破格，除去连升几级，还连带着其他奖励。

当然，最能体现普天同庆的一项福利是："诏东京赐酺五日。"〔11〕

也就是整个京师，公款吃喝五天。

哇！泱泱京师，百万生齿——这些生气勃勃严阵以待的"齿"啊，这下可有了用武之地。但百万"生齿"是每个人都连轴转地吃喝五天，还是大家轮流着吃喝五天；或者不是每个"生齿"都有资格吃喝，而是每户一个代表，或者每个街坊推几个代表。这些具体细节，解释权在朝廷，现在来不及细说，因为各个声部的颂歌正此伏彼起方兴未艾。初四一早的群臣入贺算是一次合唱，合唱的优点是气势宏大但也容易让南郭先生之流蒙混过关。接下来一个一个地表演。

首先发声的是司天监的官员。司天监的官员都是技术官，这个"技"宋代写作"伎"，与乐舞者同，带有鄙薄之意。技术官比京朝官的地位低，也不能套用公务员的考课磨勘法获得升迁。但这并不影响他们逢迎拍马的热情，相反会更加激励他们知耻而勇。他们是技术专家，可以从专业的角度寻找逢迎拍马的切入点——切入点很重要，一支颂歌的切入点选准了，差不多就成功了一半。司天监的这些人夜晚观星象，白天看云气，星象和云气都是上天的表情，从中可以看出人世间的凶吉祸福。他们这次从云气上找到了切入点，上奏说，根据他们的观察，初三和初五——天书降世和举行天书安放仪式的这两天——有瑞云笼罩宫殿，此为大吉祥之象，天贶符命，国泰民安，应该下诏载入史册。

官家"从之"。[12]

当然"从之"。

心情舒畅地"从之"。

欣赏有加地"从之"。

这种马屁真是一点成本都不用。清平世界，朗朗乾坤，天空中总少不了几片云彩，什么样的云叫瑞云，什么样的云不叫瑞云，也只能听他们说，估计没有谁和他们较真的。

但较真的情况也有。

这边说天书上空有瑞云笼罩，要求"诏付史馆"，官家"从之"。那边马上又说天书上空有瑞鹤飞舞……

上奏的是权三司使丁谓。这个丁谓从小就聪明且自负，且看他早年的两句述怀诗："天门九重开，终将掉臂入。"[13]"掉臂"者，甩着胳膊大摇大摆的走路姿态也。掉臂而入皇宫之门，丁谓的志向和野心可以想见。太宗朝翰林学士，也是一代诗文大家的王禹偁对丁谓的才华极为欣赏，甚至认为"二百年来文不振，直从韩柳到孙丁"。[14]这里的"丁"就是丁谓，而"孙"则是另一名青年才俊孙何。把"孙丁"与唐代的韩柳并称，这样的评价不能再高了。淳化三年，"孙丁"同榜及第，太宗点孙何为状元，丁谓排名第四。丁谓自诩与孙何齐名，耻居其下，竟在传胪大典时向太宗申诉。太宗则幽了一默，他说，甲乙丙丁，你姓丁，"合居第四，尚何言？"[15]丁谓当然不可能再说什么。但皇帝钦点的名次，他敢当面提出异议，足见此人内心相当强大。丁谓这样的人，既富于智术和才干，又善于投机钻营，在官场上不想出头都难。三司是主管国家财政和经济的最高机关，相当于财政部和国家计委，因此，三司使又称计相。这个"计"，是国计民生的"计"。权三司使就是暂时代理三司使，虽则是"权"，在朝廷中的地位却举足轻重。

天书安放仪式的第二天，丁谓的奏章上来了："双鹤度天书辇，飞舞良久。"说装载天书的彩车行进时，有两只瑞鹤在上空飞舞，而且飞舞良久。此亦为大吉祥之象，应该"诏付史馆"。但官家看了奏章后没有"从之"，他说，我昨天也看到了那一对瑞鹤，它们只是从天书的彩车上"飞度"，如果说飞舞良久，"文则文矣，恐不为实"。[16]文辞是很漂亮，却不符合事实。文采华丽的假话仍旧是假话，官家要丁谓重新修改奏章。

官家为什么要较真呢？这是一个很有意思的问题。司天监说天空有瑞云，而所谓瑞云本身就是一个伪命题，因此这种上奏基本上属于无中生有，但官家"从之"。丁谓的奏章只是在程度上夸张了一下，在修辞上华彩了一下，官家却较真了。或许他的想法是，对无中生有的奏章你只能有两种态度，要么拒绝，要么接受。既然拒绝不符合自己的意愿，那就只能"从之"。而对以基本事实为基础，但修辞上有所夸张的奏章，却可以抓住其中的华而不实之处，乘机秀一下自己的英明。什么叫英明？英明就是求实睿哲,明察秋毫。要丁谓重新修改奏章,这不正体现了求实睿哲吗?指出瑞鹤是"飞度"而不是"飞舞",这不正是明察秋毫吗?自己秀了英明,却并不影响基本事实的存在,因为天空中确曾有瑞鹤飞过。

那么丁谓呢?拍马屁拍到了马腿上,他尴尬吗?沮丧吗?如果是别人,或许会的。但丁谓不会。且看他如何应对:

陛下以至诚奉天,以不欺临物,正此数字,所系尤深。皇帝徽猷,莫大于此。望付中书,载于《时政记》。[17]

他说,陛下虽然只是更正了我奏章中的几个字,却意义深远。对天地至真至诚,对万物实事求是,没有比这更伟大的了。建议把这件事刊发在《时政记》上,供全体官员学习。

这叫"失"寸进尺,打蛇跟棒上。一番云里雾里的吹捧过后,"上俛然许之"。这个"俛"通"俯",屈身低头,官家勉强同意。丁谓的马屁拍得太肉麻了,弄得官家也有点不好意思,因此显得扭扭捏捏的。

在礼赞天书的大合唱中,司天监的瑞云和丁谓的瑞鹤只能算是自拉自唱的小曲。现在,一阕洋洋洒洒大气磅礴的《祥符颂》问世了。这是真正的抒情男高音,也是真正的华彩乐章,作者:钱惟演。

钱惟演是吴越王钱俶的儿子,钱俶降宋时,他才两岁。赵家天子对降王还算宽厚,钱俶又是自愿纳土归顺的,待遇自然比其他降王优惠。但降王就是降王，在人家眼里，你最多不过是个识时务者，但不是俊杰。和人家的那些开国功臣相比，你从资格到人格其实一穷二白。因此，在表面鲜衣怒马的背后，是寄人篱下仰承鼻息的人生体味。钱惟演就是在这种人生阴影下长大的，特殊的家庭背景成就了他的奴颜和媚骨，也成就了他出色的文学才华。在中国文学史上，钱惟演与杨亿、刘筠等同为"西昆体"的代表性作家。他是辞采华赡的才子，援笔倚马可待，特别擅长写那些歌功颂德的美文。他曾在召试学士院时，在笏板上起草立就。虽有炫才之嫌，却得到真宗称赏。眼下，他的身份是直秘阁。秘阁即皇家图书馆，直秘阁即图书管理员。千万不要小看这些图书管理员，因为他们的职责之一是为皇帝提供阅读的典籍，因此，能到这里来当管理员的起码都是饱学之士。秘阁向为储才用人之地，如果给官家留下好印象，调到身边当秘书，那就是知制诰甚至翰林学士，都是极有清望的职务，所谓无实职而有实权的勾当。翰林学士更有"内相"之称，前程不可限量。

一看《祥符颂》这样的题目，就可以知道此类文章的大体套路：跪舔的身姿，献媚的眼波，裸奔的激情，还有装腔作势的语调。文本则引经据典加铺陈堆砌，辞藻之繁富更是穷极奢靡。典雅、华丽、矫情，甚至声嘶力竭，此谓之颂歌体。钱惟演的表演相当成功，《祥符颂》恭呈御览的第二天，官家就下发了关于他知制诰的任命。这种立竿见影的官场效应无疑是一个信号，或者说是一种导向，那些喜欢闻风而动的文人自然心领神会，一时间颂歌谀文排闼而来，大家都使出了浑身解数，调门一个比一个高亢，辞采一个比一个花哨，吹捧一个比一个肉麻，其争先恐后之状，有如一群乞丐奔向某个大户人家的红白喜事。

中国古代文人的士风涵养何其艰难，但一旦堕落却有如江河之溃决，一泻而下。这种现象很值得深思。文人士大夫的气节和风骨是一个古已有之的话题，其最高境界即孟子所说的"富贵不能淫，贫贱不能移，威武不能屈"。但气节和风骨在任何一个时代都是稀缺资源，孟子这段名言中所有的"不能"，在现实中其实无所"不能"。知识分子屈从于权势，迷茫于仕途，沉浮于金钱，牵情于世俗，流连于名声，从来就不是什么新鲜事。历史活动是人的活动，而人毕竟不能脱离其所生存的环境，在政治高压和利禄引诱下，大多数人只能俯首顺从、卖身投靠，义无反顾的壮士总是凤毛麟角。你不顺从、不投靠、不反顾吗？那好，你等着，有童谣为证："直如弦，死道边；曲如钩，反封侯。"〔18〕宋代的政治生态相对宽松，因此，在官场上"直如弦，死道边"倒不一定，但"曲如钩，反封侯"肯定是普遍真理。那些心怀治国平天下宏大理想的文人士大夫，谁能抗拒封侯之赏呢？

颂诗谀文的一幕戏让他们热闹去吧，其实人们更关心的还是赐酺——公款吃喝。首先解释有关政策，京师赐酺五日，并不是京师的每个居民都有资格参与吃喝。有资格参与的首先是皇亲国戚、宗室贵胄、文武臣僚（包括在京的退休官员），其次为京邑父老，那么哪些人才称得上父老呢？有两种说法：其一，是一种职务，即管理公共事务的有声望的老人；其二，是对老年人的尊称。好在两种说法并不矛盾，合二而一，说父老是基层民众中的年高德劭者应该不会错。这样看来，参与赐酺的主要还是官僚贵族，再弄几个群众代表作为点缀，而已。

赐酺虽然二月初一开宴，但有关部门的准备工作早就开始了。自天书降世后，官家的情绪一直很高，对一些程序的细微末节也必要认真过问，孜孜以求。例如，开宴三天前，皇城司上报宴会的席位图，就被他看出问题来了，图中把太祖皇帝的孙子惟叙和曾孙守节安排在一起。惟叙是德芳的儿子，而守节是德昭的孙子，叔侄同席，本来也算不上什么大问题，但官家认为不可："族子、诸父，安可并列？"[19]"族子"即伯叔祖父的曾孙，指守节；"诸父"即伯父和叔父，指惟叙。这是个反诘句，口气很严厉，即使说不上龙颜大怒，但龙颜不悦是肯定的。由于众所周知的原因，官家对太祖后裔的态度是一个相当敏感的问题。所谓"众所周知"就是大家都心里有数，但又不方便明说。什么事情一旦到了这个地步会很麻烦，因为你只要稍有疏漏就会触动人们敏感的神经，遭到过度阐释，甚至弄得暗流涌动、舆情汹汹。因此，即使像宴席的座次这样的小事，官家也一定要做得滴水不漏。

开宴前一天，皇城司重提整肃上访。长期以来，对上访人员的处理一直是个很头疼的问题。一方面，赵宋君主爱惜羽毛，标榜宽仁。一般来说，以比较平和的方式入承大统的帝王，对臣下和民众还懂得讲一点气度和雅量。而那些从血雨腥风中杀出来的马上天子，不唯雄才，而且雄猜，他们往往有一种迫害狂的心理定势，总是疑神疑鬼地觉得人家要推翻他，当然也容不得别人讲话。宋太祖时,朝廷专门在乾元门南街西廊设登闻鼓,有冤屈者可以挝鼓而闻达于上,并在门下省设匦院接待上访。这个"匦"字的部首为"匚","匚"者,器之方者也。所以"匦"就是方形的匣子,凡议论国家大事、朝政阙失或申诉冤案,均许士民投书于此。这让人们会想到现代那种被称为意见箱的小玩意儿。真宗景德年间,朝廷又改匦院为登闻检院,集中收理上访申诉,以彰显"开言路、通下情"的亲民形象。但另一方面,上访人员麇集京师,不仅影响社会治安,亦有损朝廷体面。太祖时曾发生过开封市民牟晖为找寻自家丢失的猪而击登闻鼓申诉的糗事,弄得太祖哭笑不得。这当然只是极端个案。但三天两头就有人跑到皇城前击鼓喊冤,或皇帝一出行就有人拦在车驾前告状,也绝非盛世气象。在此之前,开封府和皇城司都曾有过整肃上访的奏议,但官家都留中不发。好了,现在机会来了,因为天书降世了。天书降世和整肃上访有关系吗?有。因为既然有天书降世,就说明官家的统治已获得了上天的嘉许;既然官家的统治获得了上天的嘉许,那么现在就已是传说中的太平盛世;既然现在已是太平盛世,那么还有什么御状可告呢?因此,应明令有关部门驱除上访者,严禁聚众闹访、希冀恩宠,如有违反,"悉从徒坐"。官家大体上认可皇城司的意见,但又觉得惩罚太过严厉。他是宅心仁厚的君王,就为这个"悉从徒坐",他斟酌再三,最后改为对违反者"令有司告谕而宽其罚",[20]也就是以训诫代替刑事处分。

二月初一,赐酺如期开宴,这是自太宗雍熙元年朝廷恢复赐酺以后,规模最大的一次公宴。这次活动由"内诸司使三人主其事"。[21] 由于皇城司为内诸司之首,实际上主要就是刘承珪在那儿张罗。整个活动的排场,其他不说,光是乐队,就已经登峰造极了。且看:

> 于乾元楼前筑土为露台,上设教坊乐。又骈系方车四十乘,上起彩楼者二,分载钧容直、开封府乐。复为棚车二十四,每车联十二乘为之,皆驾以牛,被之锦绣,蒙以彩绡,分载诸军、京畿伎乐。[22]

这段话比较直白,唯一需要解释的是"钧容直",即军队的仪仗乐队。现在让我们见识一下,这是何等壮观的排场,大型乐队分为五个方阵:教坊的、皇家的、开封府的、驻军各兵种的,还有京畿郊县的。可以这样说,泱泱京师,从民间到庙堂,只要是和乐器沾得上一点边的主儿——会吹的除去吹牛的,会拉的除去拉肚子的,会弹的除去弹棉花的,会敲的除去敲竹杠的——全来了,一塌刮子,一网打尽,统统召之即来。他们将通力合作,演奏出一阕大快朵颐的盛世华章。

那就开宴吧。

> 上举觞,教坊乐作。[23]

一千五百名京邑父老荣幸地成为今天的主宾,但他们这顿饭注定是吃不安分的，因为他们的席位在乾元楼下，而官家就在楼上。这似乎是一条颠扑不破的规律：和领导——特别是大领导——一起吃饭，你肯定不得安分。因为双方地位的差距会形成一种紧张感，使弱势的一方陷于诚惶诚恐之中。如果另一方又不甘寂寞，老是要刷存在感，那就更加不得安分了。很不幸，现在楼上就坐着一位不甘寂寞的官家，他时不时就"临轩传旨"。[24] 我们想象一下，这个"临轩传旨"的场面大概是这样的，官家先把某位内侍叫到身边吩咐几句，该内侍就走到护栏前，用不男不女的嗓音朝下面拖腔拉调地喊一声："圣上有旨！"于是楼下朵颐初动的父老们忙不迭地丢下筷子和酒杯，抓紧吞下喉咙口的菜肴，齐排排地跪在地上接旨。这一轮圣旨的内容是官家问大家生活安康否。父老这边已事先推举了一人为代表致答词，其他人只负责附和加磕头。

父老代表显然事先已有所准备，或者对此类套话相当谙熟，其答词大致得体："小民等恭谢圣恩，感激涕零。当今四海升平，天下丰足，小民等沾沐雨露，安享盛世，生活安康，大适融融。愿我大宋社稷万年，我皇万岁万万岁！"

接下来是带领大家磕头拜舞，山呼万岁。然后重新入座。

但不一会儿，内侍又"临轩传旨"。这一次是官家赐父老衣物茶帛。父老代表又得有一番堂皇的答谢词，然后带领大家磕头山呼。

如斯者再三。估计这顿饭吃下去，父老们生胃病的概率不会小。

这种"临轩传旨"的游戏相当单调，但今天这样的场合，总体的基调还是热闹，单调只是热闹中一个短暂而无聊的插曲。这热闹是如此阔大而磅礴，连史书上的记载也如此有声有色，具有隆重的现场感：

> 东距望春门，西连阊阖门，百戏竞作，歌吹腾沸。士庶观者，驾肩叠迹，车骑填溢，欢呼震动。[25]

望春门和阊阖门分别为开封老城的东门和西门，相距六里许。一次大规模的公宴吃喝，让差不多整个开封老城区都沉浸在狂欢之中。

普天同庆，万众欢欣，却把遗憾扔给了宫里的嫔妃、宫女和内侍们。赐酺连续五天，从二月初一开始，官家将分赴各个宴会点赶场子，这就把二月初二宫中的"挑菜节"挤掉了。"挑菜节"是宫中特有的节日，也是宫中最快乐的节日。"挑菜节"的菜是嫔妃们在宫里挖的野菜，嫔妃们把挖来的野菜做成风味各异的菜肴，集中在一起举办"挑菜宴"。"挑菜宴"的规格很高，皇帝和皇后亲自参加，皇子公主们也要陪同，还有宫里那些有脸面的宫女和内侍都能躬逢其会。参加的目的不是吃野菜，而是玩游戏。游戏其实就是摸彩，你摸中的菜名如果跟官家夹的野菜一致，那么恭喜你，中彩了。中彩了当然会有赏赐，摸不中则要受罚。但大家也乐于受罚，因为那是雅罚——罚你唱歌跳舞或表演杂技。最受大家欢迎的"惩罚"是内侍表演的"河市乐"，那是最早的相声，演员模仿运河码头上的各地方言，其朴野俚俗，令人捧腹，不唯官家笑得摇头晃脑，连金枝玉叶的女眷们也每每因大笑而失态。由于中彩的概率很低，大家表演的机会便很多。在这个被礼法和规矩所窒息的世界里，快乐本来就像雾月的阳光一样稀缺，"挑菜节"却总能给大家带来久违的快乐。

这是一个觥筹交错的春天，京师到处弥漫着酒池肉林的蛮横气息，这气息随着刚刚萌动的阳春气息，旗帜一般地高高飘扬。人们终于知道了，原来所谓的太平盛世就是大规模的公款吃喝（此处应有掌声），这当然皆大欢喜。京师赐酺过后，二月初六，朝廷即派出使者分赴各路，赐边臣宴会。随后，又两次下诏扩大每年几大节日公宴参与者的范围。以前规定的范围只到皇族成员及各部门正职长官，现在不仅扩大到各部门副职长官，还包括馆阁、大理寺和开封府的职事官。对于提升全社会的饮食文化档次，公款吃喝功不可没。在那些日子里，从达官贵人到贩夫走卒都在谈论酒的品牌和菜的花式，因为这些都是刚刚上过酺宴的，这无疑是极好的广告宣传。事实上，各家有实力的酒楼之间早就开始了明争暗斗，他们竞相使出公关手段，力图在酺宴上采用他们的品牌酒和招牌菜，从而让它们以国宴钦点的名义上位。有的酒楼则事先已拿到酺宴的菜谱，自己马上以"大酺菜"的名义推出，以招徕顾客。皇家烹饪和市井厨艺的渗透与交流从来都是双向的，很难说谁在引领时尚。大规模的公款吃喝让全社会的肾上腺素急剧飙升，赐酺过后，随之而来的将是民众的消费潮流，这股潮流才是更强劲的消费驱动力。令商家们欢欣鼓舞的黄金季节到来了，因为民众消费的不光是酒池肉林，还有娱乐、购物、观光旅游，所谓软红香土就是他们的消费业绩。

如果以为官家这些日子只知道沉迷赐醵花钱买热闹，那肯定是冤枉他了，至少就在京师和全国其他各地觥筹交错地公宴吃喝时，他做出了一项虽然不起眼却意味深长的人事安排，一个刚从南方任职回京的官员，在二月的某一天被派到兖州去担任知州。

邵晔。这个名字如果写得松散点，很容易被读作邵日华，但那也不要紧，因为日华恰好是他的字。有人或许会认为这名和字取得有点狡狯，其实不是，因为古人的读写次序是由上而下，那时候，即使把"晔"的两部分写得八竿子打不着，也不会被读成日华。

邵晔狡狯不狡狯不好说，但不久我们将会看到，他肯定是个聪明人，也是个能干事的人。

全国二百多个州府，任命一个知州算不上什么事。但兖州不同，在官家的心目中，眼下兖州的重要性几乎不亚于京师。

兖州不仅是孔子的家乡，而且就在泰山脚下。孟子当年说过一句话："得乎丘民而为天子。"现在大家都知道"丘民"就是民众，但当初不是这个意思，当初的意思是指孔丘家乡的民众。孟子说的是，得到孔丘家乡民众的拥戴，就可以成为天子。可见在中国的政治版图上，兖州的民意举足轻重。官家现在朝思暮想的就是封禅,但封禅这样的旷世大典,首先得由有身份的大臣上表敦请,去年十一月中旬,殿中侍御史赵湘曾上言请行封禅大礼,官家赏了一个不置可否。不置可否不是不感兴趣,而是因为火候未到,故作矜持;或者因为赵湘人微言轻,这样隆重的大事,由他提出来不合适。现在天书已降,封禅的条件已经具备,但朝中的大臣至今无人出头,不知他们是麻木不仁还是故意装糊涂。朝中无人出头,官家决定先"得乎丘民",利用一下兖州的民意,让兖州的父老们进京请愿,把封禅的气氛造起来。

这样一说大家应该知道了,派邵晔到兖州去,是为了运动群众。

为什么看中邵晔呢?除去他的聪明他的能干事而外,恐怕还有一点——他刚刚因连坐受到处分。

邵晔已经六十岁了。他是太平兴国八年的进士,但仕途上一直不温不火。官场上有不少这样的人,水平和能力都没有问题,因为缺少机会,只能沉沦下僚。景德年间,邵晔终于等来了一次机会,因交趾(越南)内乱,朝廷派他去处理。在此期间,他表现出良好的应对能力和外交素质,得到真宗赏识,回京后即获得晋升。但他这个人运气实在太差,在"判三司三勾院"的位子上屁股还没坐热,麻烦又来了,他以前推荐的一个官员犯了贪污罪。这是私罪。宋代的官场并不很看重政治正确,却崇尚私德,因私德方面的过错被处分,不仅很难东山再起,当初推荐的人还要连坐。好在真宗念他刚在南方辛苦一场,只给他"停官"处分,相当于无薪休假,以后有了机会还可以任用。现在,官家要派一个人去兖州发动群众，就把他用上了。这种刚刚吃了处分的人，给他一次机会，往往特别卖力。

邵晔到兖州履新大概是在二月下旬。此人老于官场，也有些才干，且看他如何动作。

注释

〔1〕〔4〕〔5〕(宋) 李焘《续资治通鉴长编》卷六十七。

〔2〕龚延明《宋代官制辞典》光禄寺门。

〔3〕(唐) 张籍《乌夜啼引》。

〔6〕〔7〕〔8〕〔11〕〔12〕〔19〕〔20〕〔21〕〔22〕〔23〕〔24〕〔25〕《续资治通鉴长编》卷六十八。

〔9〕《宋代官制辞典》第七编之二《皇城司与横行五司门》。

〔10〕(宋) 陈元靓《岁时广记》卷五《元旦·忌针线》。

〔13〕(宋) 魏庆之《诗人玉屑》卷十二。

〔14〕(宋) 司马光《涑水纪闻》卷二。

〔15〕(宋) 王称《东都事略》卷四十九。

〔16〕〔17〕《续资治通鉴长编》卷七十。

〔18〕东汉顺帝时京都流行的童谣。

第三章　又降天书

1. 给点阳光就灿烂

灯谜：官场如戏。打《四书》一句。

谜底：仕而优，出自《论语·子张》，原文："仕而优则学，学而优则仕。"这两句话很有名，特别是后一句，很多人都以为是孔子讲的，其实不是，是他的学生子夏讲的。

顺便普及一下灯谜的有关知识，在这则灯谜里，关键是对"优"的别解，谜底里的"优"本义作优良或丰裕解，但在猜这则灯谜时，必须别解为优伶，也就是演员，这样，就与"官场如戏"的谜面扣上了。

官场如戏，有意思！估计邵晔近来也常有这样的感慨。这么多年沉沦下僚，好不容易逮到了一次出头的机会，从南方回京时，圣主赏识，晋级加官，何其春风得意。可偏偏这时候朋友出事了，自己作为举主被连坐。虽然处分不很重，但基本上一觉回到十年前，"好不容易"攒下的那点资本很容易地就打了水漂。这把年纪，遭此一击，本以为仕途无望了，想不到官家又把兖州的事托付自己。这么重要的差事，办妥当了何愁没有好前程？此一番峰回路转跌宕起伏，真有如舞台上的剧情一般，官场如戏，信然。

邵晔在《宋史》中被列入《循吏传》。何谓循吏？司马迁在《史记》中定义如下："奉法循理之吏，不伐功矜能，百姓无称，亦无过行。"[1]用现在的话说，就是老老实实地照规矩办事，从不居功自吹或显摆作秀。这样的人，老百姓不一定能说出他的好，但也绝对说不出他有什么过错。从这个"无称"和"无过行"中，我们不应该得出无所作为的结论，而只能认定为行事低调。把邵晔列入《循吏传》是几百年后蒙古人的事，不知道他们这样安排的根据何在。老实说，对邵晔六十岁之前的行迹，我们所知甚少，他是否当得起循吏亦无从评判，但来到兖州后，如果还要他当循吏，恐怕有些困难。因为他此行的目的很明确，组织兖州父老赴京请愿，为封禅营造气氛。兖州去京师迢迢六百里，上千人的队伍大呼隆地赴京，一路浩浩荡荡，大事张扬，这怎么能叫不伐不矜行事低调呢？封禅这样的事，神道设教也，欺世盗名也，劳民伤财也。一个地方官，开门三件事：一曰钱谷，一曰刑狱，一曰民政，这是自己的本职所在。丢下自己的本职所在，屁颠屁颠地去迎合人主，鼓吹封禅，这就和循吏的美誉渐行渐远了。

当然,对于邵晔来说,身后那点循吏的光环一点都不重要,重要的是抓住这次机会,改变命运。

邵晔在兖州确实很拼。

先看这篇报道:

> 甲戌,兖州父老吕良等千二百八十七人诣阙请封禅,对于崇政殿。[2]

甲戌为三月十三日,也就是说,邵晔二月下旬才到兖州上任,三月十三日已经把父老们"运动"到皇城的宫门前了。

我们来算两笔账。

第一笔账:路程账。从兖州至开封,途经中都县、郓州、寿张、范县、濮州、永定驿、澶州、韦城、长垣、陈桥驿,最后进入京师陈桥门。全程将近六百华里,设十一个驿站。对于普通驿使和旅客来说,这样的间距比较合适。但到了这支标榜为兖州父老的队伍面前,每天五十多里的路程就不那么轻松了,因为代表团的组成人员中以老人居多,兖州的条件也不能给他们配置代步工具。队伍中为数不多的车马是供策划和领导这次活动的官员乘用的。因此,现场的"车辚辚马萧萧"虽是实景,却不属于父老们;属于他们的只有"行人煎饼各在腰"和"尘埃不见玉河桥"(玉河为流经兖州的古泗水支流,称府河,别称玉河)。这么一支老气横秋的队伍,一路上你不能指望他们兼程前进,更不能指望他们衔枚疾走,他们只能晓行夜宿,按部就班,每天一个驿程已是相当勉强。这样，全程所需的时间最少也得十一天，这还没有把可能遭遇的恶劣天气估算在内。

第二笔账：时间账。兖州父老在东华门请愿是三月十三日，其实他们在前一天就已经抵达京师。从邵晔到任的二月下旬到三月十二日，满打满算只有二十天时间，再从中刨去在路上的十一天，那么，邵晔在兖州用于发动和组织群众的时间最多不过十天。这中间还包括了若干节假日。宋代官员的假期分为旬假和节假，旬假每十天休息一天，为每旬之末日。节假全年有"三大节"、"五中节"和"十八小节"，假期分别为七天、三天和一天。在邵晔组织兖州父老赴京请愿的这段时期，共涉及两个旬假、一个大节（寒食）、两个小节（春分和上巳）。可以肯定，这些节假日邵晔一天也没有享用。现在有一种说法，称工作满负荷连轴转为"五加二白加黑"，宋朝那个时候应该是"九加一白加黑"吧。这是多好的季节啊，几乎是联袂出场的春分、上巳（三月三日）、寒食，一个比一个容光焕发。王维和杜甫笔下皇家贵族的三月三极尽奢华秾丽，但小民百姓在这个季节也有自己的赏心乐事。"三月三，荠菜炒鸡蛋。"这个荠菜就不用多说了，它简直是春天的皇后，不是华贵，而是亲民，无须细品，就品出了千年之前《谷风》中的味道："其甘如荠。"而且它就满田满垄地鲜嫩着，不卑不亢，大大方方，等着你去挑采。那么鸡蛋有吗？当然有。"三月三，死鸡死鸭也生蛋。"三月三是季节向天地万物慷慨的馈赠，是大自然跟人类关于蓬勃和灿烂的一个约定。比大自然更加蓬勃和灿烂的是人的内心。于是又引出了另一句民谚："三月三，小鬼闹翻天。"闹什么？春游呀，踏青呀，享用时令美食呀。可兖州知州邵大人却置这般的良辰美景于不顾，他精明地、掂斤播两地把这些所有的蓬勃和灿烂统统打包，兑换成自己的官场前程。在这段时间里，他完全当得起诸如"殚精竭虑""废寝忘食""夙兴夜寐""任劳任怨""鞠躬尽瘁"之类的形容词。把这么多的形容词堆在一个人身上且此人当之无愧，这个人要么就是圣徒，要么就是阴谋家。

邵晔这么多年一直在州县任职，经历的事情多，自然吏道纯熟。他知道如果不想干某件事，只需用繁文缛节去慢慢拖，一直拖到不了了之。同样，如果想干成某件事，也只需做好关键的几点，其中最重要的是利用人的私欲，让他有利可图。私欲不是那种治国平天下的宏大情怀，绝对不是。私欲是藏在心底有些羞于示人的念头，有如人体中蠢蠢欲动的荷尔蒙。没有人会把荷尔蒙挂在嘴上宣扬，但你得承认那是生命的原动力。不知大家有没有注意关于东华门请愿的报道中"兖州父老吕良等"的表述，"吕良等"三个字，背后是一千二百八十七人。除去吕良，其余的一千二百八十六人合用一个"等"字。吕良凭什么可以领衔"等"呢？因为他是赴京请愿的首倡者。其实真正的首倡者不是他，而是知州邵晔，他只是知州大人的一件道具。知州大人也不是随便找一个人，捡到篮子里就是菜。这个人在地方上必须有家世背景，有威望，有人脉，而且还要恰到好处地有一点私欲。这个吕良肯定符合上面的条件，于是他就成了名字在最前面的那个人。名字在前面，好处也在前面，这是天经地义的。好处有各种名目，有些是有形的，例如金钱、地位；有些是无形的，例如荣誉、面子。当然这两者也不是井水不犯河水，而是可以互相兑换互相寻租的。至于那个"等"里面的一千二百八十六人，他们有的寄望于朝廷的赏赐；有的是为了见识京师的繁华，甚至幻想能受到皇上的接见，一睹天颜；有的完全是风头主义，为了在自己的圈子里露一回脸，或者纯粹是为了蹭吃蹭喝凑热闹。邵晔让这些形形色色的私欲走在一起，走成了一支浩浩荡荡的队伍。他还向大家许诺，到京师后，给每人佩重戴一顶。何谓重戴？因京师地势平旷，加之土地盐碱化严重，起风则沙尘扑面。那时没有沙尘暴的说法，但防护措施也有讲究。每年春季，稍微有点身份的人都要在头巾上加戴一顶特制的大裁帽，谓之重戴。重戴以黑罗为料，方而垂檐，并有两根帽带，可结于颌下。[3]到了后来，防风障尘倒在其次，重戴逐渐演变成为一种身份的标志，着此装束，至少不是乡野农夫或市井中的引车卖浆者。所以邵晔在许诺时很郑重地用了一个"佩"字：给每人佩重戴一顶，就像说给官员佩金鱼袋或银鱼袋一样。当然，在这种种运作的背后都需要花钱，但邵晔一点都不担心，因为他知道，只要政治正确，钱从来都不是问题。

不知道三月十三日这天开封有没有风沙，反正来自兖州的这群请愿者一律都是崭新的重戴，黑压压地碾过京师的大街，很富于视觉冲击力。天性好奇的首都市民们禁不住驻足旁观，一边议论纷纷。即便他们见多识广，这样大呼隆的队伍也只有偶尔在皇帝巡幸时才会看到。那么，眼前的这群黑老鸹是干什么的呢？灾民？流民？抑或是抱团投诉的访民？可又都不像。此"三民"者，灾民和流民其实是一回事，多是因"灾"致"流"，那些人是一眼就可以看出来的，哪有这般装束齐整，气态安详。况且谁都知道，眼下全国的形势一片大好，不是小好。自去年夏秋开始，从没听说哪里受灾，只有诸路丰稔的报道，粮价低得让人担心谷贱伤农。即使局部地区飞来几只蝗虫，也都笨得要命，竟然不知道祸害庄稼，最后集体抱草而死。地方官把标本送到朝廷，朝堂上那么多聪明脑袋，谁也说不出蝗虫的遗传密码哪里出了问题，只能请求诏付史馆，留待后人研究。再说访民。如果这些人是抱团告状，那首先大方向就错了。他们应该从牛行街向西往乾元门去，找登闻院挝鼓投状，而不是从小货行街向西往东华门去。其实，对这种群体性事件，朝廷的做法历来是惩贪官以平民愤，杀刁民以彰国法，搞到最后，谁也不会是赢家。但问题是，不管是灾民、流民还是访民，这么大的队伍，皇城司是不会让他们进城的。开封有三道城：外城、里城、皇城，一圈套一圈，一圈比一圈难进。照往常的规矩，这些人连外城也进不了。可现在他们不光进了，而且还走得这样优游且堂皇，有如观光客一般，一点也不怯场。

见多识广的首都市民怎么也不会想到，这群人根本不是他们想象中的"三民"，他们是专门组团来拍马屁的顺民。由于他们拍的马屁至高无上，借助高端的势能，一行人自进入京畿，就一路绿灯，畅通无阻。

皇城东华门到了，这道门可不那么容易进，连官家的亲姊妹甚至亲姑姑——也就是长公主和大长公主——入宫，也要提前一天申请，得到准许后方可入内。但官家今天特地派人在门口引进，这个人叫曹利用，他的职务就是引进使。引进使是干什么的呢？"掌收受臣僚、蕃国等进奉贡品及礼物等事。"[4] 原来是专门替官家收礼的，这就对了。一千多名兖州父老来请求皇上封禅泰山，这是给官家送了一份政治大礼，他们理当享受引进使的接待。

在曹利用的"引进"下，父老们从东华门进入大内，穿行在这片他们连做梦也不曾进入过的森严而神秘的宫殿群落中，一路屏息凝神、蹑手蹑脚，最后进入崇政殿。我们知道，这是官家日常办公的地方，正月初三上午官家向王旦等近臣通报天书降世，就是在这里的西厢房。今天，官家将在这里的正殿接见兖州父老……的代表。哎呀对不起，我忘记交代了，在崇政殿登堂入室的只有吕良等少数几个代表，其余那些人根本没有进入东华门——让一千多号外人闹闹哄哄地拥入大内，除非遭遇了战乱或政变，否则不可想象——他们就在东华门对面的大街上休息。那条大街是京师最繁华的商业街之一，其名字并不追求政治寓意或王朝形象，却带着浓重的世俗气息，叫大货行街。再向前，穿过马行街，则叫小货行街。每天早朝的那段时间，章服鱼袋的文武大臣和臭汗淋漓的贩夫走卒混杂在一起，是这两条街上极寻常的景观。这会儿已过了那个时段，街市上稍显清静，兖州父老们不妨先逛逛商铺，一边等候吕良他们带来皇上赏赐的消息。

赏赐当然会有的。

崇政殿里的幸福时光如同穷人口袋里的货币一样稍纵即逝，春光苦短，也就更值得珍惜。龙颜之平易亲和与小民之诚惶诚恐相映成趣，但并不尴尬。官家先令引进使曹利用向父老们"宣劳"——"宣劳"就是那句现代人耳熟能详带有煽情色彩的"大家辛苦了！"，或者再加上同样耳熟能详且煽情的"我代表……向你们表示……"

　　然后，官家和吕良等有一段对白：

　　　　上谓之曰："封禅大礼，历代罕行，难徇所请。"（"徇"，曲从的意思。可见官家的内心何其苦：我怎么能违背自己的意愿而答应你们呢？）

　　　　良等进而言曰："国家受命五十年，已致太平，今天降祥符，昭显盛德，固宜告成岱岳，以报天地。"

　　　　上曰："此大事，不可轻议。"

　　　　良等又曰："岁时丰稔，华夏安泰，愿上答灵贶，早行盛礼。"[5]

　　我之所以说这是一段"对白"，因为这实际上是一幕戏，双方都在背台词。请愿的意义并不在于双方说了些什么，那没有意义。请愿的意义只在于做了这件事，"做了"就是一切，"一切"就是把封禅的声音公开喊出来了。在这种场合，官家知道父老们会讲些什么，父老们（实际上是邵晔）也知道官家会讲些什么。双方的一招一式、一来一往都带着明显的设计感。因此，当事人用不着能说会道，更用不着三寸不烂之舌。也就是说，彼此都心照不宣，我知道你在背台词，你也知道自己在背台词，而且你知道我知道你在背台词，我还知道你知道我在背台词……

好了，既然双方都知道在演戏，那就赶紧把那点实打实的好处拿出来。然后，收场：

诏赐缗帛遣之。[6]

谢恩吧，钱和布料都是好东西。但一个"遣之"总觉得有点打发的意思。

邵晔这次来京共准备了三张牌：十三日，吕良等"群众代表"一千二百八十七人赴阙请愿；十四日，以知州为首的"公务员代表"集体上书请愿；十八日，在邵晔的授意下，兖州进士孔谓——是否孔圣人后裔待证实——串联"知识界代表"八百四十六人伏阁请愿。新官上任三把火，邵晔到兖州就烧了这三把火，他烧得很好，把封禅的声音公开喊出来了。喊出来了就好，就会有人接下去喊，而且会争先恐后地喊。因此，在官家的战略部署里，兖州知州的任务已经超额完成，如果把请愿视为一场接力跑，下面该轮到朝廷这边的"王旦等"接棒了。

"王旦等"指的是"两府"宰执大臣，再加上作为皇帝和中书大秘的"两制"官，也就是翰林学士和知制诰。这些人是除皇帝以外最有话语权的人。经历了这段时间官家的旁敲侧击和欲擒故纵，他们对封禅不能说没有思想准备，其中有些人——例如王钦若、陈尧叟、钱惟演——本来就是封禅的鼓吹者和促进派。还有一些人——例如王旦、赵安仁、杨亿——虽然对封禅并无兴趣，但看到官家念兹在兹、唯此为大，也只能顺水推舟。但兖州民众在皇宫前喊了一嗓子后，官家预想中接棒者争先恐后的局面并没有出现，"王旦等"反倒显得相当持重，他们在第一波请愿八天后才有所反应，在接下来的三月二十一日到二十五日，连上四道表章敦请皇帝东封。这中间有两个问题很有意味，值得我们稍微留神一下，其一，大臣们的反应为什么要延宕八天。其二，敦请的表章通常都是三道，这次为什么上了四道。

"王旦等"的持重应该不难理解，他们应该持重。以他们这些人的老于官场，对邵晔背后的政治运作是看得很清楚的。正月的京师正为天书闹得沸沸扬扬，在这个敏感时刻，官家派邵晔带着京师最新的政治风向到泰山地区任职。嗣后，便有了兖州民众的赴京请愿。这表明，官家已经把封禅提上了议事日程，封禅成了当前最大的政治。在这种气候下，作为宰执大臣，他们当然应该紧跟。但在具体步调上又不能不有所讲究。设想一下，如果兖州父老十三日一发声，"王旦等"马上表章敦请，那岂不成了邵晔的啦啦队，在帮邵晔垫脚造势推波助澜，宰执大臣的颜面何在？要紧跟，他们也只能紧跟皇上，而不是去紧跟一个前不久还刚刚被"停官"处分的小小知州。所谓讲究步调，就是在兖州请愿和大臣们上表之间，必须有一个恰到好处的间隔。没有间隔肯定不行，太丢面子了。但是间隔太长也不行，会给官家造成政治上不紧跟的误判。所谓"恰到好处"的具体节奏是：在十三日到十八日兖州方面组织的请愿期间，大臣们按兵不动，高冷静观，绝不掺和其间，蹭对方的热度。十八日，兖州方面的最后一次请愿结束，大臣们决定稍作间隔后即开始行动，这次"间隔"从表面上看只有十九日一天，但二十日是旬休，不上朝，正好也算在"间隔"之内。于是二十一日一上朝，"王旦等"敦请东封的表章准时上达天听。

其实，大臣们的表章早就准备好了，这个"早"应该在十三日至十四日之间，也就是兖州民众第一次请愿之后。而且可以肯定，他们同时准备了三份表章，这是必须的。要定义什么叫官僚主义和形式主义，只要欣赏一回这种上表的全过程就知道了。简单地说，就是举轻若重，煞有介事。一件事能马上办绝不马上办，能干净利落地办绝不干净利落地办，一定要酸文假醋地文书往还，而且要往还好多次才觉得过瘾。比如大臣辞职，至少要写三封辞职信，皇上才假装勉强答应，这样也才符合君臣之礼。如果写一封信就被批准，对辞职者而言是件很失面子的事。群臣给皇帝上尊号，皇帝虽然满心高兴求之不得，却绝不能马上答应，一般都要在"请"与"拒绝"之间反复拉锯。那么，这个游戏在什么时候恰到好处地结束，应该有一个"潜规则"吧？不然一来一往没完了地重复下去岂不是很麻烦。"潜规则"有，也没有。说有，一般情况下，如果某件事皇帝确实不想接受大臣的请求，但又要充分受用大臣们坚请的忠诚与热情，为自己攒足面子，他通常会在第三表的答复里暗示一下"即断来章"这样的意思。大臣们也就心领神会，知趣地适可而止。说没有，是因为这个"事不过三"只是通常的做法，也就是所谓的约定俗成，却从来不曾在任何文件里规定过，不能算是铁律。如果皇帝偶尔不按常规出牌，就会让臣子措手不及方寸大乱。就比如现在，"王旦等"在三月二十一日上表敦请封禅，官家照例不允；二十二日上第二表，官家继续不允；二十三日再上第三表，按照游戏规则，这次应该有说法了。但官家偏偏不按常规出牌，在第三表的答复里，他既没有表示"勉从所请"，也没有暗示"即断来章"。这就不好玩了，说大臣们崩溃也好，抓狂也好，反正不知道官家葫芦里是什么药。大家经过紧急磋商，最后决定二十五日继续上第四表。

没想到，官家在第四表的答复里，半推半就地放出了"即断来章"的信号。

2. 愚人节

"即断来章"就是不玩了。

大臣们不再崩溃，也不再抓狂，但内心一片狼藉。狼藉不是没有想法，而是没有头绪。官家的心思也太难捉摸了，先前还是念兹在兹唯此为大，怎么一转眼就不玩了。现在对于大臣们来说，官家玩不玩已经不是问题，官家为什么不玩才是问题的问题。

莫不是担心扰民？

说官家心系民生，这一点也不是夸张，因为有"事"为证：

> 丁未，上谓辅臣曰："顷者朝陵，车舆所过，并从官给，其不得已，或假借于州县。朕潜遣使询访民间，皆云无所骚扰，此甚慰朕心也。"[7]

去年春天，官家到洛阳朝谒皇陵。车驾西谒，这是大事，所谓兴师动众扈从如云是不用说的。开封至洛阳四百余里，加之谒陵以后的各种视察及慰问活动，共历时四十天。回銮后，官家就该活动是否扰民私下搞了一次民意调查，结果"皆云无所骚扰"。这个"皆云"应该是派出去搞调查的人报告官家，又由官家告诉辅臣的，这中间有多大的水分不好说，但接下来大臣的反应就有意思了。

> 王旦曰："朝廷每举大礼，或议巡幸，小民无不扰动。比闻群情妥帖，信不扰所至。"[8]

王旦的这番话当然是恭维官家的，但"比闻"和"信"都是不很坐实的语气，特别是"信"，看似肯定，其实有点虚，是推测的意思，在程度上稍微打了一点折扣：相信这次没有扰民。没有就没有，前面要加一个"相信"干什么？这是得体而有分寸的恭维。

再看王钦若。

> 王钦若曰："车驾所至，居民但忻闻舆马之音，鼓
> 舞道路，岂复有所劳扰耶。"〔9〕

王钦若的恭维就不讲分寸、极度夸张了，这体现在关于民众"鼓舞道路"的形容和"岂复有所劳扰耶"的反诘中。根据他的说法，圣驾所到之处几乎成了民众欢欣鼓舞的节日，老百姓奔走相告还来不及，哪里还会有劳扰呢？但这肯定是假话。说假话是要遭报应的，这个王钦若"状貌短小，项有附疣"。〔10〕个子矮小也就算了，偏偏脖子上还长了一个大肉瘤。如果说这是报应肯定属于无稽之谈。《山海经》中有一种叫数斯的鸟，住在皋涂山上，外形像鹞鹰，却长着像人足一样的爪子，据说吃它的肉可以治疗脖子上的肉瘤。〔11〕有人就开玩笑说王钦若"何不食数斯"。利用生理缺陷嘲笑别人当然不足取，但王钦若在同僚中口碑之差也毋庸置疑。

其实臣子们都误解了官家，以为他是多么谦虚谨慎戒骄戒躁，但恰恰相反，他是被成功冲昏了头脑，自我感觉过于良好。自天书降世后，他就一直沉迷在这种过于良好的自我感觉之中，以至没有注意把握游戏的分寸。兖州民众进京请愿后，紧跟着又是大臣们上表敦请，官家的感觉空前膨胀，臆想和亢奋轮番蹂躏着已然弱势的理智。本来在答复第三表时，他应该有一个明确的态度，但他偏不，他要玩暧昧，继续受用对方那种投怀送抱

的忠诚与热情。果然，大臣们马上又上了第四表，官家的膨胀感一时登峰造极了，接下来便更加不按常规出牌了。因为他觉得既然自己一手好牌，怎样出都是赢，为什么不追求一点新鲜的刺激呢？一个帝王，万物皆备于我，一切都轻而易举唾手可得，有时真的会觉得发腻的，他需要一点涉足禁区的愉悦，如同偷情，如同吸毒，如同发动一场并无胜算的战争。最危险的最优美，冒险永远是人类原始基因中最高端也最富于诱惑力的享受。那么，玩一回心跳又何妨？于是，在良好的自我感觉驱使下，他在第四表的答复中做出了"即断来章"的示意。

"即断来章"就是不玩了，这是肯定的。臣子们甚至自惭形秽地认为，他们以前实在是低估了官家的境界，像封禅这种牵动整个帝国政治神经的大事，恐怕还真的不是可以随便议论的。

歇菜。

官员们不再上表敦请，每天上朝时，大家像商量好似的，该说什么还说什么，就是不说封禅的事。这么大的国家，不说封禅的事，还有其他说不完的事，有些属于例行公事，有些属于突发急务，还有的是某个部门心血来潮，找出一件事来励精图治。例如，这期间，中书提出的一件事就很有意思，官家以此还特地下了道诏书，要求各级官员"所书历"——个人档案——"无得虚录劳课，隐漏过犯，违者重置其罪"。[12]看懂了吗？就是要严肃官员的档案管理，杜绝造假现象。事情到了要皇帝下一道诏书来警诫的程度，可见官员的档案造假绝非个别现象。档案造假一般多见于任命制而不是选举制的官员管理体制，因为任命者面对的是档案中的纸面条件：此人的出身、经历，他的德、能、勤、绩，这么多年来受过何种奖励或处分。当这些纸面条件和现实的官场利益发生冲突时，当事人就可能萌生造假的冲动。其实在当时的官场上，造假不光见诸个人档案，还有大活人冒名顶替的。为了堵塞管理上的漏洞，宋初承袭五代的做法，文人学士刚取得功名进入官场时，档案中不光要记载籍贯年龄，还要有形貌。当时没有照相技术，所谓"形貌"全靠文字描述。自太宗太平兴国二年以后，开科取士一榜取几百甚至上千人为常态，有关部门的书吏要用文字把一个个的形貌特征记录在案，倒真的不轻松。比如"长身晶紫棠，有髭须，大眼，面有若干痕"，或云"身材中等，无髭，眼小，面无斑痕"之类。如果遇到王钦若这样的对象，书吏就省事了，提笔就来："状貌短小，项有附疣。"有了这两句就可以了。但书吏们的这种人物描写到了神宗年间就终结了，当时主持新政的王安石是个讲究效益的人，他大概觉得官员的档案不是写小说，这些描写毫无意义。下令一律减省。可这样一减省，就给后来的人事工作留下了麻烦。靖康之难后，宋室衣冠南渡，有不少投机者冒名顶替在战乱中死去或被掳北去的宗室和朝廷命官，而朝廷的档案中并没有这些人的特征记录，以至无可稽考，有关部门这才意识到当初的小说笔法"不为无意也"。[13]

现在我们还是回到君臣之间的那场文字游戏，面对着大臣们对封禅的群体失语，官家起初还能自持，但自持了三天就有点慌了。这就有如一台大戏正在走向高潮，却突然落幕了。落幕又不是转场换景，转场换景是有时限的，时限一到，接着往下演。可这次是谢幕，剧终。官家知道玩过头了，刚刚掀起的高潮被自己叫停了，现在需要重新启动，那当然不难，例如授意哪里的民众仿效兖州父老再进一次京，或是授意大臣们继续上章敦请。但老是那样玩，有意思吗？况且那需得自己放低身段。

三月是小月，二十九天。官家给大臣回复"即断来章"是三月二十五日，从三月二十五日到四月一日，这中间只有几天时间，我们不知道这几天里官家和周围的那些人到底想了些什么，做了些什么。我们只知道，四月一日，大内皇宫里出了一桩大事，功德阁又发现了天书。

关于这次天书，有一个很奇怪的现象，就是史书中的记载一直藏藏掖掖，语焉不详，似乎有什么难言之隐。而且这次天书的内容也一直没有披露，这很不正常。在此之前，左承天门天书降世后，那种铺天盖地的宣传势头就不去说了，到了十一个月后，官家又下诏以正月初三天书降世的这一天为天庆节。这是普天同庆的重大节日，全国官员一律放假五日并赐会（免费看戏），京师及诸州皆建道场设醮，五日内禁屠宰、刑罚。此后不久，泰山醴泉亭又降天书，京师举行了声势浩大的迎请仪式，且同样是在十一个月之后，官家下诏以六月初六天书降世的这一天为天贶节，礼制待遇一如天庆节。而功德阁天书恰恰在上述两次天书之间，奇怪的是却一直没有报道，以至《本纪》《实录》这些权威性的史料中都没有记载。只是差不多十年以后，到了天禧元年正月，官家才下诏将功德阁天书降世的四月一日定为天祯节。

《续资治通鉴长编》在记载此事时，特地加了一段注释："功德阁天书至是始布告天下，不知何也？"

大家都"不知何也"，包括我在内。

但细找蛛丝马迹，我有如下判断：

其一，这次天书与封禅有关，其内容即使没有直奔主题地指示官家"告成岱岳，以报天地"，也肯定会有"上答天贶"之类的暗示。立竿见影地为官家解除了难言之隐，此为功德阁天书功德之所在焉。

其二，是内侍头目周怀政摸透了官家的心事，一为替主分忧，一为邀宠讨好，在没有得到官家明确授意的情况下，自作主张地炮制了功德阁天书。

其三，由于周怀政没有多少文化，炮制的水平不高，官家对此次天书并不满意，也因此一直没有大事张扬。但鉴于在上次天书事件中官家和周怀政已成同谋，对此次功德阁天书，官家只能睁眼闭眼听之任之。也就是说，在天书问题上，官家实际上被周怀政绑架了。

功德阁出现天书后，王旦们立即闻风而动，他们在最短的时间内组织了由文武官员、宗教人士、国际友人和一大批高龄老者共二万四千三百七十人组成的庞大的请愿团，上第五表敦请皇帝封禅泰山。所谓"最短的时间"具体是多长时间呢？根据现有史料，四月四日官家就颁布了由翰林学士杨亿起草的答复诏书，宣布当年十月将"有事于泰山"。根据这个时间节点，大臣们上第五表应该在一日到四日之间。人们一般认为是四日，大臣们当天上表当天就得到了回复，我觉得不可能。举行已旷废三百年的封禅大典，这么重要的诏书，你不能要求学士援笔立就。还记得几年前宋辽两国在澶渊对峙时，辽方遣使就两国和谈向宋真宗献国书，宋方一时竟因答复的国书怎么写而束手无策。因为宋朝自立国以后，一直和契丹打了几十年仗，学士们也只会写那些义正词严的讨伐檄文，以至朝廷上下对和平外交的公文格式已没有概念。好在还有一个翰林学士依稀记得那种国书的体制，他是太宗朝状元宰相吕蒙正的女婿赵安仁。官家让赵安仁修书一封，就和议一事以比较正式的方式答复了对方。这是"澶渊之盟"的一段前奏，但知道的人不多。今天，以杨亿的才华，一封诏书援笔立就或许是可以做到的，但是这中间有一个情节，杨亿写完诏书后，官家不同意其中的有些表达，又打回修改。因此，大臣们的上表和回复的诏书不可能在同一天，比较合理的推论，大臣们上表应该在前一天的四月三日，也就是说，王旦们组织二万多人的请愿团上表，是在两天不到的时间内完成的，这么短的时间，其他不说，单是把二万多人的名单抄一遍也是很紧张的。当然，也有可能大臣们在官家要求"即断来章"后，实际上做了两手准备。这说明，在信息不对称的情况下，宰执群体为了弄清官家的真正意图以应对无误，曾经是怎样的犹豫彷徨以至机关算尽。

杨亿起草的这封诏书，全称《答宰相等请封禅第五表诏》。诏书中原有"不求神仙，不为奢侈"等语，官家不满意，理由是："我不欲斥言前代帝王。"我不说前代帝王的坏话。这其实是借口，问题在于官家对这两点特别敏感，因为封禅本身就是求神仙，就是奔着奢侈去的，这很难洗白，尽管你现在说的是"不求""不为"，他看了还是不舒服。官家叫改，学士只能改，尽管杨亿是很高傲的人。说杨亿高傲，首先是他看不起杜甫，认为杜是村夫子。我想那大概是年轻时的杨亿吧，才华超迈而又年少轻狂，看不起村夫子很正常，但到了晚年就知道应该是村夫子看不起他了。杨亿写这封诏书时大概三十四五岁，还不曾老，但也不年轻，不知道他眼下是不是看得起杜甫。据说一次有人让他续杜甫的"江汉思归客"。他续了。人家问他："与'乾坤一腐儒'如何？"杨亿也觉得还是杜甫的好。[14]杨亿的高傲是有本钱的，去年郭皇后薨，北朝遣使吊唁，例由东道主派人诵读祭文。不知道使者在哪个环节上出了差错，杨亿捧读时，纸上竟空无一字，这对宾主双方都是很难堪的事，对契丹来说更是很失礼的事。但杨亿何等才情，张口就来："惟灵巫山一朵云，阆苑一团雪，桃园一枝花，秋空一轮月，岂期云散雪消、花残月缺……"事后，真宗很欣赏他才思敏捷，有壮国体。[15]杨亿的傲气上来了，有时甚至敢于和官家使小性子，有一次他起草《答契丹书》，其中有一句"邻壤交欢"，这当然是邻国之间的客套话，但官家大概想起和契丹的许多不愉快的事，包括父亲最后死于契丹人的箭伤之类，对这片相邻之"壤"特别反感，在一旁加注云："朽壤、鼠壤、粪壤。"杨亿只得改为"邻境"。但第二天就提出辞职，理由是，唐朝故事，学士作文书有所改，为不称职，因自求解职。官家只得对宰相说：杨亿"真有气性"。[16]老实说，这种"有气性"

的事，也只有杨亿做得出，而且也只有在宋朝的天空下才做得出，换了其他任何一个朝代，你试试看！

平心而论，官家并不是那种大无畏的政治家，他是有所"畏"的，有时甚至畏首畏尾。在封禅问题上，他最担心的是财政。当初他即位时，全国一年的财政收入为二千二百二十四万贯。如今十年过去了，全国财政大致在三千万贯以上，在农业社会中，这是一个很不错的增长业绩，因为在正常年景下，国家从农业上拿到的赋税基本上是一个恒数，财政的增长，主要来自工商税。开封因为汴水之利，素来财源茂盛。隋开皇中，文帝东封泰山，还京路过汴州（开封），因为"恶其殷盛"，乃令"禁游食，抑工商，民有向街开门者杜之……侨人逐令归本，其有滞狱，并决遣之"。[17]一个帝王，因自己统治下的一个城市"殷盛"而"恶"之，这实在令人难以理解。至于该城市何以"殷盛"，这中间透露了几条我们今天仍感到特别亲切的信息：一个是破墙开店，一个是农民（侨人）进城经商。宋代的帝王当然比杨坚开明，破墙开店和农民进城经商早已不算什么事。他们知道，商业的水活了，民众的消费上去了，税收就有了保证。别的不说，真宗景德年间，光是酒水专卖这一项，就占了全国财政收入五分之一的份额。再算一笔账，喝酒其实不光是喝酒，在"喝"前面至少还有一个"吃"，而紧跟在"吃喝"后面的还有"玩乐"。这些都是消费，都是税源啊，全国三千万贯的财政收入，如果不打仗，开支是足够了，但总体上还是吃饭财政，因为官员增长总是比财政增长的速度更快。如果要办大事，官家心中就没底了。像封禅这样的旷世大典，花钱如流水是肯定的，那些"流水"不光流向了繁缛的仪式和排场，那还不是大头。大头是赏赐。为了显示皇恩浩荡，官家一路上少不了挥金如土。盛典过后，还要给一大批官员加官晋爵，这些都需要钱。官家对财政的支付能力并无把握，这时候，财政官员的意见就显得至关重要。

权三司使丁谓的高光时刻到来了。

丁谓是个很现实的人，现实得几乎一丝不苟加一丝不挂。当初他是有名的神童，吟诗作文有如雏凤清音。但诗文作得好的人不一定能通过科举的独木桥（这样的例子太多了），因为科举不是考你"诗成泣鬼神"的才华，而是考你对古代经典的阐释能力。他就在这种应试的阐释能力上下功夫，结果考了一甲第四名，他还不满意。这种人，只要现实的利益需要，他能够做最好的自己。从地方调到中央后，他曾一度担任知制诰，也就是为皇帝起草文件的亲近侍从。按照正常的升迁途径，下一步应该是由知制诰而翰林学士，继而进入宰执行列，顺便也像杨亿那样成为文坛上的大腕名流。但官家让他到三司主管经济和财政。到了这个位置上，他就逐渐疏离了杨亿他们的西昆酬唱，一门心思扎进政务吏事之中。当然，他很快就得到了官家赏识。在他看来，那些与现实的官场利益无关的才华和学问都是没有意义的，甚至是值得鄙薄的。例如自己的同年孙何，当年的状元，一甲第一名，牛吧！但无论第几名，科举只是你进入仕途的门槛，过了这道门槛，那些名次就没有意义了，你得把手里的活儿干好。孙何这个人，性格落拓，又痴迷古文，他当两浙转运使，到州县巡查，下面的官员怕过不了关，就把平日搜集来的古碑拓片——专挑那些字迹漫漶不清的——钉在接待室的墙上。孙何来了，就一头扎进拓片中，乐此不疲地揣摩那些磨灭的文字。更搞笑的是，此公居然"以抓搔发垢而嗅之"。转运使大人就这样一边嗅着自己发垢的异味一边面壁推敲而不觉日之将暮，把巡查丢到脑后去了。[18] 还有一个陈若拙，一甲第二名，榜眼，也牛吧！前年冬天以工部郎中接伴契丹贺正旦使，他这个人的问题是管不住自己的嘴，喜欢卖弄、乱说。外事工作岂是可以乱说的？结果因谈词鄙近而大失国体，他这个榜眼也因此被人们讥为"瞎榜"。[19]

丁谓原先字谓之，后来改为公言，两者虽然都是言说的意思，但后者的格局大多了。他是很自负的人，三司使又称计相，在朝中是有话语权的，特别是在要办大事的时候：

初，议封禅未决，上以经费问权三司使丁谓。[20]

看到宋朝的皇帝问"经费"，我感到历史真的并不遥远，因为这个词太耳熟能详了。那么丁谓该怎么回答官家呢？有两种选择：

选择之一，从国家利益出发，他应该谏阻这种劳民伤财的无谓折腾。如果说其他官员往往更多地顾及政治正确而跟着起哄的话，那么作为主管财政的三司使，他对国家财政和封禅的花费比别人更加知根知底，也有更多的发言权。政治上可以吹牛皮说大话,财政上一文钱的大话也不能说。即使这些年国家休养生息有所富余,但把钱扔在这种事上只能图个热闹,于国计民生毫无意义。况且此风一开,朝廷上下花钱的手面越来越大,以后想收也收不回来。当初太祖皇帝曾亲制《戒石铭》颁示天下州县,铭文曰:"尔俸尔禄,民膏民脂,下民易虐,上天难欺。"那是皇帝对州县官员的戒谕。若把"尔俸尔禄"换成"皇粮国税",亦可视为太祖对后世帝王的警示。国家的每一文钱都取之于民,也应用之于民,违背此戒,就是虐民欺天。

选择之二,从个人仕途考虑,他应该挺身而出,为封禅推波助澜保驾护航。但在目前这种形势下,"挺身"可以,能否"而出"就难说了,因为宰相刚刚组织了二万四千多人的请愿团,"挺身"迎合官家的人那么多,也不少你一个(其实他已经包括在那二万四千多人之内)。好在机会总是青睐有准备的人,现在官家问他"经费",他可以借风扯篷了。像三司使这种位置,若承平无事,其实存在感并不咋的,因为你所做的无非就是依法征收,照章支付,一切都是按部就班的,很难显山显水,更谈不上力挽狂澜,官家的目光一般也很难眷顾这里。只有到了办大事用大钱的时候,三司官员才有了天降大任的际遇。这种际遇,要么是打仗,要么是灾荒,要么是朝廷举行盛大的礼仪活动,例如三年一次的郊祀,例如去年的朝拜皇陵。封禅为旷世大典,也是三司使出头露面的绝好舞台,这次表现好了,把自己职务前面的"权"字拿掉应该不难实现。

其实以上分析完全是脱裤子放屁,因为对于丁谓这种人来说，根本不需要选择，官家问他财政上能不能保证封禅大典，他的回答只用了四个字：

谓对曰："大计有余。"议乃定。[21]

这是《宋史纪事本末》中的说法，《续资治通鉴长编》中的说法略有不同：

谓曰："大计固有余矣。"议乃决。[22]

这时是六个字，多了"固"和"矣"两个虚词，但这两个虚词其实不虚，都是表示高度肯定的意思。丁谓拍着胸脯向官家打了包票。

无论是"议乃定"还是"议乃决"，都是干净利落而心情愉快的，洋溢着官家对三司工作的赏识之情。

封禅事宜正式拉开帷幕，一系列有关的人事安排也顺理成章，负责全面工作的大礼使理所当然地由宰相王旦担任，而"计度泰山路粮草"则非丁谓莫属。知枢密院事王钦若和参知政事赵安仁"并判兖州"，也就是并列兖州州判。宋代的规矩，高品低配，前面要加"判"。把两位执政级的高官同时派往兖州挂职，表明朝廷对兖州的重视非同寻常。

王钦若和赵安仁来了，那么，不久前刚刚被派到兖州来运动群众的邵晔呢？难道被卸磨……哪里的话？！官家不仅是英明之主，也是仁厚之君，邵晔到兖州走了一趟，前后一个多月时间，已升任京东转运使，不久又"超拜刑部郎中，复判三勾院，出为淮南、江浙、荆湖制置发运使"。[23]所谓"超拜"就是越级提拔。一个"超拜"，不仅厘清了官家派邵晔到兖州去的全部疑团，也给了邵晔这些日子的劳绩以超值酬报，半生蹉跎的邵晔终于迎来了仕途上最美不过的夕阳红。

注释

〔1〕（汉）司马迁《史记·太史公自序》。

〔2〕〔5〕〔6〕〔12〕〔20〕〔22〕（宋）李焘《续资治通鉴长编》卷六十八。

〔3〕参照周锡保《中国古代服饰史》。

〔4〕龚延明《宋代官制辞典》皇城司与横行五司门。

〔7〕〔8〕〔9〕《续资治通鉴长编》卷六十五。

〔10〕《续资治通鉴长编》卷一百零三。

〔11〕《山海经·山经·西山一经》。

〔13〕（宋）王明清《挥麈录》。

〔14〕（宋）阮阅《诗话总龟》。

〔15〕〔19〕《续资治通鉴长编》卷六十四。

〔16〕（宋）欧阳修《归田录》。

〔17〕《隋书》卷五十六《令狐熙传》。

〔18〕（宋）司马光《涑水纪闻》。

〔21〕（明）陈邦瞻《宋史纪事本末》卷二十二。

〔23〕（元）脱脱等《宋史》卷四百二十六。

第四章　再降天书

1. 戚纶上疏

册府元龟,什么意思?

从字面上看,就是皇家图书馆的大龟。其实这是一部书。宋代有四部大书,《册府元龟》规模最大。其他三部分别为《太平广记》、《太平御览》和《文苑英华》。这么重要的一部书,为什么要用大龟做名字呢?因为古代用龟甲占卜国家大事,这里的"元龟"代指借鉴,《册府元龟》——皇家图书馆里作为治国借鉴的书。当然,这是一部史学类书。景德二年,真宗命资政殿学士王钦若、知制诰杨亿等十八人编修《历代君臣事迹》,这部洋洋一千卷的大书后来名为《册府元龟》。参与编修的十八人都是当时的学界名流,其中有一个叫戚纶的,身份是龙图阁待制。

龙图阁待制是一种荣衔,并不是他在龙图阁上班,就像现在某人的身份标签中有"中科院院士",他也并不在中科院上班一样。宋代设置了很多批发这类荣衔的"阁",其中尤以龙图阁身份最高,一旦入"阁",就成为一个人最权威的身份标志。例如后来有个叫包拯的官员做过龙图阁直学士,此人因一张铁面而名动朝野,后世甚至把他编进了戏文,他一出场,照例先唱一句"包龙图打坐在开封府"。包龙图就是包拯。戚纶当然也可以称为戚龙图。但同样称为龙图,品位从正七品到正三品不等,其中的区别早已约定俗成。例如直龙图阁谓之假龙,龙图阁待制谓之小龙,龙图阁直学士谓之大龙,龙图阁学士谓之老龙。戚纶是一条小龙。

小龙戚纶是大儒戚同文的儿子,戚家曾创立了位列北宋四大书院之首的"应天府书院",其家学渊源自然不同于一般的择利之士。在参与编修《册府元龟》之前,戚纶曾先后任职右正文和左司谏,从"右"到"左"都属于言官。自四月四日皇上发布关于封禅的诏书后,封禅就成了举国上下最大的政治,整个王朝的运转都由于工作重心的转移进行了兴高采烈的调整,一切紧跟封禅,一切服从封禅,一切为了封禅。宫城左掖门内的崇文院再也放不下一张平静的书桌了。戚纶等人正在编修的史学大书只能暂且放下,无论它是多么意义深远的"大龟"。戚纶的新任职务是"计度封禅发运事",这听起来像个运输队的小会计,其实他应该是所有运输队的大总管,或者叫运输大队长。一个资深学者,又当过多年言官,对时政有所指陈既是他的职业习惯,也是其性格使然。就在这大喜大庆加大操大办的非常时期,戚纶上了一道奏疏。

戚纶上疏是在四月八日。我们想象一下，四月一日功德阁刚刚降了天书，四月四日皇上又下了封禅的诏书，在这段时间里，上疏的人肯定不少，也肯定都是操着一副奉承的腔调。戚纶当然不能免俗，他也奉承，但他的奉承与别人不同，别人的奉承就是奉承，他的奉承有弦外之音；别人的奉承喜气洋洋，他的奉承忧心忡忡；别人的奉承是奉承到底，他的奉承后面有"但是"，"但是"后面有批评。奉承的话就不重复了，看怎样批评：

> 然臣窃谓流俗之人，古今一揆，恐托国家之嘉瑞，浸生幻惑之狂谋。或诈凭神灵，或伪形土木，妄陈符命，广述休祥。以人鬼之妖词，乱天书之真旨。少君、栾大之事，往往有之。[1]

"然"就是"但是"，就是从奉承到批评之转折。这段批评很厉害，所谓"流俗之人，古今一揆"，他没有列举陈胜吴广张角黄巢之流，怕那样太刺激官家。他只举了少君和栾大的例子。这两个人都是方士，靠装神弄鬼把汉武帝忽悠得五迷三道的，武帝甚至把自己最宠爱的女儿卫长公主嫁给栾大，并赐予大量财富，最后栾大因骗局露馅而被杀，成为贻笑天下的政治丑闻。其实少君和栾大这种人还只是骗财骗色，若论对王朝的危害，一千个装神弄鬼的栾大也抵不上一个在大泽乡装神弄鬼的陈胜。在这里，戚纶实际上是向官家发出了警告：天书和祥瑞这样的东西都是双刃剑，一旦失控，被不逞之徒所利用，将祸及王朝统治和国家安全。

很好！"上嘉纳焉。"[2]

有人认为官家其实一个字都没有"纳"进去，我不这样认为，因为不久就发生了两件装神弄鬼的事，朝廷的处置都极其果断。

第一件事发生在京师宣化门外。

宣化门在外城的东南方位，出此门可直通陈州，俗称陈州门。城外这一带兵营棋布，是三衙重要的屯驻区。京师禁军的驻地是有规律可循的，首先是外城景阳门至内城封丘门一带的大街两侧，这里是外国使者来去的必经之地，把禁军之精锐驻扎在这一带，对使者有一种震慑作用，即所谓"使四夷来朝贡者……有森然不敢仰首之威光"。[3]这当然太夸张了，人家也不至于那么胆小。其二，京师地形是西北高、东南低，因此军营多置于西部之"爽垲"（干爽高地）。其三，外城的朝阳门及宣化门一带，前者倚汴河漕仓，后者濒蔡河码头，这一带的驻军不是给外国使者看的，而是为驻扎京师的禁军提供后勤保障的。到景德年间，京师驻军及其家属总计约八十万，这么多人，即使不打仗，死人的事也是经常发生的。大约在四月中旬，宣化门外的驻军中死了一个人，却引发了一场不大不小的群体事件。

宋代的殡葬比较文明，人死了，可以土葬，也可以火葬。我们还记得，《水浒》中的武大郎要不是火化，就不会留下西门庆和潘金莲下毒的证据，武松回来报仇的情节也就无法展开了。

宣化门外的这个军人死了，火化后出了一桩奇事，此人焚烧后的骨头呈现出一尊佛像，于是就有了死后成佛的说法，远近的民众都赶来围观，有的人见到佛就烧香，还有的人除去烧香磕头，还施舍钱财。事情越传越神，越闹越大，终于惊动了朝廷。

这种事情其实用不着戚纶警告，官家还是清醒的。这里面有一条原则，装神弄鬼的事只能我搞，不能你搞。或者说我搞就是天贶休祥，你搞就是妖言惑众，听懂了吗？

于是"诏开封府禁止之"。[4]

第二件事等会再说，先看看那边丁谓如何对王旦使绊子。

丁谓是权三司使，管钱的。管钱有几种管法，有的人像个啬吝的管家婆，整天苦着脸叫穷，只要是向他要钱，对谁都不会大方，对谁都不会有好脸色，有时甚至弄得官家也很不爽。这种人的原则是只认钱不认人，结果弄得四面楚歌，到处做恶人，但国家倒因此得益，钱在这样的人手里，怎么着也不至于寅吃卯粮，到处拉饥荒。丁谓当然不属于这种人，他是只认人不认钱。他认什么人呢？当然是认官家，官家若有好大喜功之念，他恨不得每天都怂恿着办大事、用大钱，这样他自己也才能有表演的舞台。这种人有一种大事依赖症，哪一天手里没有大事在张罗就觉得自己的权力无法施展或无法寻租。而且我们不得不承认，丁谓"额骨头高"（丁谓是苏州人，在苏州话中额骨头高是运气好的意思），轮到他管钱，国库里有钱。因此，先前他对官家所说的"大计有余"并非吹牛，他的包票是有底气的，这底气来自历经太祖、太宗、真宗三朝近五十年的励精图治，眼下宋王朝恰逢最有钱的时期。

现在,丁谓又在向官家打包票了:

> 陛下有天下之富,建一宫奉上帝,且所以祈皇嗣
> 也。群臣有沮陛下者,愿以此论之。[5]

要建的宫殿,是用于奉安天书的昭应宫。天书并非庞然巨物,奉安天书,初一听以为是区区小筑,但从其建成后的规模来看,这是一组包含三千六百多间宫殿的建筑群,比之于秦之阿房汉之建章,其宏大瑰丽和豪华奢靡亦不遑多让。封禅泰山刚刚立项,各方面正在紧锣密鼓地准备,马上又要动昭应宫的念头,估计大臣中肯定会有反对意见。于是,丁谓除了给官家在财政上打包票——所谓的"有天下之富"——还向他献了一条锦囊妙计:昭应宫位于宫城西北之乾位,建成后,既是围绕天书进行祭祀活动的神圣殿堂,将赵宋王朝受命于天的意识形态以建筑的形式加以固化;又可以为官家祈祷皇子,因为乾卦象征阳性或刚毅,有多子之祥。这一点太重要了,官家年届四十,至今尚无子嗣,这是关乎皇权继承和政局稳定的大事。"祈皇嗣",谁敢谏阻!"群臣有沮陛下者"中的这个"者",首先是王旦,这官家知道,丁谓更知道。因此,他在这里实际上是预先给王旦留了个绊子,就等着他来中招。

王旦果然中招。

宰相王旦近来相当郁闷,天书一降世,他就难得安分了。他

是天书使,这个天书使其实就是个大龙套,或者说得好听一点,是首席礼仪龙套,不管什么仪式,只要用得着天书出场,就让他捧着在最前面走,而且还要走出庄严肃穆无限崇敬的风度,俨然自己真的走在上帝的目光下。这种戏偶尔演一下倒还新鲜,一直演就近似滑稽了。而某种角色一旦演上了,以后便一直非他莫属。天书使刚刚开了个头,接着筹备封禅,他又荣膺大礼使。这个"使"那个"使",都是在被官家当龙套"使"。一个人,在某个时刻软弱了一下,或者说圆滑了一下,难道以后就要为此背负没完没了的屈辱吗?天书之降,封禅之议,朝野欢呼之声,甚嚣,且尘上矣。当时大势如此,王旦不可能充当逆者。况且官家对他又是设宴又是贿赂,极尽拉拢,他也不可能不给官家面子。但官家的面子实在贪得无厌,封禅尚在筹备,昭应宫又要立项,如此劳民伤财,他作为宰相,肯定是要讲话的。以他处理君臣关系的方式,像这种官家认定了要做的事,他一般不会公开"站出来"讲话,只会找机会悄悄地谏阻,这就被丁谓料个正着。官家不是固执的人,宰相和他讲话,以往还算好讲,彼此都很注意君臣体面。但这次讲不进去了,一个不固执的人一旦固执起来,那就刀枪不入了,你和他讲经济,他和你讲民意;你和他讲民意,他和你讲政治;你和他讲政治,他和你讲人伦。讲到了人伦,臣子就不敢讲什么了,皇家的人伦即血统伦序,"祈皇嗣"事关继统传位,天底下的事唯此为大,谁敢多讲?那就不讲,封口。

不光是王旦,面对着"祈皇嗣"这样神圣而堂皇的理由,任何人都不敢反对,大家都封口。

大家都封口等于一致拥护,等于天下太平。

封禅的各项准备工作已全面展开,车驾东巡定于十月初四日,虽说还有小半年时间,但作为旷世大典,好些事情即使现在着手也显得仓促。各部门的效率当然不用怀疑,因为我们从有关史书中每每看到"驰诣"或"驰告"之类的措辞,说明工作节奏都相当快,雷厉风行。例如五月二十六日这一则:

> 遣使驰诣岳州,采三脊茅三十束,备藉神缩酒之用。有老人董皓识之,授皓州助教,赐束帛。[6]

一个"驰诣",人马倥偬之姿,风尘仆仆之态,跃然也。问题是,就为三十束茅草,朝廷完全可以发一份文件叫下面去办,为什么要专门派一个人去呢?要知道,一份文件"驰诣"岳州和派一个人"驰诣"岳州是根本不同的,文件可以通过急递铺兼程递送,那当然很快,现在派人去,即使马跑得动,使者也吃不消,只能晓行夜宿。朝廷之所以宁可牺牲效率也要派使者"驰诣",是因为三脊茅关系重大,一定要派专人督办。事关封禅,官家绝对是完美主义者,这中间的任何一点细节,他都要亲自过问认真把关,力求做得最好。这似乎说明,越是虚妄荒唐的东西往往越是注重仪式,因为没有任何令人信服的抓手,只有仪式。这时候,仪式就是一切,既是为了欺世,也是为了自欺。在仪式依赖症患者看来,他对上天的虔诚,就体现在仪式的规范、严谨和一丝不苟之中。试问,如果岳州方面敷衍塞责,用漫山遍野举目可见的普通茅草冒充三脊茅，朝堂上的衮衮诸公谁能辨认？具体地说，千里迢迢地采集三脊茅是为了"藉神缩酒"。缩酒是古代祭祀的一种仪节，"束茅而灌之以酒为缩酒"。[7]祭祀时，把酒浇在站立的茅草束上，酒会渗下去，"若神饮之"。[8]这就是缩酒。缩酒用茅草，这是古已有之的规矩，但为什么要用岳州的三脊茅，这就不知道了，无非是因为这种茅草很稀有——物以稀为贵——即使在岳州，认识它的人也不多，现在只有一个叫董皓的老人认识，因此朝廷特地授予他一个州助教的官衔，另外还赐以"束帛"（捆为一束的五匹帛）。能识三脊茅，这大概也属于非遗之一种，看来培养传承人刻不容缓，不然，董皓一死，三脊茅无人能识，以后祭祀活动还怎么搞？到时候说不定会有人指着那些滥竽充数的普通茅草，操着《论语》中孔老夫子的腔调哀叹道："茅不茅，茅哉！茅哉！"[9]

　　董皓的那个州助教并不是让他去当教师，这就像司马并不是管理马匹一样，都是低级散官中的一种。助教属于官员中的最低等级，从九品。但不管怎么说，从体制外进入了公务员系统，有一份稳定的俸禄，对一个乡民来说，还是很幸运的。还记得上次那个领衔一千二百多名兖州父老进京请愿的吕良吗？他最近也被授予州助教。宋代官员的任用权都在中央，即使一个从九品的助教，也要由中书省发文。吕良和董皓都是在倡议和筹备封禅中因积极作为而受到奖励的，中书省在下达任命时，很可能会将二人合并公布。若起草制词的书吏不喜欢杨亿他们那种华赡秾丽的西昆腔调，偏要雅俗共赏，他大概可以这样写：吕良董皓，两个助教，一个请愿，一个识草……

三脊茅虽然稀少，但毕竟只是几束茅草而已，而且董皓老人健在，剩下的事情应该相对简单。但封禅用的玉牒册就要复杂多了。封禅时要宣读对上天的颂辞，这种颂辞就相当于后来那种给最高领导的致敬信。既然是信，就必须有物质载体，这个载体就是代表高贵和权威的玉，把致敬信追琢在玉版上，称之为玉牒册。制作玉牒册的前提是先要把品质上好的大块玉石开料剖片，打磨成玉版，然后才能在上面追琢文字。玉的硬度极高，对玉的加工，称之为"攻玉"，无论是开料剖片还是追琢文字，那才真叫艰难玉成啊。可以说，在所有关于器物加工的动词中，强度无过于"攻"者。《诗经》中的"如切如磋，如琢如磨"，说的就是攻玉。一本汉语辞典，凡与玉有关的成语，要么表示美好，要么表示艰难。前者是就玉的品质而言，后者是就攻玉的过程而言。在古代的技术条件下，攻玉只能用超长的时间来换取每一点微小的进展，那几乎需要水滴穿石般的耐心和毅力。朝廷设有文思院，专门负责金银犀玉之类工巧器物的加工制造，以供舆辇及册宝法物之用。封禅所用的玉牒册共需七片，每片长一尺二寸，宽五寸，厚一寸，刻字而填以金，联以金绳，缄以玉匮。文思院的玉工反映，在不到半年的时间内，绝对完不成加工任务。因为品质上好的大块玉石本来就稀缺难觅，开料剖片更是旷日持久的工程。宰相王旦提出用阶州珉石代替。珉是一种似玉的美石（其实玉也是一种美石，只不过人们认为它更贵重罢了），所谓"珉之雕雕，不若玉之章章"。[10]"雕雕"和"章章"都有很好的意思，但两相比较，玉的素质还是明显高出一筹。官家问道："这种似玉的美石，用来敬奉天帝，符合礼吗？"这是一个疑问句，但答案是毫无疑问的：老王啊，你想玩偷工减料，没门！宰相没门，官家有门，他派人到文思院的玉工中去调查研究，这一招相当英明，派下去的官员调查伊始，还没用得着研究，问题就解决了。有一个叫赵荣的玉工反映，太平兴国年间，文思院加工了七片玉版，一直放在崇政殿的库房里，这一放就是二十五年，现在正可以派上用场。有了现成的玉版，直接追琢文字，小半年时间是赶得上了。

不知道这个赵荣多大年纪，但一个在文思院工作了二十五年的玉工，应该是中老年了，现在他回忆当年的情节，真有点白头宫女说玄宗的意味。但这中间有一点赵荣没有说，也可能他说了史书上没有写，这批玉版其实是太宗当年为封禅准备的。太宗的那次封禅之梦，从太平兴国八年四月兖州父老进京请愿，到第二年六月下诏取消封禅计划，前后历时一年多。也就在那一年多的时间里，文思院的玉工们刚刚将玉石加工为七册玉版——攻玉之难，可见一斑——后来因为皇宫失火，封禅计划被取消，这批没来得及追琢文字的玉版被放进了崇政殿的库房。所以官家说得也不错：

　　　此盖先帝圣谟已成，垂裕冲眇也。[11]

"冲眇"是年幼的帝王自称的谦词，犹言"小子"。官家已经四十岁了,但因这里说话的对象是自己的父亲,所以自称小子。语虽谦恭,却有一种难以抑止的洋洋得意:这是父亲当年就计划好了,留给我用的啊。

挂职兖州州判的王钦若和赵安仁现在开始在开封和兖州之间来回奔波。开封到兖州有两条道路,经由曹州、单州者为南路,经由濮州、郓州者为北路。早在四月下旬,朝廷就让两位封禅经度制置使兼州判各带一拨人从南北两路同赴泰山,目的是考察路况,计工用之繁简,以决定封禅的路线。两拨人考察的结论是,南路虽近但路况差,用时反而多;北路沿途的驿站和邮传系统都很健全。于是决定走濮州、郓州一路。当然,尽管北路基本设施相对较好,但车驾东巡,扈从如云,到时肯定不堪重负。别的不说,官家乘坐的金辂和玉辂,辂高二丈三尺,阔一丈三尺。按照这一标准,沿途的道路桥梁甚至州县的城门,需修拆者恐怕就不在少数。为此,朝廷已下诏"发陕西上供木,由黄河浮筏郓州"。[12]浮筏东下,天时地利皆助力封禅。天时者,当下正值汛期,水势浩阔,正好行筏;地利者,黄河之水天上来,只需在上游把树砍倒,编成木筏,然后就不用管它,任其顺流而下,不舍昼夜。千里运程,只在兼旬之期。

自封禅诏书颁布以后,从朝廷各部门到各地州府的工作节奏都很快,官家亦时有封赏。例如五月底就提拔了两名低级官员。这两人的本职工作都是"榷货务",这是一个集工商管理与征税于一体的差事。嘉奖令中说他们为朝廷多收了八百多万缗钱,这不是一个小数字。如此业绩是在多长时间内取得的,是一年,还是历年,没有说。但不管多长时间,八百多万缗都不是一个小数字。多收了钱,当然该奖。而且有意思的是,这两个人都叫守忠,一个叫安守忠,一个叫黎守忠。[13]我怀疑他们是内侍,从小入宫净身时改的名,这种人的名字中多"忠"或"恩",带有浓重的家奴色彩。不知道那个把他们命根子阉去的人对他们有什么"恩",他们为什么要"忠"。但名字好,让皇上高兴,有时候确实很沾光的。太平兴国四年,契丹犯边,太宗亲征,幸大名府,将渡高梁河,有人在车驾前上书,太宗令取视。上书的内容虽然没有给他留下什么印象,但一看上书人的姓名:临河县主簿宋栋,太宗高兴了。宋栋者,大宋之栋梁也。御驾亲征,大战在即,就遇到一个"大宋之栋梁"来上书,似乎兆头不错。"上甚喜,以为将作监。"[14]当即就把他提拔为将作监。但这个"将作监"有两种解释,一种是单位名称,一种是这个单位主要领导的简称,全称应为"将作监监"。这里显然不可能是后一种,因为宋栋原先的职务是县主簿,只有从九品,而将作监监为从三品,这中间的台阶太多了。宋栋最大的可能是从县主簿调任将作监主簿,史料的作者记载时笔下偷懒,把主簿这个公因式省略了,便成了"以为将作监"。但即使如此,将作监主簿也是从七品,而且从边远地区的县邑下僚摇身一变,成了辇毂之下的京官,还是赚大了。这个宋栋,此前半辈子的努力加在一起,在官场上的分量也不及一个让官家"甚喜"的名字。

不要以为封禅就一定花钱如流水,至少官家一直在排场和开支上做减法。禁军殿前司和侍卫司申请给扈驾诸军每人发一件"新锦半臂"。注意,是"新——锦半臂",不是"新锦——半臂"。半臂即短袖衫,但锦半臂是一个固定词组,系指用扬州生产的半臂锦制作的半臂,称"锦半臂"。这是很有创意的申请,到时候,三千侍卫亲军一律在灰色圆领袍衫外面着锦半臂,鲜华灿然,蔚为壮观,极富于视觉冲击力。但官家以"封祀行礼,不须盛饰戎容",及"所费甚广"为由,"遂不许"。[15]京东转运使——那个由兖州知府升迁的邵晔——因东封沿途的行宫修葺,按照礼制应该用筒瓦,这种瓦只有开封郊县烧造,申请从京师运送筒瓦。官家在批示中显然很不高兴,他说:我已经说过了,不要广造行宫,这样的炎夏盛暑,让工匠们从京城送瓦,我于心何忍?于是下令用当地产的普通瓦代替。[16]邵晔上次在兖州组织父老进京,立了大功,这次本想再接再厉,但由于官家的意图吃得不准,没有讨到什么好。类似的情况还有曹州和济州的官员,看到邵晔在兖州赚得盆满钵满,他们难免私心悦慕,蠢蠢欲动,也跟着搞起了群众运动:

　　戊申,曹、济州耆寿二千二百人诣阙,请车驾临幸。[17]

　　虽然他们只是要求"车驾临幸",也就是在封禅以后,顺便到济州和曹州去拢一拢,看一看,让民众一睹天颜,因为这两个地方离官家东封的路线都不远。但正如后来有一位名女人所说的:出名要趁早。这种政治上的投机游戏更要抢在前头,被别人抢了先，你再跟就没有意思了。官家现在已不需要群众运动了，因为他的目的已经达到了。但对于东华门外风尘仆仆的父老们，他仍然一如往常地热情，不仅召见、慰劳，大概还发了布料和路费，温言软语地把他们打发回去了。然后，下诏全国：严禁以后再组织类似的请愿活动。

2. 一封平庸的表扬信

封禅经度制置使兼兖州州判王钦若，三天两头就从泰山发出现场报告，这些报告都是通过急递铺，用八百里快马递送京师的，虽然所有的信息都与战争无关，但驿使之行色仓皇人马倥偬也勉强可以用羽檄交驰来形容。其实王钦若向官家报告的大都与祥瑞有关。祥瑞的报告进京了，官家当然高兴，对于王钦若来说，这不就是升官发财的"利市"吗？一骑红尘天子笑，无人知是利市来。但王钦若肯定知道，不然他不会那么起劲。

王钦若这个"封禅经度制置使"翻译成现代汉语就是封禅大典筹备委员会主任，这虽然是一个临时性的职务，但官家知人善任是不用怀疑的。王钦若素来笃信左道旁门，虔诚的宗教热情加上迎合官家以博取名位的世俗需求使他对天命鬼神之事心有灵犀，对祥瑞之类的八卦新闻亦独具慧眼。这段时间，在从京师到兖州的广阔舞台上，他和官家一唱一和，互为捧逗，把封禅大典前的暖场活动演绎得有声有色。王钦若一到泰山，就报告说山脚下有"醴泉"喷涌而出。何谓醴泉？从词义上讲就是甜美的泉水。山脚下流出一股泉水，这算什么"异事"呢？你不要急，这只是个引子，真正的"异事"在后面，我们等会再说。才过了两天，王钦若报告说锡山发现了苍龙。何谓苍龙？他也没有说，但肯定不是真龙，如果有真龙现身，那就是旷世奇闻，旷世祥瑞了。我估计就是山上的云气，也就是所谓"岚"，在某个时刻呈现出龙的形状。这种瞬息即逝的自然现象，你说是什么就是什么，青龙白虎朱雀玄武随你说，反正不会有谁来证伪。倒是这个锡山需要求证一下，在中国的版图上，叫锡山而最有名的在江南无锡，此外湖南长沙和湖北通城也都有锡山，按照常理，这些地方的锡山如果发现了祥瑞，应当直接报告朝廷，绝对没有先报告在兖州的王钦若再由王钦若报告朝廷的道理。因此，王钦若所说的锡山，肯定是泰山周围的一座小山，这座小山上某一天出现了一团有如龙形的云气，如此而已。

王钦若天生就是一个有故事的人，那些与鬼神有关的奇闻逸事就像他的影子似的，他走到哪儿就跟到哪儿。他一会儿说山上修筑祭天用的圜台和燎台时，居然一只"蝼蚁"都没有看到。言下之意皇帝大德至诚，在封禅工程中连一只虫子都未曾伤害。也可以说连小虫子都对封禅这样的旷世盛典有所感应，知道主动避让。一会儿又说自己做了一个梦，在梦中见到了所谓"威雄将军"。这位寒酸的神仙请他帮忙修个亭子。王钦若醒来后，还真的找到了出现在梦中的那座破庙。神仙亦有穷蹙者也,所谓贫富穷通,看来仙凡同理。王钦若把情况汇报给皇上,皇上同意他用"羡财"(封禅工程中结余的款项)在庙中建亭。最可笑的是,堂堂筹委会主任,居然竹笠芒鞋满山满野地寻找灵芝。他第一次从兖州回朝时,向官家献灵芝八千一百三十九本。这本来已经相当可观了,可过了几天,另一位筹委会主任赵安仁回朝时,献灵芝八千七百一十本,比王主任多几百本。王主任岂肯居人之下?回兖州后,他发动群众采集灵芝,为了提高大家的积极性,他特地上书皇上,"言泰山日生灵芝,军民竞采以献,望量给钱帛"。[18]官家亦"从之"。这样,王钦若就堂而皇之拿着朝廷提供的经费在泰山收购乡民们采撷的灵芝,到官家车驾临幸泰山时,他又献灵芝八千多本,前后合计,共一万六千多本。面对着成筐成垛的灵芝,有人或许会弱弱地在心底里发问:可以这样大批量地采撷和收购的一样东西,还能称之为"祥瑞"吗?但不管怎么说,作为朝廷命官的王钦若这段时间倒更像一个草药贩子,而经过此番扫荡,泰山地区的灵芝亦几近绝迹矣。

王钦若当草药贩子是他心甘情愿,造成泰山地区灵芝绝迹也不会有谁去追究,但是他在和官家串通撒谎时,不应该拉上王旦给他们垫背。

这就接上了他刚到泰山时发现的那桩醴泉喷涌的"异事"。我当时说这只是个引子,现在后续的剧情来了,但场景换到了京师的朝堂上。某日——请记住这个"某日",因为要靠它来验证灵异的——官家先从泰山的老虎说起,他说泰山地区向来多虎,但自从下诏封禅以后，人们虽然经常碰到老虎，但老虎从不伤人，最近更是成群结队地迁入徂徕山去了。王旦等说这是泰山山神显灵，助力封禅，宜令王钦若祭谢，并禁止捕猎老虎。接下去，官家转到了正题上，他说前些时接到王钦若报告，泰山发现醴泉喷涌而出。王钦若做事精细，他断定这和附近的什么神仙有关，就派人四处打听周围有什么庙宇，得知有座叫王母池的道观。官家说，自从宣布东封以后，泰山凡有仙履灵迹的地方，都设醮祷告过了，唯独落下这个王母池。他故意当着王旦的面，命令中使去准备相应的祷告文书——青词之类，即日前去泰山王母池做法事。这是"某日"朝堂上的一段剧情。

过了两天，中使磨磨蹭蹭地还没出发，官家又在朝堂上接到王钦若从兖州发来的报告，说王母池的"池水""某日"不知为何突然变成紫色，这真是旷古未有的吉祥之兆啊。要知道，紫色在道教中最为神圣，故祥瑞之气被称为"紫气"，与天帝有关的事物亦被称为"紫诰""紫宫"之类。官家和大臣们一对照，巧了，王母池水变紫的"某日"，正是官家在朝堂上决定派遣中使前往醮告的那个"某日"，两个"某日"为同一个时间节点。这个王母池不知和传说中的王母娘娘有没有什么关系，但不管有没有关系，该神仙的势利眼是肯定的，这边刚决定给她送去香火和礼赞，那边马上就显灵了。王旦是封禅的大礼使，他不得不装出深信不疑的样子称颂道：

休应响答，如是之速，实至诚所感也。[19]

陛下这样虔诚美好的心愿，上天肯定会有回应，但回应得这样快，实在是被陛下的至诚所感动啊。王旦知道，以当时的信息传递条件，"如是之速"肯定是官家和王钦若预先串通好的，只不过让他当个证人罢了。这种事，官家虽然并无恶意，但宰相总有一种被捉弄的感觉，即使宰相肚里能撑船，也终究不会很舒服的。

在官家和王钦若的共同导演下，祥瑞风起云涌，神仙络绎不绝，仲夏的兖州大地，这般的生机勃勃，这般的神出鬼没，这般的云蒸霞蔚，这般的喷薄欲出，在这种气氛中，如果不出现"天瑞"似乎就说不过去了。

果然……

我们先来认识一个叫董祚的木匠，他当然是泰山当地的土著。泰山脚下发现了醴泉，王钦若认定是祥瑞，决定建一座醴泉亭。董木匠有幸参与了这项工程。这是献礼工程，献礼高于一切，当然要抢时间争速度。六月初六这天，时值初伏，上午的阳光瀑布一般倾泻下来，才卯牌时分，热浪已蒸腾得轰轰烈烈。有那么一个瞬间，董木匠的眼光离开了自己的斧头或锯子，他有如伟人一般地一挥手——不要以为他是在挥手擦汗，不是的，他就用那种标准的高瞻远瞩指引方向的姿势一挥手。在他指引的方向，远处的草地上曳着一条黄色的绢带。谚云：六月六，家家晒红绿。晒夏本来带有很大的私密性，一般都晒在自家门口或院子里，谁会晒到这里来呢？而且那黄绢还写满了字。董木匠不识字，他告诉监工的皇城吏。皇城吏一看，不得了，上面有当今皇上的名字，马上"驰告"知府王钦若，王钦若一看，更不得了，这是天书呀！马上建道场祭谢天帝。第二天，派中使周怀政护送天书进京，一边先遣快马上奏朝廷。

奏报到京，朝廷这边又是一片欢天喜地的忙乱。先是健全奉迎天书的组织系统，宰相王旦为导卫使——不用说，他又是捧着天书走在队伍最前面的那个大龙套——执政班子的其他成员为扶侍使。奉迎仪式分两个阶段，先将天书奉迎至含芳园，辅臣开读，百官瞻观。然后再扶侍天书至朝元殿，升殿，奉安。仪式从六月十一日开始，历时四天。卤簿、鼓吹，所有排场，应有尽有。

在介绍奉迎仪式之前，我先说一下朝廷刚刚下诏处理的一件事。

其实这件事我在前面已经预告过了，戚纶上疏后，朝廷果断处理了两件装神弄鬼的事，刚来得及说了一件，就被其他情节打断了。现在，周怀政护送天书还在路上，利用这段空隙，把另一件事插进来说说。

丁酉（六月九日）下诏处理的这件事，其罪名略云：

托称神异，营建寺宇，远近奔集，颇为惑众。[20]

这是在说谁呢？

如果跳过诏书前面的导语，光看这一段表述，你可能会以为大宋天子在下《罪己诏》。确实，这几句判词加之于因天书屡降而神魂颠倒的官家，似乎最贴切不过。但这肯定不是《罪己

134

诏》，因为官家此刻正在准备奉迎今年以来的第三封天书，他风头正劲，自信满满，谈何"罪己"？

看清楚了，上述罪名的主体是——"宿州临涣县民"，大概是那地方传说神仙显灵，然后便有人鼓动为之建造寺庙，并引起四方民众非法聚集。朝廷的处分是："宜禁止之。"

还是我在前面说过的那句话：装神弄鬼的事，只能我搞，不能你搞；我搞就是天贶休祥，你搞就是妖言惑众。听懂了吗？

也不光是我有这样的感觉，别人也有，例如李焘。

李焘是南宋初年的历史学家，我以上资料大多取自他的《续资治通鉴长编》，这是一部编年体史书，以时间为纲，事件为目，按年、月、日编撰和记述历史。书中的大中祥符元年六月初九日（丁酉），在记述朝廷下诏禁止宿州临涣县民装神弄鬼之后，紧接着就是关于泰山天书的情节，这样的编排会让人怀疑是一种有意味的曲笔，或者说含有某种批判色彩。因为泰山天书发现于六月初六日，而京师这边的奉迎仪式则要等到六月十一日才开始，按照正常的编撰惯例，该事件放在六日或十一日记述都可以，但放在九日记述就没有道理了。再体味一下这两段表述的文气，也不无意思。在宿州事件后，泰山天书事件以"先是"开头，这个"先是"相当于"起初是这样的……"，给人和上文有某种承接关系的感觉。历史事件是客观而冰冷的，但历史学家的笔端是有温度的，在这里，史家笔端的温度就潜藏在这看似不动声色的剪接之中。

处理完了宿州临涣县民装神弄鬼的事，六月十一日早，大宋王朝的官家率满朝文武，翠华摇摇地前往含芳园奉迎天书。

京师最有名的大型官办园林有四座，分别处于外城的东、南、西、北方位，曰宜春苑，曰玉津园，曰琼林苑，曰含芳园。含芳园原名北园，顾名思义，它在外城北郊外，具体地说是在景阳门外，正当中使从兖州进京的必经之路。今年以来出动卤簿仪仗奉迎天书的场面这已经是第三次了，老话有事不过三的说法，因此这次奉迎的具体场面我就不说了，那些毕竟只是表面上的热闹。我更关心那黄绢上都写了什么，因为从天书的笔底波澜正可以窥测官家心头的期待和忧伤。在含芳园，王旦等迎导天书升殿，官家令知枢密院事陈尧叟跪读。这个陈尧叟是陈家三兄弟中的老大，太宗端拱二年的状元，他的三弟尧咨也是状元……不对，这些好像我在前面已经介绍过了，那就直接听他跪读天书吧。陈尧叟这差事看似荣耀，其实也不轻松，当他用纯正抒情的国家腔调诵读时，万一天书上有古奥生僻的字——这是完全可能的，因为天上数日，人间千年，对于上帝来说，只不过偶尔用了几个不久前那种人们刻在甲骨或青铜上的字——被当场"噎"住了，堂堂的状元公情何以堪。好在天书不长，也并不难懂。其文曰：

> 汝崇孝奉吾，育民广福。赐尔嘉瑞，黎庶咸知。秘守斯言，善解吾意。国祚延永，寿历遐岁。[21]

总共八句话，三十三个字。感觉就是一封平庸的表扬信，而且有点势利味。因为你对我孝敬，所以我就把好处都给你，这不是势利是什么？再说平庸，这个世界上的人都是官家的臣民，理所当然地都说官家的好话。但上天也跟着"人"云亦云，这有意思吗？平庸者，"平"在没有高屋建瓴地回答现实政治中的问题，"庸"在没有让人眼前一亮过目不忘的金句。与之相比，先前的两封天书都有各自的闪光点。第一封天书，闪光点是"付于恒"，回答的是继统合法性问题，虽然直奔主题吃相难看，但毕竟"吃"准了官家的心事。第二封天书，虽然内容不详，但从天书降世后各界即有声势浩大的请愿活动来看，天书的内容无疑与封禅有关。或者说是为官家先前"即断来章"的失误做了一次体面的补正。那么，这一次泰山天书的必要性何在呢？封禅的诏书已下，各项准备工作正在有序展开，来自四面八方的祥瑞报告令官家目不暇接，心情大好。这时候收到一封平庸的表扬信，实在看不出有多大意义，套用一句民间的谚语，这叫年三十捡只猪耳朵，有它不多，没它不少。

关于这次天书的来龙去脉，《续资治通鉴长编》中是这样说的：

> 先是，五月丙子，上复梦向者神人，言来月上旬，复当赐天书于泰山。即密谕王钦若，于是钦若奏："六月甲午，木工董祚于醴泉亭北见黄素曳草上……"[22]

我绝对相信官家的说法，相信他确实做了这样的梦，而不是

137

假借神人托梦来装神弄鬼。自去年年底以来，他就一直沉迷在这种神神鬼鬼的气氛中。现实与梦境总是唇齿相依，而梦境则常常给现实插上想象的翅膀。日有所思，夜有所梦，官家梦见神人很正常。如果是别人，梦一醒就过去了，不会当回事的。但官家不同，他是一个活在梦中的人，他不仅当回事，而且"密谕王钦若"，这就要王钦若接下去"于是"了。但是这中间有一个问题，官家为什么只告诉王钦若，不告诉"并判兖州"且同为"封禅经度制置使"的赵安仁呢？这当然是由于王钦若的宗教情怀，他一直对鬼神之事特别热衷，由他来接手处理这类事情更加专业。另外，也不能不说官家更喜欢王钦若。——王钦若是一个很善于让领导喜欢的人，谁当领导都会喜欢他，这没有办法。

下面轮到王钦若的戏份了。天书的生产流程，此前的周怀政等人已有先例，无非找一块上好的黄绢，在上面写几句话，然后悄悄地放在什么地方，再指使一个人去"发现"。这些都不难做到。问题是，黄绢上写什么内容呢？

王钦若开始制作天书了，当年刚刚弱冠即荣登进士甲科的庐陵才子，此刻却陷入了苦思冥想，有没有捻断几根胡须我不好瞎说，但搜肠刮肚是肯定的。想好了，临动笔时，又对着黄绢好一阵踌躇。所谓"黄绢幼妇"云云，本来是"绝妙好辞"的隐语，如今"好辞"安在？此非王某不才，而是揣摩不透官家的心事。其实天地良心，官家这次真的没有什么心事，也就是说，他并不需要借助天书来搞定什么。他只是做了一个梦，并且把梦中的情节透露给了王钦若而已。但王钦若却固执地认为，官家肯定是有心事的，没有心事用得着接二连三地降天书吗？那么官家的心事究竟何在呢？皇统已经"付于恒"了，封禅也已经一锤定音了，要么就是还没有皇嗣，但皇嗣这样的事是不好乱说的，你说"赐尔皇嗣"或"瑞及皇嗣"，到时候没有怎么办？失去了现实的召唤，王钦若笔下就无所适从了，用现在的话说，他找不到天书的主题。连小学教师都知道文章的主题就是通过什么反映什么，可现在王钦若不知道反映什么，他找不到主题。那就只能退而求其次，写一封表扬信了。其实表扬信的最高境界也是要"吃"准对方的心事，投其所好。现在既然"吃"不准，就只能大而化之地"表"一"表"。江山万年，皇帝万寿，这样的"绝妙好辞"随手就来，但老实说，王钦若自己却有江郎才尽之感。

泰山天书被吹吹打打地迎进含芳园，又兴师动众地从含芳园被迎进朝元殿。奉迎及祭拜仪式进行了整整四天，从六月十一日到十四日。一封三十三个字的表扬信享受如此高规格的崇拜，让人们从此对平庸刮目相看，也让人们对表扬这种沟通方式更加自信满满理直气壮。

但不管奉迎如何热闹排场，泰山天书肯定是一次糟糕的表演。官家此举或许只是为了凑成"三"这个神奇的数字，从此，"天书三降"将成为一个在青史上令人仰之弥高的圆满而美丽的盛世图谱。但此次天书开启了"不降于皇宫"的先例，这是非常危险的。不久前戚纶已在上书中委婉地提出了批评。戚纶是很有政治眼光的，当时功德阁刚刚降了天书，他就提前发出了预警：天书降于皇宫，尚在可以掌控的范围之内；一旦出了皇宫，那就不好说了。若谁都可以捣鼓出一封天书来招摇天下，陈胜吴广宁无种乎？官家当时虽然表示"嘉纳"，并在此后果断处理了京师宣化门外和宿州临涣县民的装神弄鬼事件，但对这种事情的危险似乎并不关心。一个按伦序继统的太平天子，对政治残酷性的认识，与他们的父辈是有差距的。于是在创作欲和表演欲的驱使下，又弄出了泰山天书这样的败笔。我们设想一下，以后如果在别的什么地方，在没有得到他授意的情况下，又出现了天书，大宋天子将何以处之？

记不清是谁说过的话：世界上本没有天书，搞的人多了，也便成了"添书"——"添"乱之"书"。

走着瞧吧。

那个叫董祚的木匠，成了又一个"额骨头高"的幸运儿，他因发现天书而被封为八作副都头。内侍省辖有八作司，掌京师内外缮修事。八作为泥作、赤白作（油漆）、桐油作、石作、瓦作、竹作、砖作、井作。在我老家土话中，一直有"八作头"这样的说法，是指那些什么手艺都懂一点的人，这个"八作副都头"正好可以简称为"八作头"。原先是个被人管的木匠，现在成了管这些木匠石匠泥瓦匠的一个不大不小的头头，有巴！[23]

皇城亲从官徐荣因发现承天门上的天书而加官封赏，京师人因此形成了走路眼睛朝高处看的习惯，高视阔步亦逐渐演变为一种京师派头。现在，董祚又因发现草地上的天书而荣登"八作头"，不知泰山人有没有从此形成走路时朝低处看的习惯。但有一次我去泰山，看到那些泰山挑夫一个个倒确是目光向下步步吃劲的，不知是不是董祚遗风，存疑。

但我总怀疑这个董木匠原先不叫董祚，因为这个"祚"太文化了，不像一个乡下人的名字。乡下人给孩子取名的原则是越贱越好养。一个土生土长的木匠，名字大抵也就是"狗蛋""猫蛋"中间随便捡一个吧。这个"董狗蛋"一类的名字叫了几十年，谁也不曾觉得有什么不好。但当他发现天书后，王钦若觉得把这个名字和发现天书写在一起，实在不成体统。而且他知道，这个名字以后还要出现在封赏的诏书上。那么就改一个吧，董祚。这个"祚"，从皇帝到草民都喜欢，皇帝喜欢是因为其中有江山社稷之意，草民喜欢是因为这个字也作福解。当然，主要还是为了让皇帝喜欢，在这种事情上，王钦若总能做得滴水不漏。

因为在泰山醴泉亭发现了天书，醴泉自然就成了圣地，该泉水也自然成了圣水。六月二十日，官家下诏，赐文武百官泰山醴泉，此举意在让天书事件持续发酵。想象一下文武百官在朝堂上乱哄哄地分水，那场面一定很有娱乐性。再想象一下六月盛暑，从泰山即使运送一桶水进京也不是很轻松的事。这见证了当今的太平盛世，也见证了今年的第三封天书，还即将见证封禅大典的吉祥的圣水啊，受赐的衮衮诸公，何其荣幸乃尔！

但有道是乐极生悲，恩赐圣水的第二天，就传来一则不大好的消息：

　　辛亥（六月二十一日）……开封府言尉氏县惠民河决，遣使督视完塞。[24]

自天书降世以来,神州大地到处莺歌燕舞,这是绝无仅有的一次负面新闻。时值大汛期间,河川决口,畿辅震动,这种消息是想捂也捂不住的。

3. 盘马弯弓

官家出行,不骑马,乘车。

当然是专车。

官家的专车不叫车,叫辂。就像现在的人,有钱了或出名了,就不是人了,叫款或腕。在专制社会里,一个人的身份,外在体现主要是乘什么车、穿什么衣。所以历代史书都辟有《舆服志》,所谓"夫舆服之制……别尊卑、定上下,有大于斯二者乎?"[25]没有比这二者更大的了。车的级别主要体现在:一、车型之高广尺寸;二、动力是多少匹(马);三、装饰之豪华程度。官家乘坐的辂,高二丈三尺,阔一丈三尺。动力为六匹大青马,另有两匹诞马(不施鞍辔的备用马)。装饰以玉为主,搭配金银珠宝,因此,称玉辂。

官家的这辆专车另外还有一个名字,叫显庆辂。显庆是唐高宗李治的年号,难道说,该辂建造于……大唐显庆年间?是的,你说对了。我们先来算算它老人家高寿几何。显庆这个年号一共只用了五年多一点,因此,按照"显庆年间"这个并不精确的条件来推算，误差最多也只有五岁，也就是到真宗祥符元年，显庆辂的年龄应该在三百四十八岁到三百五十三岁之间。要知道，在这三百多年里，它不是纤尘不染地放在博物馆里供人们参观的古董，而是一直前呼后拥地行进在大地上的这个世界上最高贵的专车。唐高宗、唐玄宗都曾乘坐这部玉辂到泰山行封禅大礼，女皇帝武则天也曾乘坐它到嵩山行封禅大礼。在那些与云蒸霞蔚的王朝盛世相匹配的大场面中，显庆辂从未缺席。从初唐到五代直至北宋，中国的政治中心逐渐东移，显庆辂也承载着历代帝王一路东迁，从长安到洛阳再到开封。我粗略统计了一下，这中间大约经历了三十七代帝王。而且这还没完，它接下去还要为后来的帝王继续服役一百多年，直到金兵南下玉石皆焚。这样算下来，它一生服役的时间超过了四百六十年。我敢说，直到今天，世界上没有任何一件交通工具不间断地服役过这么多年，而且承载过这么多的帝王，以前没有，以后也不会再有，这是人类车辆史上一则关于高档华贵和世泽绵长的绝无仅有的传奇。

现在，老胳膊老腿堪称传奇的显庆辂，抖擞精神又要上路了。上次东巡是在唐开元十三年，那个年代就像王朝的年号一样，有一种开天辟地的豪迈气概，唐玄宗那年四十岁，正值一个男人最蓬勃旺盛的年华（官家今年也应该是四十岁吧）。除去封禅这样轰轰烈烈的大事，那个年代还留下了一些有意思的小典故，例如，把老丈人称为泰山，就与那次东封中宰相张说的女婿连升四级有关，即时人所谓的"此泰山之功也"。怪不得前些时有那么多大臣上表请求封禅，垂拱殿的丹墀下黑压压地跪了一大片。原来车驾一动，文武百官都跟着升官发财。距离上一次封禅已经二百八十二年了，老泰山别来无恙！

但掌管车舆厩牧的太仆寺出来说话了，这种部门，平时说话的机会很少，现在终于捡到了一次话语权。他们说，以玉辂的高度和轮距，东封路上"所经州县城门桥道有隘狭处，请令修拆"。⁽²⁶⁾这意见肯定是对的，但"修拆"云云，谈何容易？单是沿途州县那些与豪华的玉辂相比不幸"有隘狭处"的城门，要在这么短的时间内拆掉重建，你拆一座试试——可行性基本为零。在这种事情上，官家还是务实的，他说，城门太小，那就不进城，绕城而过。但是有坟墓的地方要避开——看来人主都讨厌"与鬼为邻"。

其实太仆寺所说的还是小事，真正的麻烦是过于隆盛的卤簿。玉辂上路了，就得有相应的排场，那些由扈从、仪仗、车马、鼓乐、旗、扇、伞、盖，甚至还有大象犀牛组成的卤簿，其规模一般分三个档次：大驾、法驾、小驾。大驾的排场堪称洪水猛兽，我在翻阅《宋史·仪卫志》时吓了一跳，按照太宗至道年间的制度，大驾的排场为一万九千一百九十八人，一万九千一百九十八人浩浩荡荡地漫过来，这还不够"洪水"吗？太仆寺仅有的六头大象，也在动用大驾时盛装出场，这还不够"猛兽"吗？怪不得后来人们用"大驾"作为敬辞。"大驾"光临，别的不说，光是车就有差不多三十种。这么多种类的车，其实大同小异。"大同"者，都用驾马；"小异"者，车的造型、装饰，驾马之毛色，驾士之众寡。但我说的"大同"只是大致相同，并不绝对，因为这中间有两个例外：一种叫辇，是用人拉的，官家偶尔换乘的大辇，"驭下"六十四人。还有一种就更有意思了：羊车。

居然有羊车！

羊车这个词会让人产生宫闱淫乐之类的联想，这和晋武帝司马炎有关。一般来说，历史上的武帝都是有大功业的。司马炎的最大功业是定鼎西晋，攻灭东吴。但这个人最大的问题是好色，对于皇帝来说，好色本来不是问题，司马炎的问题是太过分了，在历史上留下了许多惊世骇俗的记录。例如，东吴灭亡后，他把孙皓的五千宫人成建制地直接编入自己的后宫，使后宫姬妾超过五万人。例如，他公开下诏，民间女子没有经过选秀，不得结婚。他征选的秀女中，包括当时著名的才女左芬，她就是因一篇《三都赋》而洛阳纸贵的左思的妹妹。左芬貌丑而有才，皇帝并不要她侍寝，但还是要把她纳入后宫，这是一种变态的占有欲。例如，为了应对阵容庞大的后宫秀女，他别出心裁地每晚乘着羊车，让羊在后宫随意行走，停在哪里他就在哪里快活。为了引诱拉车的羊，宫人在门上插竹叶，在地上洒盐水，这就是"羊车望幸"的典故。尽管雄才大略的晋武帝把荒淫的事情做得很富于娱乐性，也尽管羊车其实古已有之，并非始于晋宫，但在历代诗人的笔下，羊车还是成了后宫淫乐的某种隐喻。"夜深怕有羊车过，自起笼灯看雪纹"，这是唐代殷尧藩的诗句，用一个"怕"字来写宫人的期盼，极好。后来萨都剌将这两句生吞活剥，变成"夜深怕有羊车到，自起笼灯照雪尘"。把"过"改成

"到"，一下子神采尽失，呆掉了。其实老萨的江湖地位比殷高得多，做这种偷鸡摸狗的事，何必呢！再后来，明朝人高启因写了"尽日南风永巷开，羊车去后玉阶苔"的诗句，朱元璋怀疑是影射"朕躬"，这位被誉为"吴中四杰"之一的大诗人被腰斩，死得很惨。——当然，在朱皇帝那个时代，杀人的花样多得很，这还算不上最惨。

羊车之混迹卤簿，无疑是因为羊本身的祥瑞色彩（《说文》：羊，祥也）。但隋代以后，拉车的其实不是羊，而是一种矮小的"果下马"，但这种车仍叫羊车。宋代曾有大臣认为羊车为"后宫所乘"，意思是有淫秽之意，放在卤簿里不严肃。皇上让有关部门研究，研究就是引经据典，引经据典后的说法是，羊车汉代已有，晋武帝只是偶尔乘于后宫，也就是说，这种车不是特地为掖庭制造的，与司马氏的万"妇"不挡之勇及后宫女人们的"望幸"之类没有必然的联系。而且历代的《舆服志》中都有记载，唐代以后亦一直著之礼令。最后的结论是"宜且仍旧"。中国的事情，只要能在老祖宗那里找到根据，是不会容许改变的，"宜且仍旧"，天经地义。

扯远了，还是回到东封的排场。"大驾"光临，一万九千多人的阵势，所到之处，还不是有如蝗虫一般。虽然朝廷已经下诏："东封路军马无得下道蹂践禾稼，违者罪其将领。"[27]但千军万马总不能把脚扛在肩膀上走路呀，那就只能尽可能地简省排场。当年唐高宗和唐玄宗封禅泰山时用的是法驾，也就是比大驾的规模减三分之一。礼仪部门建议官家比照唐朝"故事"，也用法驾。但老实说，官家不是一个内心很强大的人，让他以唐高宗和唐玄宗作为参照，他觉得太"高"太"玄"，缺乏底气。他决定用小驾，小驾的规模为大驾之半，仍有近万人。这时候官家玩了个障眼法，他先把小驾改名为鸾驾，再把鸾驾的规模压缩到二千人。二千人的"鸾"驾不能再简省了，再简省头面，岂不成了"鸟"驾？那么就二千人吧，去年车驾赴巩县朝谒皇陵，用的也是这个规模的卤簿。

现在看来，去年正月，官家兴师动众地到巩县朝陵，实际上是封禅的一次预演。

我们来看史书中的记载：

> 乙巳，以权三司使事丁谓为随驾三司使，盐铁副使林特副之。[28]

再看这一条：

> 癸巳，以权三司使事丁谓为行在三司使，盐铁副使林特副之。[29]

这两条记载，内容几乎一模一样——"随驾三司使"和"行在三司使"说法不同，意思一样，都是皇帝巡幸期间的皮夹子——时间却相差整整二十个月。前者为景德四年正月初七日，即官家启驾朝陵前夕；后者为祥符元年九月初五日，即官家启驾东封前夕。这一说大家就知道了，由丁谓和林特组成的这套理财班子，去年朝陵时官家先试用，是骡子是马先拉出来遛遛，"遛"的效果似乎很不错，这次筹备东封，官家理所当然地还用他们。我们还可以做进一步的推论，在朝陵之前，官家可能已经有了东封的构想，甚至有了大致的时间表。正因为已经有了时间表，当初司天监以"岁在酉戌乃可行"为理由要求推迟一年时，一向坚信天命鬼神的官家这次却不以为意，断然否决了司天监的意见，他的回答相当武断："朕遵用典礼，意已决矣。"斩钉截铁，没有任何讨论的余地，这不大像他一贯的风格。

丁谓确有才干，特别擅长理财。他一上任，就捣鼓出了一项在中国乃至世界金融史上开天辟地的新玩意：

　　　始，丁谓请置随驾使钱头子司。[30]

所谓"头子"，其实就是最早的支票。车驾东巡，扈从如云，有了这个"使钱头子司"，一路上给扈驾的士兵发俸禄和赏钱，就不用叮叮当当地数铜钱，而是直接发"头子"，让士兵的家属到指定的地方去兑现，这样既方便了士兵，也方便了朝廷，双方都不必携带沉重的现金。宋代的货币实行铜本制，《水浒》中的那些好汉进了酒店，动不动就掏出几钱碎银子的说法是没有根据的，因为银子并非通用货币，要喝酒，必须像后来的孔乙己那样"排出几文大钱"，这里的"大钱"指的是外圆内方的铜钱。北宋时期，一贯铜钱的重量大约为六斤，东封的行期大约为两个月，在此期间，每个士兵的收入少说都有十斤八斤的，这么多铜钱，缠在腰包上随身携带还不把人累死。再说朝廷那边，光是运送铜钱就是很大的负担，所谓"辎重"云云，最"重"的就是大队人马后面那些运送铜钱的车辆。现在好了，就一个"使钱头子司"，皆大欢喜。关于发"头子"，官家曾征求士兵们的意见，士兵们相当欢迎，并感激"圣恩厚矣"。士兵们把这笔账记在"圣恩"上，但历史却把这笔账记在丁谓头上。"使钱头子司"就等于一所临时银行，说它是中国乃至世界金融史上开天辟地的创举，一点也不过分，从这个意义上说，丁谓"贡献大矣"。

上面说的是理财班子。再说东京留守，应该也是在朝陵前后就预定了人选。

我们再看看史书中的这条记载：

是月，徙敏中知河南府，兼西京留守司事。[31]

这说的是西京留守，不是东京留守。不过你别忙，"是月"才是景德四年六月，离东封还有一年多。

这是一条很平常的人事任命，既非加官晋级，也非出将入相。但稍微有点不平常的是在后面附了两段官场逸闻。第一段的可读性很强，说的是向敏中如何纠正一桩错案，那是起集凶杀、奸情、私奔、侦缉、枉断、翻案于一体的案件，中心人物是一名和尚，情节则扑朔迷离峰回路转。这样的题材放在眼下，花不了多少工夫，就可以捣鼓出一部大片，票房应该没有问题。有一个比向敏中整整小五十岁的人据说对向处理的这个案子非常欣赏，此人就是在旧戏舞台上被誉为"包青天"的包拯。第二段逸闻的对比性很强，说好多被贬放的官员在下面不理政事，例如寇准和张齐贤，原先都当过宰相，外放后或酒色征逐，或傥荡任情，反正是不负责任，只有向敏中在下面踏踏实实地做事。官家曾为之感慨，说外放地方的大臣，都应该以向敏中为榜样。这两段逸闻都是为向敏中评功摆好的，为了突出向敏中，甚至不惜以寇准和张齐贤作为陪衬。这似乎不大好。寇、张两位也都可称名臣，特别是在对契丹的战争中，都曾有过叱咤风云的经历，在宋王朝那一班除去嘴巴浑身上下无一处硬得起来的文臣中，这一点尤其难得。用两位名臣来陪衬向敏中，显然暗示着向某人将有大用。

果然，大中祥符元年九月初，新的任命下来了：

> 庚申，命兵部侍郎向敏中权东京留守，即赴内庭起居。上以敏中旧德，有人望，故自西京召而用之。[32]

这是水到渠成的任用，因为种种迹象表明了官家在朝陵前后就开始考虑东封期间的东京留守人选，因此，他先把向敏中从宋夏前线的延州调到西京洛阳，而且在调动时说了他很多好话。现在东封在即，官家就近轻轻一挪，向敏中就到位了。

官家用什么人，别人没有什么好说的，特别是东京留守这样的职位，由于众所周知的原因，不是敏感，而是非常敏感，担当此任者，很大程度上带有家臣性质，别人就更不好说什么了。你用谁尽管用，但还要说什么"上以敏中旧德，有人望"，这就多余了。因为说到这个"旧德"，我就很自然地想到了一桩"旧事"。

几年之前，两名官员为了争娶一个姓柴的寡妇而闹得满城风雨，成为轰动一时的丑闻。这两名官员，一名是当朝宰相张齐贤，另一名是当朝宰相向敏中。

两名当朝宰相追一个寡妇，并不是因为柴氏才貌出众，或者有什么性格魅力，而是因为她有钱。宋代婚姻制度对妇女权益的保护可能出乎我们很多人的意料，对于一个寡妇来说，这主要体现在：一、改嫁自由；二、陪嫁的财产属女方所有，改嫁时女方可以带走。说柴氏有钱，就是指她原先的陪嫁。这女人究竟有多少钱呢？说"万贯"家财肯定是小瞧人了。好多年之后，有一个叫程颐的老夫子在评论此事时顺便披露了一个数字，他说两个宰相争娶一妻，无非"为其有十万囊橐也"。十万缗私房钱，这是一个很惊人的数字，"澶渊之盟"后，宋王朝花钱买和平，每年给契丹的岁币也不过三十万。一个寡妇有十万私房钱，似乎不大可信。那么就以后来她的贴身丫环配合调查所说的那个数字为准：二万缗。这个数字仍然相当可观，也似乎值得两个当宰相的男人放低身段追一追了。

柴氏的丈夫薛惟吉官居左领军卫大将军，但意外早死。她准备带着属于自己的财产改嫁，对象是现任宰相张齐贤。但丈夫前妻的两个儿子把她告上法庭，说她私吞薛家财产。有关部门在审理中发现，另一位现任宰相向敏中也曾向柴氏求婚，因事关两个宰相，官家想大事化小。但柴氏不依不饶（据说是在张齐贤大儿子的怂恿下），又跑到乾元门前去擂登闻鼓，状告向敏中因求婚不成而怂恿薛家诉讼。这种糗事，当事人自己不承认，一笔糊涂账。只有一点大家都心里有数，两位宰相都打过柴氏的主意，都对石榴裙下的那"十万囊橐"情有独钟，都唯恐事情不够大，一直在背后怂恿柴氏或薛家诉讼。官家原先不想把事情闹大，是顾及大臣体面。现在他们倒越发地作起人来疯，竟然跑到宫门前来擂登闻鼓。再这样闹下去，不仅他们双方颜面扫地，大宋王朝也谈不上体面，官家很生气。官家一生气，后果就严重了。最后，向敏中和张齐贤双双罢相，包括柴氏及薛家的两个儿子，再加上张齐贤的大儿子，官司牵涉到的六个人，谁都不曾有好果子吃，一场官司，六败俱伤。

这些都是陈年旧事，官场沉浮，司空见惯，这件事只不过因其情色因素而格外流传而已。现在，向敏中又回到京师，并且担任了极为敏感的东京留守。遥望他这些年迁徙的背影就会发觉，在他身上，圣眷之光其实从来不曾淡薄过。

启驾东封的时间定为十月初四日，九月以后，全国上下就进入了非常时期，这种对一个庄严盛大的时间节点的逼近感，大家是从日益升级的异样气氛中感受到的。从十月开始，全国将禁屠宰一个月，因此，进入九月以后，民众大抵怀着一种补偿心理突击吃肉，突击腌制咸肉。不光是朱门酒肉臭，小户人家也关起门来大快朵颐。卖肉的摊位前摩肩接踵，大街小巷里到处弥漫着诱人的肉香，连狗都像赶场子的食客似的整天兴奋莫名，而且傲慢，因为这厮自信到哪里都有肉骨头啃。当然也不光是禁屠牲畜，还包括人，从九月一日起，审刑院、开封府停止上报死刑判决。这种规定牵涉的面不大，一般人不会关心。但以下这条同样是从九月一日开始执行的规定，受益者却有千家万户。开封市民日常用水取自官渠，是要课税的，这笔税费"自今蠲之"。"蠲"者，免除也。总之，所有的新规都是冲着九月和十月来的，而与这些自上而下的恩典形成互动的，则是各地向朝廷报告大好形势的调门越来越高。下面的官员都心照不宣，又好像商量好了似的，都争着报喜不报忧。一时间，王朝广袤的天地间，阳光灿烂，惠风和畅，路不拾遗，夜不闭户，什么坏事都不会发生，连放个屁也是香的。他们挖空心思地用各种本地素材诠释太平盛世。但不能不说，这些地方官的想象力实在贫乏，那么多报告其实等于一张报告，那么多张嘴巴其实等于一张嘴巴，说来说去，除去"大稔"还是"大稔"，除去粮价还是粮价。于是到了九月的最后一天，史官弄出了这样一份通稿：

是月，京东西、河北、河东、江、淮、两浙、荆湖、福建、广南路皆大稔，米斗钱七文。[33]

"皆大稔"，一言以蔽之，很好！但"米斗钱七文"，这么低的价格，很让人怀疑，因为去年下半年还是斗米二十钱。正常年景，粮价不会有这么大的波动。况且即使真的这么低，也并不一定是好事。

但这么大的国家，谁也保不定什么时候不会出点事，万一出了负面事件咋办呢？通常的做法是尽量用同类型的正面新闻去屏蔽和稀释。这就不得不说到上次的惠民河决堤事件，虽然后果不很严重，但毕竟属于封禅诏书颁布以后发生的负面新闻。还是鬼精灵的王钦若有政治头脑，事件发生在六月下旬，王钦若却一直耿耿于怀。最近，他在报告泰山灵芝再生的符瑞时，顺便报告了一条与河川大汛有关却绝对振奋人心的消息，说黄河今年上游多雨，虽然水位泛溢，但汛流只行中道，不临两岸，因此堤防反比常年用度工役节省数百万。这样的消息虽然不能说绝对真实，却绝对是官家喜欢的。这里不仅有大汛无灾，也不仅有节省几百万费用，更重要的是，汛流只行中道，不临两岸，这样的奇事谁曾见过？这分明是祥瑞啊，是上天显灵福佑封禅啊。这样的消息何等及时，它那所向披靡的亮色，不仅一举荡涤了先前惠民河事件的负面影响，而且恰逢其时地为封禅大典铺陈了一派明亮的晖光。

到了九月下旬，一切准备工作便进入了倒计时。二十七日，官家在崇政殿亲自参加封禅仪式的彩排。这本来是有关部门和礼官的事，在此之前，他们已在都亭驿演习再三，这是最后一次，带有验收的性质。这种活动官家并没有必要参加，但他执意躬亲。他是极认真的人，认真到近乎挑剔。他也是一个完美主义者，参加这种彩排，绝不肯走过场。现在大家应该知道了，官家绝对是个仪式控，他有这方面的天赋，这不仅表现在对仪式的迷恋和依赖，更表现在对仪式伦理和审美的那种精微的感觉能力。

一场典籍上已有记载、礼官们已经推敲和排演了这么多天的仪式，居然被他挑出了一大堆问题。这些问题，有的属于细节和衔接上的疏漏，有的属于前人操作中的不规范，有的则属于历代沿袭的陈规遇到了新问题。最明显的莫过于历代帝王封禅时没有天书，这次天贶符命，随驾有三封天书，这一不同寻常的亮点在封禅仪式上必须得到体现。为此，官家要求辅臣"与礼官再议以闻"。[34]

九月小，只有二十九天，距启驾东封只剩下六天了。

注释：

〔1〕〔2〕〔6〕〔12〕〔15〕〔17〕(宋) 李焘《续资治通鉴长编》卷六十八。

〔3〕(宋) 晁说之《景迁生集》卷三《负薪对》。

〔4〕〔11〕〔13〕〔16〕〔18〕〔19〕〔20〕〔21〕〔22〕〔24〕〔26〕〔27〕《续资治通鉴长编》卷六十九。

〔5〕(元) 脱脱等《宋史》卷二百八十三。

〔7〕(晋) 杜预注《左传》。

〔8〕(汉) 郑玄注《周礼·天官·甸师》。

〔9〕《论语·雍也》,子曰:"觚不觚,觚哉! 觚哉!"

〔10〕《荀子·法行》。

〔14〕(宋) 孔平仲《谈苑》。

〔23〕有巴:宋代开封口语,喝彩、叫好的意思。

〔25〕《宋史》卷一百四十九。

〔28〕〔31〕《续资治通鉴长编》卷六十五。

〔29〕〔30〕〔32〕〔33〕〔34〕《续资治通鉴长编》卷七十。

156

第五章 东封

1. 翠华

　　大相国寺的瓦市堪称东京最大的自由市场，开放时间为每月朔、望及每旬之三、八。十月初一为瓦市开放时间，由于东封在即，朝廷将上旬的旬休提前至初一，让扈驾的官员和禁军官兵有时间去采买随身的零碎物什。当然，有些男人的心思可能要更细密些，这趟出行差不多要两个月，眼下刚过寒露，回来就该是冬至了。出门这么长时间，最对不起的是自己的婆娘，因此，启程前买点头油脂粉及首饰之类的小玩意儿作为安抚，也是人之常情。不要一听说首饰就心跳加快，以为很费钱，其实大可不必，因为那些值钱的东西——金银珠宝——在宋代仅限于贵族命妇使用，一般人即使有钱也没有资格享受。平民妇女的首饰多取普通材料，虽然制作精美，但价钱不会很贵。例如有一段时间流行一种叫"鱼媚子"的面饰，里面的材料其实是鲤鱼的鳃骨。[1]最近市面上流行一种青铜发簪，一头为簪子，另一头则设计为小勺状，可作耳挖。可能因为比一般的耳挖要长一些，名字就有点吓人，叫"一丈青"。[2]这名字几百年后被文人写进了小说，作为一个女汉子的绰号。读者都以为"一丈青"体现了该女子的不凡身手和英武气概，其实不是，那只是一件很女性化的小首饰而已。

东京市民已经把今年的十月初四作为他们特有的节日，正因为"特有"，他们便有资格以东道主的身份邀请亲友来作客观礼。这就好比自家办喜事，是很有面子的，似乎东封是他们东京人的东封，卤簿大驾是他们东京人的卤簿大驾，连官家也是他们东京人的官家。东京人的这种地域优越感是与生俱来的，即使你来自西京洛阳，十三朝古都，你也是乡下人。东封的第一程从大内乾元门至含芳园行宫，这段行程基本上在城内，届时车驾仪仗汪洋浩荡，将带有更多的展示色彩。现在，沿途的街道两侧，已有搭建彩棚占据观礼位置的，那当然都是皇亲贵戚，而且那地段也是有关部门划给他们的，并不属于违建。但小户人家也有属于他们的观礼空间。这是东京市民共同的节日，氤氲在节日上空的那种特有的空气，每个人都可以自由地呼吸。为了看一眼深宫里的天子和他的仪仗，到时候百万民众将集中在开封的东北侧，古人所谓"一顾倾城"，信然。

十月初一，官家开始素膳，本来你吃什么只要对御膳房说一声就得了，用不着对外张扬，可他偏偏要对大臣们郑重宣布。他这一宣布，大臣们就不能不郑重了。王旦等说，陛下马上就要冒严寒涉险道，过早素膳于"保卫圣体，恐未得宜"。[3]况且以前在南郊祭天，只是前一晚上斋戒，从来没有提前三天的。这一席话，前半部偏重于情，后半部偏重于理，主语虽是"王旦等"，却不知哪是"王旦"说的，哪是"等"说的，总之有情有理。官家当然是不听，大臣们只能更加郑重——上表恳请。但什么事一旦上表就一定要有三个来回，到第三表时，官家还是不答应，且明确要求"即断来章"，这场游戏才告结束。其实君臣双方都知道，多吃两天素食，也不至于就影响圣体。这种游戏，说得好听一点叫举轻若重，说得不好听叫脱裤子放屁。

做完了这一轮举轻若重或曰脱裤子放屁的游戏，启驾的日子就到了。

十月初四下午未上三刻（两点整），在万众欢呼中，车驾出大内乾元门，向含芳园进发。打头的是载着天书的玉辂，在这次封禅的全过程中，玉辂都将是天书的专车，官家则乘坐另一辆专车——金辂。但今天他乘坐的是大辇，出场形象为通天冠、绛纱袍。通天冠从名字上就可以想见是一顶高帽子，因其形似卷云，又名"卷云冠"。上面饰以名贵的北珠，皆来自契丹。一个戴着高帽子，穿着大红袍，坐在一辆由六十四条壮汉牵挽的大车上的皇帝，其形象可能有点滑稽，但他无疑是今天最耀眼的明星，他是皇上，是天子，不管穿什么戴什么，现场所有的欢呼和崇拜都是属于他的。此外，为大队人马殿后的还有一位明星，那是装在大车上关在笼子里的一只狮子。京师南门的玉津园豢养着一批各地进贡的珍禽异兽，官家为了表达对上天的至诚和对生灵的眷顾，计划封禅结束后在泰山将它们全部放生。说是珍禽异兽，其实主要是"禽"，所谓"兽"就是一只狮子。狮子出场了，那是在卤簿翠华摇摇地过去以后，在人们的心理预期中，今天的这场大戏已经快要落幕了，尽管尘埃还没有最后落定，但也是尾声的意思。这时候，来了这么一群装在笼子里的贵宾，场面上便有一种喜出望外的骚动。玉津园是定期对公众开放的，很多市民都见过那只狮子，不但知道它的身世，甚至还知道那则与它有关的笑话。这其实是只老狮子了，还是太宗淳化年间占城国通过海路进贡来的，这样算下来，应该差不多有二十岁了，就生理年龄而言，大体相当于人之耄耋，至少也是古稀之年。人群中便有人透露，这畜牲在御园养尊处优惯了，据说喂它大块的猪腿肉，放得稍微远一点它就懒得起身。如此娇客，且又垂垂老矣，现在放出去，即使不被其他动物联手做掉，估计也会饿死。说狮子在御园养尊处优，还有一则笑话可作佐证。石某官居兵部员外郎，一日与同僚参观玉津园，听说狮子一天要吃五斤肉，而且还不喜欢吃猪肉，要吃牛羊肉。同僚中便有人为之一叹："吾侪反不及此狮子。"我们这些人都比不上这只狮子。石某笑道："吾辈皆园外狼，敢望苑内狮子乎？"[4] 我们都是"园外狼"，怎么敢和御园里的狮子比呢？"园外狼"者，"员外郎"之谐音也。员外郎为六部所属诸司之副长官（长官为郎中），也就是副司长，正七品，在京师，这个级别的官员满大街都是，要说吃肉，这些人还真的比不上御园里狮子的口福。至于这个石某，后人有说是石熙载，有说是石延年，姑且存疑。但这二"石"倒都是出口成趣的人。

上路了。从大内到含芳园这一程相当于启驾仪式，或者叫出城仪式。含芳园的下一站是龙兴之地陈桥驿，然后依次是长垣县、韦城县、卫南县、澶州、永定驿、濮州、范县、寿张县、郓州、迎銮驿、乾封县。当年唐玄宗从洛阳启驾东封，后半程走的也是这条线，如今，二百八十二年过去了，沿途偶尔还能见到当年留下的印记，令人想见那股赫赫扬扬的盛唐雄风。不能说唐玄宗好大喜功、着意穷极排场，因为以当时的国力，朝廷举行盛大的典礼就该这样铺排。开元十三年，距离那个叫杨玉环的女人走进后宫还有二十年，距离那个叫安禄山的男人发动叛乱还有三十年。开元十三年，这个时间节点标志着中国历史上最强盛的王朝正在大踏步地迈向盛世的顶峰，一切都是青葱饱满血气方刚的，一切都是蒸蒸日上生气勃勃的，一切都是风樯阵马辉煌壮丽的，举行封禅这样的旷世大典，开元天子一出手，那排场想不"空前"也难。在别人那里，"千乘万骑"就是个形容词，带着夸张的成分，当不得真的。但在开元天子那里，是实打实的"千乘万骑"，一点都没有夸张。当时出动的马匹都以毛色编队，五千匹为一方队，你算算，一共该有几种毛色，几个方队，多少匹马。那种天风海涛般的阵势，宋王朝即使倾全国之力也办不到，因为那时候生产良马的河西走廊及其以西地区都在唐王朝的版图之内，每有征伐，朝廷要征集几十万匹军马是轻而易举的事，这个数字几乎超出了宋王朝马政规模的十倍。

当然不光是马，还有人。当年开元天子东封的队伍不仅恢宏壮阔，而且色彩斑斓，那色彩来自各国酋长藩王的奇装异服。酋长藩王还有侍卫和仆役，前呼后拥，也是奇装异服，加在一起，那就"斑斓"了。"万国衣冠拜冕旒"，这是王维的诗句吧，说"万国"是夸张了，但几十个国家是有的，其中亦包括雄踞一方的突厥。突厥是当时唐王朝最大的对手，相互时有征伐。有人担心皇帝与群臣东巡，突厥会趁机犯边，主张向边境增兵，做出强硬的备战姿态。皇帝却很大度，他认为既然封禅是向上天报告成功，那就应该邀请包括突厥在内的四夷君长一起参加。唐王朝的大度首先得到了突厥的积极响应，他们派来了特使。突厥一响应，契丹、奚、昆仑、靺鞨，以及大食、日本、新罗、安南、百济等国的使者也纷纷应邀，唐王朝把封禅搞成了一次具有国际影响的盛大典礼。

对于开元天子那样的排场，赵宋的官家现在想都不敢想，但这并不影响他冠冕堂皇地说漂亮话，他说这次东封的原则是"惟祀事丰洁，余从简约"。[5]只要祭祀活动搞得像模像样的，其他不妨从简。至于铺排场面，朕非不能也，乃不为也。这话有点客气了，其实他还是想有所为的，还记得东封前夕，有西南溪洞诸蛮以方物来贺，请赴泰山，官家便很高兴。"诸蛮"只是西南山区的少数民族，当然是大宋的臣民，并不属于"四夷君长"。"四夷君长"方面，官家也曾做过努力，东封诏书发布不久，他就派都官员外郎孙奭出使契丹，明里的意思是告以将有事于泰山，届时六师从行，让对方不要误判。但其中也有暗送秋波的成分，因为这中间有一个小情节，宋方派孙奭出使时，特地带去了礼品，这就不光有巴结的意味,还有一点小心机,希望人家礼尚往来,派人来捧场。结果契丹回复说,你们自己搞活动,没有必要通知我们。至于礼物,我们收了就违背誓文,原物奉还。这里所说的"誓文",就是"澶渊之盟"中规定的宋方每年给契丹三十万的条款。人家丁是丁、卯是卯,一点也不含糊:你每年应该给我三十万,一分也不能少;除此而外,多一分我们也不要,这是交易,不是交情。言下之意,你们搞活动,我们既不派人去捧场,也不送人情。官家其实碰了个软钉子,却揣着明白装糊涂,说人家"固守信誓,良可嘉也"。[6]

选择这个季节东封显然考虑了气候因素,刚刚经历了收获和播种的中州大地疏阔而辽远,天气一如既往地晴好。秋高气爽,既没有风雨,也没有沙尘。从开封到郓州共十一程,每天一程,一天都没有耽误。郓州的下一站是迎銮驿,这名字当然与历代帝王巡幸有关。迎銮驿下一站是乾封县,这名字是唐高宗封禅泰山后改的,封禅大典中最重要的封祀礼就在这里举行。东封的队伍在郓州休息三天,同时派官员检查泰山上下的礼仪设施和祭祀用品。从现在开始,随从人员开始蔬食斋戒,封禅大典即将拉开帷幕。

惊艳的情节总是不期而至,喜出望外才是最开心的事。大驾抵达泰山脚下的乾封县时,居然有"四夷君长"的代表在此迎候:

占城、大食诸蕃国使以方物迎献道左,大食蕃客李

麻勿献玉圭,长一尺二寸,自言五代祖得自西天屈长者,

传云"谨守此,俟中国圣君行封禅礼,即驰贡之"。[7]

　　其实也说不上"四夷君长",只是"诸蕃国使"而已。而且所谓"诸蕃"也只有两个国家,一个是占城,一个是大食。但我对他们的"国使"身份颇为怀疑——不是怀疑,而是根本不相信。首先,作为国使,他们应该直接到东京去,不应该在泰山脚下的路边等,像个化缘的行脚僧一般。其次,请问贵使,尊驾一路是怎么过来的?回答不出是吧,我来替你回答。先说大食的这位,大食是唐代以后对阿拉伯帝国的习惯称呼,在北宋那个时候,属于阿拔斯王朝,首都巴格达。由于河西走廊地区被西夏占领,大食和宋王朝之间没有陆路通道。海路则要从波斯湾出印度洋,再经马六甲海峡进入太平洋,最后在中国的泉州或明州登陆,等于在东印度洋和西太平洋上画一个巨大的弧形。以当时的条件,这种穿越两大洋的远距离直航根本不可能实现。那么,这几位"国使"何许人也?其实他们就是长期在中国做生意的波斯商人,他们吃透了中国的国情,知道中国的官员喜欢什么,皇帝喜欢什么,就投其所好,以寻求最大的商业利益。而宋王朝的政策则是拿钱买面子,或者说叫死要面子不差钱。来的都是客,全凭嘴一张,只要听说是外蕃进贡,回赐的手面相当阔绰,甚至要高出贡品数倍。这样好的商机,人家能不仆仆道途趋之若鹜?

　　不知大家有没有注意到,上面所引的那段史料中,作者似乎

有意卖了个破绽，前面称呼用的是"国使"，后面却变成了"蕃客"。"蕃客"就有客商的意思了。这个叫李麻勿的"蕃客"拿着一支尺把长的玉圭，又编造了一套五迷三道的鬼话来忽悠宋朝的君臣。他说这支玉圭是他的五代祖得自西天的什么神人，五代祖是多少年前的事？如果以二十年为一代，那应该说是一百年以前。而且不光是有一百年前得自神人的玉圭，还有人家在一百年之前就预见到中国的皇帝要行封禅大礼，当时就发下话来，要后人到时候"即驰贡之"。这种鬼话编得何等圆满又何等荒唐，但不管是圆满还是荒唐，听到这里，人们不禁要问：这个李麻勿来献玉圭究竟是大食的国家行为还是李氏的家族行为？如果是"国使"，那就不会用私家祖传的东西来作为贡品；如果是李氏的家族行为，那他就不是"国使"。像李麻勿这样的蕃客，赚钱的大头就是做"政府工程"。而像玉圭这样的礼仪用品，只有朝廷主持的大型祭祀活动才用得着。李老板抱着玉圭在"道左"恭候大驾，就是为了做一笔生意。还是那句契丹人没说出口的话：这是交易，不是交情。

交易也好，交情也罢，反正双方一个挣了面子，一个赚了回赐，皆大欢喜。带着这样的好心情，官家驻跸乾封县奉离宫。

这是十月二十日的晚上，月亮还没有升上来，泰山朦胧的阴影就横亘在窗外的底色中，呈现出一种巨大而神秘的庄严。东封期间没有早朝，每晚皇帝召集近臣开一个工作例会，省略了很多繁文缛节，气氛亦比较随便。官家今天兴致很高，一边在等待月上东山，一边便说到太祖皇帝的一首诗。太祖当年未发迹时曾有诗写日出,诗云:"欲出未出光辣达,千山万山如火发。须臾走向天上来,赶却流星赶却月。"其气概之豪强,真开国之雄主也。此诗后来经史馆的文士润色,变成"未离海峤千山黑,才到天心万国明",[8]则文气卑弱矣。大家自然都跟着赞叹太祖之诗如刀砍斧削,造化天成,顺便将那可怜的史馆文士奚落再三,甚至把"润色"这个词也糟践了一回,似乎以后再用这个词就有讥讽的意思了。

这时候说到杜甫的《望岳》似乎再自然不过。官家认为,世人都说此诗尾联的两句最佳,其实不然,真正大手笔者,首联也,一句"齐鲁青未了"写尽了泰山的雄奇伟岸。他问王钦若:定国你说说——他不用"爱卿",也不称"相公"或"先生",而直呼王钦若的字,显示出一种超脱于公务之外的随便与亲切——这里为什么一定要用"青"?王钦若摸不透官家的用意,所以肯定不会回答。他知道官家最欣赏杜诗的"思无邪",不欣赏白居易和李白,对《长恨歌》和《清平调》尤其深恶痛绝,直指其亵渎人君,大不敬。他也知道杨亿不喜欢杜诗,认为杜甫是村夫子,就故意给杨亿戴高帽,说大年——他也用了杨亿的字,以示近乎——酬唱西昆,以诗文擅天下,我正要听听他的高论。

杨亿能有什么"高论"呢?都说他不喜欢杜诗,其实他是不喜欢老杜晚年那些愁眉苦脸唉声叹气的诗,早年这种"裘马轻狂"的诗,他还是喜欢的。官家的这个问题本身就问得怪怪的,很难回答。他只能说,青,草木之色也。泰山突兀于齐鲁大地,而又草木葱郁,望之蔼然。"青未了",远望也,背对泰山且走且回望也，所以才会有"未了"的感觉。一个"了"字，看似随意，却举重若轻。这样的回答不能说不对，可官家却另有说法。他另有说法，别人的回答就肯定不对。人主有时候有一种奇怪的心理：你不是大知识分子大学问家大才子吗？不是名满天下京华纸贵吗？我就是要出出你的洋相。官家对杨亿说，我知道你喜欢两座山（李义山、白香山），不喜欢老杜，但面对杜诗而杼其义旨，不可浮皮潦草。他说，泰山雄踞东方，在五行中属木，属春，属青。"齐鲁青未了"，这里的"青"乃五行之方位，非草木之色。他说，汉武帝封禅以后，每五年又到泰山修封一次，为什么是五年呢？这也是依五行推衍得来的，五行不光有对应的方位、季节、颜色、神祇，还有数字。汉尚土德，数字用五。所以官印都用五字，如丞相的印为"丞相之印章"，不足五字者以"之"补足。他说，杜甫对泰山太崇敬了，崇敬得诚惶诚恐。泰山不是什么人都可以登的，得有资格，二十四岁的杜甫觉得自己还不够资格，他只能远望，一边立下日后登顶的志向。子美之诗固可称诗史，子美之德亦大哉矣。

从五行推衍说到登泰山的资格，这是越说越靠谱还是越说越离谱呢？

似乎为了证明官家登泰山的资格，行在三司使丁谓又报告了财政情况，他的报告相当专业：从京师到泰山，金帛、粮草"咸有羡余"。民间刍藁每围不及三五钱，粟麦每斗不及十钱。[9]这些当然都是很鼓舞人心的。在一个农业社会里，所谓国泰民安无非是老百姓有一碗饭吃，所以粮价便成为国家的政治和经济形势最重要的晴雨表。从去年下半年为封禅造势开始，中央和地方各级政府就一直在粮价上做文章，那几个标志粮价的数字有如权力的娼妓，随时传递着迷人的媚笑。但数字游戏玩多了，难免会缺乏照应，例如这次丁谓的报告中就有一个小小的漏洞。就在东封开始前的九月底，当时发布的全国粮价为"米斗钱七文"。较之眼下这个"粟麦每斗不及十钱"，考虑到米价比粟麦一般要高三四成，似乎东封以后粮价反而涨了不少，这就不符合中央精神了。但在座诸公谁也没有对此表示关心或质疑，大家明摆着都不把这些数字太当回事。

月亮并不是从地平线上升起来的，不知什么时候，它已悄悄地挂在东南方的天幕上，虽然说不上圆满，却有很好听的名字：蛾眉月。气朗天高，风清月白，远方泰山的轮廓变得清晰了。据司天监报告，这几天有黄气或居日上为戴气、为冠气；或居日下为承气、为履气。皆主君道至大，动不失时，大吉。

君道至大，动不失时，这不会是在催促官家抓紧上山吧。

2. 冠冕堂皇的私密话

上山。

庚戌，昼漏未上五刻，上服通天冠、绛纱袍，乘金

168

辂,备法驾,至山门,改服靴袍,乘步辇以登。[10]

"以登"就是上山。官家当然用不着自己登,而是"乘步辇",这是一种两人抬的轻便小轿。沿途则"两步一人,彩绣相间",这些人既是仪仗,又是警卫,安全是没有问题的。但经过险狭处,官家还是要下轿步行,这时候,"导从者或至疲顿,而上辞气益壮"。[11]这没有什么奇怪,其他人都是一步一步爬上来的,有的人还要抬轿子,能不"疲顿"?而官家则"辞气益壮",那种"登泰山而小天下"的洋洋自得,相当传神。

"未上五刻"即下午两点一刻,为什么选择这时候上山呢?因为大礼是在明天,官家为了表示虔诚,今晚先在山上的御幄(帐篷)里住一晚,明天上午,在太平顶的圜台前封祀昊天上帝。

封禅大礼分为"封"和"禅"两部分。"封"即封祀礼,祭祀昊天上帝(天神),在泰山极顶之太平顶举行。"禅"即禅祀礼,祭祀后土(地神),在社首山举行。这两次大礼结束后,还有一个朝觐礼,皇帝接受群臣朝贺,且颁布一系列封赏诏令,这实际上是大功告成后的一个庆祝仪式,或者也可以叫闭幕式。

明天——十月二十四日——在太平顶举行封祀礼。

封祀礼有一个程序:宣读玉牒上的册文,然后将玉牒封于玉匮,埋于石礚。

这个程序至关重要。

封禅这种事,说起来天大,举全国之力,兴师动众,轰轰烈烈,银子花得像流水似的。自秦始皇以来,总共才搞了那么数得

169

上的几次，所以叫旷世大典。但如果褪去那神圣的光环，实话实说，也就相当于一次顶层公关，利用向天帝汇报工作的机会，套近乎拉关系，以期得到上边的眷佑，实现内心最隐秘的愿望。

我在前面曾说过，封禅所用的玉牒——那七块饱经"攻玉"之难、琢满了文字又联以金绳的玉版——实际上就是一封给上天的致敬信，帝王内心的愿望，就写在那上面。而有些愿望是不能公开示人的，所以在唐玄宗之前，玉牒上的文字皆秘而不宣。但即使不公开，人主内心那个隐秘的角落也不难窥测。例如秦始皇和汉武帝，这两个人最大的愿望就是长生不老，因为在这个世界上，他们几乎在所有的领域——荣誉、权势、财富、女人——都具有为所欲为的自由意志和予取予求的无上特权，唯独在生命的长度上，他们没有自由也没有特权，和其他人处于平等的地位，大家都是向死而生，都是在无可选择地走向死亡，而且说不定什么时候就走到了尽头。对于普通人来说，大家都应该为这种平等而欢呼，因为这种平等是世界上最终极的平等，或者说，这种平等可以在一定程度上消解其他所有的不平等。设想一下，如果少数人可以凭借权力和财富而长生不老，那将是一件多么可怕的事，其后果不仅在于让有些恶魔老而不死，无限期地继续作恶；更在于强者真的有可能得到"整个世界"——包括生命的无限长度。这是真正的赢者通吃，在这种巨大的诱惑下，整个社会的争斗将格外残酷——尽管人类社会从来就充满了你死我活的血腥气，但作为自然规律的死亡毕竟是一种最后的公正。人总是要死的，你生前获取得再多，最后也只能两手空空而去，这是造物主为人的欲望设定的"大限"。如果取消了这种最后的公正和"大限"，人们将面临一个多么疯狂的世界，想想吧。

但帝王们不这样想，拒绝平等是他们的天性，在死亡面前一律平等，他们不仅拒绝，而且恐惧；不仅恐惧，而且深恶痛绝。他们太留恋这个世界了，因此，几乎从坐上皇位的第一天起，他们就开始寻找不死之药和成仙之道。秦始皇多次派方士带童男童女入海求仙，他自己也曾亲自到海上巡游，想邂逅神仙。《史记·秦始皇本纪》中认为，秦始皇东封的动机就在于"天高不可及，于泰山上立封禅而祭之，冀近神灵也"。"近神灵"则可得到眷佑，长生不老，享无尽之荣华富贵。汉武帝也是个神仙迷和怕死鬼，为了能遇上神仙获得长生，他那样雄才大略的聪明人却屡受方士的欺骗和愚弄，不仅浪费了大量钱财，还做了很多蠢事，包括把自己最宠爱的女儿卫长公主嫁给骗子栾大。方士们摇唇鼓舌的种种言论，正道出了汉武帝封禅的真正意图：与神通，得不死之药，然后，用他自己的话说，"像脱鞋一样"丢下妻子儿女，升天做神仙去也。

怀着这样诡秘的私欲，即使贵为帝王，即使也雄才大略，行动便不可能堂堂正正。按理说，像秦皇汉武这样的角色东封，排场是不会小的，这从《史记·项羽本纪》中关于秦始皇南巡会稽的叙述中可以想见，秦皇的车马仪仗何等威武盛大，让在路边看热闹的少年项羽眼红心热，以至发出了"彼可取而代也"的豪语。但秦始皇封禅时，都把大队人马留在山下，只带少数几个亲随上山，在山顶祭祀时更是一个人鬼鬼祟祟，嘀嘀咕咕。因为他要向上天祷告，要把内心最隐秘的私密话都讲出来，那些掏心掏肺的话他当然不希望被别人听到。他对天帝说了些什么固然不得而知，甚至连当时所用的仪式也秘而不宣。他或许认为，这种和天帝拉关系的好事只能属于他一个人，不能与别人分享。帝王的自私是六亲不认浃髓沦肌的，这是又一次明证。他这一自私，让写《史记》的太史公也"不得而记"，中国历史上的第一次封禅大典，就这样成了一笔糊涂账。

汉武帝比秦始皇还要诡秘，他上山时只带了一个十岁的孩子，这个孩子就是名将霍去病的儿子霍嬗。我们都知道，霍去病有一句名言："匈奴未灭，何以家为？"但他只活了二十三岁，他死的时候，匈奴当然没有被灭掉，他当然也没有娶妻成家。但没有娶妻成家不等于没有儿子，霍嬗是他和侍女所生，霍去病死时，儿子才四岁。功臣名将之后，又是幼年失怙，武帝对霍嬗不可能不格外关顾，小小年纪就让他承袭了"冠军侯"的爵位。霍去病死后六年，武帝封禅，他为什么只带一个十岁的孩子上山，谁也不知道；他在山上到底捣鼓了些什么名堂，谁也不知道。人们只知道封禅不久，霍嬗就暴病而亡。这个孩子的死因很可疑，人们有理由把他的死和皇帝带他上山联系起来，皇帝在山上的所作所为一言一行，只有他一个人知道。知道皇帝的隐私是件很危险的事，即使他只是一个十岁的孩子。也许皇帝后来想想不放心，怕童言无忌口无遮拦，觉得还是不让他说的好。霍嬗死，"无子，绝，国除"（《史记》），霍氏遂绝。汉武帝被方士欺骗了一辈子，始终没有遇上神仙，他的最大贡献就是成为一个合格的反面教材,后世皇帝封禅,就不再谈论什么长生之事了。

堂堂正正地当众宣读玉牒,自唐玄宗始。封禅之前,他问贺知章:玉牒之事,前代帝王为何秘而不宣?贺知章诗和文章都很出色,又是当时的礼部侍郎兼集贤院学士,也就是说,他不仅知"章",而且知"礼"。他回奏道:玉牒本是通于神明之意,前代帝王多有秘请,所以不让他人知道。一个"秘请",把秦皇汉武那种鬼鬼祟祟的心态揭之昭然。唐玄宗何等大度:朕此次东封,旨在为百姓祈福,更无秘请,应将玉牒公之于众。

但"大度"也只是把话说得冠冕堂皇,并不是牒文中就没有私密话。牒文中的一项重要内容,就是追溯"嗣天子臣某"——人间帝王向天帝汇报工作时的自称——继统的由来,其中自然绕不开对本朝历届帝王的评价。这似乎不是什么难题,除去歌功颂德,还能有什么呢?但实际情况并非如此简单,且不说"嗣天子臣某"对前辈们的功过好恶不可能一概而论,即使一概歌功颂德,程度上也有轻重之别浓淡之分,更不用说有些历史问题不仅敏感而且微妙,这时候,既要反映出"臣某"自己的感情倾向,又要表达得体,就很有讲究了。例如对中宗李显两次继统中间那二十多年政局的评价,特别是对唐武和周武政权的评价,就是一个难题。就人伦而言,武则天是玄宗的祖母;而就王朝政治而言,武则天是李唐的罪人。这样一种关系,似乎怎样表达都不合适。但玄宗又一次体现了他的"大度",在牒文中,这段历史只用了八个字一笔带过:"中宗绍复,继体不定。"什么意思呢?翻译一下:在中宗第一次登基和后来复位这中间,本朝继统和传承的情况比较复杂。这是一种模糊表述。正因为情况复杂，才需要天降大任于"臣某"，接下来就看"臣某"的了："上帝眷祐，锡臣忠武，底绥内难，推戴圣父。恭承大宝，十有三年，敬若天意，四海晏然"。这一番，口若悬河，洋洋洒洒，全是自我表扬的金句，这些都是最想说的私密话，现在冠冕堂皇地被说出来了。封禅本来就是向天帝报告成功，这种自我表扬没有什么不好。

现在，赵宋的"嗣天子臣某"也来了，他有没有什么秘密话要冠冕堂皇地讲出来呢？当然有。

二十四日，在太平顶预先筑好的一只大土墩（圜台）上举行封祀礼。土墩为圆形，直径五丈，高九尺，这个九尺就是"封"的含义，有了这个九尺的土墩，就可以和天帝说得上话了。官家身着衮冕，升台奠献。"衮冕"是衮衣和冠冕的合称，为皇帝祭祀天地最高规格的礼服。"衮"又称大裘，其"裘"以最好的关西羊羔为原料，每件用料多至百只羊羔，因其用量太大，后来只好改用黑缯。我们不知道官家这次封禅时的大裘用的是关西羊羔还是黑缯。不知道就是不知道，不好瞎说。"冕"即平天冠，不是官家从京师启驾时戴的那种高帽子（通天冠）。平天冠的特色在于，其形象设计堪称一部古代帝王道德规范的教科书。例如，其延板前低后高，象征至高至尊的皇帝善于体察下情；冕有重旒以蔽明，表示王者不视邪，不视非；两侧珠玉以充耳，寓意人主不听谗言，远离小人。所有这些都体现了帝王政治中英明睿达的美好愿景，或者说集政治正确于一"冠"。当然，无论是通天冠还是平天冠，都只是礼仪中的道具而已，作为一项帽子的实用功能和审美价值基本上是不考虑的，因此，官家戴着一出场，那形象多少有点滑稽。

当众宣读的玉牒文共一百一十二字，其中对本朝历届帝王功业之追溯，颇有意味：

昔太祖揖让开基，太宗忧勤致治，廓清寰宇，混一车书，固抑升中，以延积庆。[12]

这中间，属于太祖的只有"揖让开基"四个字，意思是受后周禅让而开启本朝基业，似乎大宋王朝的开国之君只是捡了个落地桃子。而属于太宗的则有五句二十字，特别是"廓清寰宇，混一车书"两句，其气魄与事功用于秦始皇还差不多，至少也应该用于开国之雄主。放在太宗身上，显然有些言过其实。言过其实之后又说，太宗这样伟大的功业本来完全有资格到泰山封禅，向天帝报告成功，但他执意谦让，要把积福和喜庆留给后人。这种对太祖的贬抑和对太宗的吹捧其背景不光在于血缘的亲疏，更在于长期以来朝野关于"烛影斧声"的窃窃私语。众所周知，真宗没有其他本钱，唯一可恃者就是其即位的正统性，这种正统性来自太宗最后选择了他。如果太宗背上一个"篡"字，真宗的正统性和执政合法性从何说起？这就是真宗始终不那么自信的症结所系，也是他屡降天书执意封禅的动机所在。玉牒文中说太宗功业盛大，本应封禅，但他固执地要把积福和喜庆留给后人。"后人"者谁？就是今天来封禅的"嗣天子臣某"。于是接下来大书特书"臣某"的功业,这当然是应该的,花了这么多钱跑过来封禅,不就是为了颂扬功德粉饰太平镇服天下夸示外邦吗?那么就吹吧,谁上台,谁就有资格吹,这是神圣法则。吹完了,向天帝和祖宗客气一下:"尚飨"——你们慢慢享用吧!

玉牒读毕,由典仪官封入玉匮,埋入石礒。官家传令燔柴告天,也就是点燃燎坛上的柴薪,又将牲、璧、帛、粢(六谷)投入火焰。火焰升腾,烟雾缓缓飘入天空,这既是向天帝和山川诸神致敬的表情,也是向聚集在山下的官员和禁军传递的信号,于是山下亦随之举火,山上山下高呼万岁,欢呼声震彻山谷,封祀礼就在这甚嚣尘上的万岁声中宣告结束。

第二天在社首山举行禅祀礼。祭祀地神,大体程序和封祀礼差不多。礼毕,添加了一个热闹的尾声:将从京师带来的珍禽异兽放生于山野。这些贵宾以前在玉津园养尊处优亦强颜欢笑,逢上节庆为了取悦游客,时有穿红着绿者,故有"衣冠禽兽"之称。现在,"衣冠禽兽"们落尽铅华、颠沛千里来到泰山,最后得以回归自由的天空和山林。对于这些长期被豢养的娇客来说,不知是幸运还是不幸。而且这中间还有一个不解之谜:进入十月以后,全国都禁止屠宰,从皇帝到百姓都不知肉味,那只随行东封一天要吃五斤肉的安南狮子将何以果腹?难道此君一路巡行鲁国,受了《左传》熏陶,懂得了"肉食者鄙"的道理,从此素食不成?此事蹊跷,且存疑。狮子原为热带草原动物,单只狮子放养到山区,又没有性伴侣,难免后继无嗣。好在泰山地区有同属大型猫科动物的老虎——请参看《水浒传》第二十三回:"横海郡柴进留宾,景阳冈武松打虎"。——后人如在该地区发现狮虎兽或虎狮兽一类的杂交物种,当会念及真宗皇帝祥符放生之德。

　　第三天,回乾封县奉高宫举行朝觐礼,这是封禅活动最后的闭幕式,整个气氛是与有荣焉皆大欢喜。官家冠冕堂皇——仍是黑大裘,平天冠——接受群臣朝贺。于是大赦天下,减免赋税,文武百官晋升一级,退休官员亦赐予同级别在职官员三个月的俸禄。这一天是官员们盛大的节日,大家共沐天恩,弹冠相庆。对于他们来说,折腾了差不多一年的祥瑞啊,天书啊,封禅啊,都是空头政治,与他们的关系其实不大,只有升官晋爵才是有着肌肤之亲的,所谓盛世文人梦,梦寐以求者,唯此为大。朝觐结束后,官员们一个个都轻骨头似的,差不多要"风乎舞雩,咏而归"了。[13]

　　闭幕式上,官家还宣布了一条让更多人欢欣鼓舞的消息:

　　　　赐天下酺三日。[14]

　　也就是全国公款吃喝三天。

3. 且歌且酺

　　封禅最直观的效应体现在天气上,上天受了那么多好处,似乎不好意思呼风唤雨，自十月初四东封启驾以来，睁眼闭眼都是好天气，特别是行禅祀礼那天，"前夕阴晦，风势劲猛，不能燃烛。及行事，风顿止，天宇澄霁"。[15]这当然是来自司天监的报告，很可能有点故弄玄虚，说白了就是夸大其辞。但不管怎么说，这段日子没有雨雪，路是干的，背阴的河坡上没有积雪，屋檐下没有冰溜子。节令已经过了小雪，谚云："小雪不耕地，大雪不行船。"意思是节令到了小雪，地上就冻了；到了大雪，河面就结冰了。虽然没有雨雪，但寒潮是不会迟到的，旷野上一片冬日特有的呆白，那是冻僵的颜色。干冷，风不大，却尖利，锥子似的直往脸上扎。朝觐礼的第二天早上飘了一阵雪花，仍然是羞羞答答涂脂抹粉似的，太阳出来一点痕迹也没有了。于是又有臣子进贺，说什么"今者神告先期，灵文果降，实彰上穹佑德之应"。其实老百姓并不这样想，"小雪不见雪，便把来年长工歇"，到了小雪还未下雪，冬麦缺水无法过冬，而且容易生虫害，农事不佳，明年就不请长工了。天不下雨天不刮风天上有太阳，他们唱得出来吗？忧心如焚啊！

回程先要向南兜一个圈子，到曲阜去祭祀孔子，然后再经回銮驿到郓州，原路返回。

在泱泱中国的版图上，若问哪个家族最牛，答案当然是皇族国姓，家天下，无与伦比。但若问在古往今来的历史长河中哪个家族最牛，答案肯定是曲阜孔家。孔家牛就牛在长盛不衰，自汉武"独尊儒术"以来，不管谁打天下坐天下，孔子都是当之无愧的素王。历代帝王不管对他喜欢还是不喜欢，但面上都得恭维他，给他抬轿子。真宗皇帝来祭祀孔子，当然不可能两手空空，至少荣誉称号是要给的。孔子的母亲姓颜，颜值的颜。据说颜氏在梦中被黑帝（颛顼）召幸而生孔子，这种事本来算不上光鲜，但黑帝是"帝"——神话中的五大天帝之一，掌管北方的神。一个女人，不明不白地被陌生人睡了，那肯定是耻辱。但如果对方的身份是"帝"，那就不同了。被称为"帝"的睡了，那不叫睡，叫"幸"。被"帝"所"幸"，那叫幸福。这样一来，孔子的身世就自带光环了：黑帝的私生子——黑崽子。宋真宗给孔子加谥号为"玄圣文宣王"，玄就是黑，这个黑就是从黑帝那儿来的。但仅仅过了四年，有一天官家忽然梦见赵氏的先祖显灵，这个在赵氏家谱上从来没影儿的人物叫赵玄朗。于是给他上尊号为"圣祖"，命天下为圣祖避讳，孔子的玄圣文宣王只得改为至圣文宣王，即使这个"玄"来自黑帝，但现在遇到了当今皇帝的老祖宗，也只好让路。

十一月初二赐宴回銮驿，全体开斋，大块吃肉。真是小别胜"腥荤"啊，今天的鸡鸭鱼肉，咋吃咋有味。

其实也不能说"小别"，官家从十月初一开始斋戒，臣僚从十月初四开始素食，都差不多一个月了，这么长时间，一个个嘴里还不是能淡出鸟来？

宴会中间发生了两段小插曲。

先说一段与吃肉有关的。官家赐酒宰执大臣，并赞扬王旦等一路蔬食，甘之如饴。王旦等却不说话，只有签署枢密院事马知节说，蔬食的只有陛下一人，我们在路上没有不偷偷吃肉的。

官家大异，问王旦可有此事，王旦说："诚如知节之言。"[16]官家大概不想影响大家的情绪，便不再追问。少顷，话题一转，悲天悯人了：值此夜长天寒，柴门小户将如何理会？

在官家嘴里，"理会"是一个含义很宽泛的词，如果碰到不想办的事，他喜欢用一句口头禅："且待理会。"这是敷衍的意思，实际上不会有下文。批评一个人，他又常常会说："恁地没理会。"这是能耐、担当的意思。今天这里的"理会"近似于干什么：这么冷的夜晚，小户人家在干什么呢？

王旦说：当今国泰民安，小民百姓自有他们的赏心乐事。鄙乡有几句民谣，虽然粗鄙，却可供官家一哂。说的是，冬夜一炉火，浑家团栾坐，煨得芋头熟，皇帝……

官家知道王旦的"鄙乡"为大名府莘县，离这里其实不远。那么，冬夜里一家老小围着火炉煨芋头吃应该也是这一带的做派了。他见王旦说到"皇帝"时欲言又止，似乎有什么顾虑，便鼓励道："但说无妨。"

王旦说：小民粗鄙，不知天高地厚，竟然说：煨得芋头熟，皇帝不如我。

官家饶有兴趣地把四句民谣重复了一遍，然后哈哈大笑。笑过了，又称赞一回：小民亦能知足而乐也。

再说第二段插曲。这段插曲把宴会的气氛推向了高潮，因为有人发现游童的衣袂上爬着几只金龟子，鬼精灵的丁谓知道了，马上奇货可居地向官家报喜。喜从何来呢？因为金龟子的名字好，吉祥。你看，"金"为财富之本，"龟"为长寿之喻，"子"为后嗣之祥。金龟子，实乃大吉大利之天使也。官家一听，竟然"亟命中使赍示群臣（在宴会厅中央向群臣展示）"。[17] 这个"亟命"相当传神，喜出望外，一至于此。其实金龟子和屎壳郎是同一个大家族的成员（都属于金龟科），屎壳郎因其生活方式不雅而名声大坏，但究其贡献，却是自然界的益虫。而金龟子则徒有美名，是道道地地的害虫。"无端嫁得金龟婿"，如果这位贵族妇女知道金龟子的德行还不如屎壳郎，她还会这样称呼自己的如意郎君吗？

　　几天后，车驾次郓州。郓州以"巷陌迫隘""摊贩壅塞"的市容迎接东封归来的君王。引号内的两句话，前者出自宋代史官的记载，后者出自当代媒体关于某市创建文明城市的报道，这说明市容市貌与摊贩侵街永远是一个解不开的死结。由于沿街两侧的商业长廊挤占了街道，车驾入城后就一直走得吞吞吐吐，从来不曾畅快过，这让官家很不爽。他知道，郓州的州治原先在须昌，咸平三年——八年前——刚刚由须昌迁徙到这里。这是一座新城，主要街道都是新修的，按理说不应该这般"迫隘"。问地方官，回答说，州治刚移过来时，街道还算宽敞，但由于建城用了不少钱，州府财政窘迫，当时的州守就出台了一条新政，允许在街道两侧搭建商业长廊设摊经营，政府则坐地收税，然后再将增加的财政收入投入新城开发进行滚动发展。这种"经营城市"的理念倒也不能算错，但车驾过处，市容市貌就不怎么"可观"了。官家听了回报，认为不能因为没有钱而坏了规矩，禁止违章搭建是城市管理中的一个大规矩，规矩至重，"握刬劂而不用兮，操规矩而无所施"。[18] 那怎么行？于是"即诏毁之"。[19] 拆除"违建"很简单，特别是在一个权力任性的大背景下，一纸告示就搞定了。但与之联系在一起的民生呢？州府的财政收入呢？在一座虽然杂乱壅塞但市声喧哗充满了烟火气的城市和一座虽然宽敞漂亮但空空荡荡没有人气的城市之间，你究竟要哪一个？官家的选择和民众的选择是不同的。说到底，这是一个面子和里子的关系问题。当然最好是既有面子又有里子，两全其美。但世界上两全其美的事毕竟太少，当面子和里子发生矛盾时，当政者还是应该先要里子，再顾面子，因为任何时候民生问题总是第一位的。

十一月二十日，车驾回到京师，此次东封往还四十七天，竟然未逢雨雪，司天监拍马屁的说法是"精诚昭格，天意助顺"。但稍有常识的人都知道，在王朝广袤的北方国土上，一场罕见的旱灾已悄悄降临。之所以说"悄悄"，是因为时值封禅期间，举国大喜大庆，地方官不方便向中央报告灾情。

接下来，当务之急，一个是为这次盛典树碑立传，还有一个就是泽被天下的赐酺。

树碑立传需要创意，朝廷当然不缺乏这方面的人才，但捷足先登的还是丁谓：

壬午……丁谓请以天书降后祥瑞编次撰赞，绘画于昭应宫。[20]

诗配画，这是一个相当不错的创意。"壬午"为十一月二十五日，东封的车驾二十日回到京师，随后又是"赐百官休假

182

三天"。也就是说,在上班的第二天,丁谓的创意就出笼了。此公姓丁,但做事从来不喜欢居于"丁"位,总是要夺头彩,抢头功。

接着是集贤殿修撰陈彭年:

命丁谓、李宗谔、戚纶、陈彭年等编修《封禅记》,从彭年之请也。[21]

这么重大的题材,怎么能不写报告文学呢?陈彭年是著名学者,也是朝廷重要的笔杆子,他的眼光相当专业,因此,该项目他既是策划者,又是执笔者之一。

太常寺也不甘落后,这种部门平时的存在感很低,现在怎么说也得露露脸:

太常寺请郊祀酌献天书用《瑞安曲》,天书升降用《灵文曲》,又上朝缯用《醴泉》《神芝》《庆云》《灵鹤》《瑞木》五曲,请下两制撰词。从之。[22]

给经典名曲配词,使之成为可以传唱的颂歌,这是一条重大主题性宣传中值得借鉴的经验。

当然还有命题作文:

初,封泰山,命宰相王旦撰《封祀坛颂》,知枢密院王钦若撰《社首坛颂》,陈尧叟撰《朝觐坛颂》。[23]

这几篇都是大"颂",为什么不让被誉为当今第一才子的杨亿参与创作呢?对不起,他不够资格。有些文章需要作者的才华,但有些文章只认可作者的身份,你看受命撰写大"颂"的那几位,都是上朝时排班排在最前面的大老,那是写文章的资格,杨亿不够资格。

更多的是自由来稿,那些科场失意的书生,进身无阶的文士,沉沦下僚的官吏,一个个都看准了这是讨好皇上出人头地的机会,秀才人情纸半张,马屁诗文,成本很低,何乐而不为呢:

上自东封还,群臣献颂称贺功德者相继。[24]

后来还为此专门搞了一次评比:

东封岁献文者甚众,命近臣考第……令两制试所业差第以闻。[25]

其中的优胜者,不仅有功名,而且有差遣。在当时的官场上,进士及第几年等不到差遣是常有的事,现在靠一纸诗文就搞定了,可见拍马屁总会事半功倍。

但是在这些活跃分子中间似乎少了一个人,大家可能已经猜到了,此人就是王钦若,除去被动地受命撰写《社首坛颂》而外,在这股歌功颂德的热潮中,他似乎无所作为,这是不正常的,也是不应该的。那就再仔细找找,果然在第二年五月的记载中发现了他的身影：

> 初登泰山，王钦若言唐高宗、玄宗二碑之东石壁，
> 南向平峭，欲即崖成碑，以勒圣制……[26]

即崖成碑，摩崖巨制，简直是顶天立地。原来王钦若是第一个贡献创意的。该创意不光气魄宏大，而且刻的是"圣制"——皇上的作品。之所以在差不多半年时间内史书上一直没有披露，原来是皇上自己拖后腿了。王钦若提议此事是"初登泰山"时，也就是十月下旬那几天，结果到了来年的五月初四，官家才把写好的文稿——《登泰山谢天书述二圣功德铭》——拿出来。[27]这种刻在崖壁上的铭文不可能是长篇大论吧，竟磨蹭了小半年时间，官家的文思也太那个了。

好了，到此为止，该出场的都出场了。这场由官家亲自操觚垂范，宰执重臣联袂助兴，大小文人竞相登场的大剧，涉及文学、音乐、美术、书法、雕刻等诸多领域，一时粉墨风流，颂歌入云，很热闹了一阵。但遗憾的是，这中间并没有发现让人眼睛一亮的作品，更说不上有什么作品在文学艺术史上留下痕迹。而那篇由官家亲自撰写顶天立地刻在泰山崖壁上的功德铭，也早已在岁月的风雨中漶漫难辨，成了一笔糊涂账。一项以国家名义组织的大型文化工程，事后回头看看，其实只是一幕文化专制下鹦鹉学舌的模仿秀而已，那些空洞浮泛、充满了跪舔式献媚和叫床式赞美的应景之作，它们可能华采赡蔚典雅富丽甚至金碧辉煌，却绝对充

斥着那个时代人云亦云的空话套话，也绝对谈不上艺术的品位和生命力，它们留给后人的只有那个荒唐年代的荒唐记忆，还有关于文学艺术一些基本常识的思考：缪斯青睐真诚的灵魂，古往今来，谁曾见过以吹牛和奉承为宗旨的伟大作品？后人如果一定要从那里面发掘所谓的艺术价值，只能是狗咬猪尿泡——白忙乎。

再说赐酺。

赐酺其实在回京的路上就开始了，基本上车驾每临州府，必要赐宴从臣及父老于行宫，不知这是不是算在那个"赐天下酺三日"之内。但是这期间有一条关于赐酺的消息值得关注：

> 癸未……诏并、代州别赐酺三日。时承受使臣言前设酺宴不丰，军校官不预会也。[28]

由于上次赐酺吃得不好，驻扎在并州和代州的丘八们有意见，扬言这次不参加公宴。朝廷知道后，下诏"别赐酺三日"。这个"别"是安抚的意思，也是特事特办的意思。赐酺本来就是让大家高兴的，现在反而闹得不高兴，这就不好了。官家的态度很明确，那就是一定要把好事办好。不久，他又下诏以南衙为锡庆院，这也是为大规模的赐酺做准备的。

南衙即人们熟悉的开封府，除去南衙，京师当时还有一个东衙，即专门纠正错案的纠察司，因设在城东，故得名。南衙和东衙都是让人们谈之色变的地方。太宗皇帝登基前曾判知开封府，坐镇南衙十几年，他当了皇帝，原先坐过的办公室别人就不能坐了，只能空着。而以前朝廷的宴会，或者在尚书省和都亭驿，或者在大相国寺。官家认为在佛寺中烹饪嬉笑，大不严肃。现在把南衙改为锡庆院，作为太宗的纪念馆，以后朝廷赐酺，可以在那里举行。

祥符元年在热闹和喜庆中快要过去了，但腊月里皇家还有一件热闹加喜庆的大事——官家最喜欢的妹妹万寿长公主出降。

公主出嫁不叫嫁，叫降。这个"降"是一种以优越感为底子的屈尊和无奈。公主再高贵，总要嫁人的。而嫁人只能嫁入臣民之家，这就叫"出降"。而那个几乎是天底下最幸运的被称为驸马的男人，他迎娶公主也不叫娶，叫"尚"。不用说，这个"尚"有高攀的意思。万寿长公主是太宗的第七个女儿，也是最小的女儿，在家庭里自然更得宠些。她"出降"的对象叫李昷，是开国重臣李崇矩的孙子。出降之前，官家封她为隋国长公主，这种带了国的封号比原先的万寿长公主更尊贵。官家同时赐驸马名"李遵昷"。为什么要在他原先的名字中间加上一个字呢？因为根据礼制，"尚"了皇帝的女儿，自己在家族中的辈分就随之提升一级，原先的父子关系变成了兄弟关系。"上益以遵字，而升为崇矩子焉。"[29] 原来那个李昷是李崇矩的孙子，现在这个李遵昷成了李崇矩的儿子。俗语中有装孙子的说法，当了驸马的李遵昷是装儿子，有意思吧？都说皇家的公主难侍候，难就难在那种仗势霸凌蛮不讲理的做派难以招架，后来亦因此把富家女的种种坏毛病称为"公主病"。但隋国长公主实在是个难得的好媳妇，她很健康，几乎没有沾染公主病。按照礼制，她的公婆现在成了她的哥嫂，这就意味着她不必像百姓家的儿媳那样尽侍奉之道，但长公主仍视他们为长辈，公公生日的时候，她以儿媳的身份恭恭敬敬地去磕头贺寿。丈夫是进士出身，喜欢和文友们在家中宴饮酬唱。这时候，长公主总是很得体地扮演一个妻子的角色，亲自张罗酒食，从不敷衍怠慢。关于隋国长公主夫妇的故事，后面还有得说，我这里先透露一个他们后世中的名人。南宋初年，杭州灵隐寺有个"鞋儿破，帽儿破，身上的袈裟破"的济公和尚，以似痴似狂而扶危济困的形象被称为活佛，此公即隋国长公主和李遵勖的玄孙，原名李修缘，法名道济。

全国赐酺三日，京师赐酺五日，从二月五日开始。但过了年，形势就变了，这个"年"似乎把封禅时期的好些有形和无形的禁令隔离在过去，使它们成为明日黄花，其中最敏感的就是关于报喜不报忧的禁令。元宵节一过，年就算过去了，各地关于灾情的报告正好在这个时间节点上送达中书省。于是，正月十九日，右仆射张齐贤上言：

> "宴乐，阳事也。甫经上元，又将酺饮，恐非所以答天意。请俟雨足，乃如诏旨。"从之。[30]

旱情如此，这时候还大吃大喝，老天也会不高兴的，还是等下了雨再吃吧。官家只好"从之"。

但毕竟"方行大礼"，对负面新闻还是要有所控制。过年以后，关于灾情的专题报道其实不多，但从以下这些消息中，似可感受到全国灾情之烈：

令韶州粜廪粟以济贫民。[31]

诏西京出廪粟贱粜以惠贫民。[32]

令磁州出廪粟赈贫民。[33]

赐凤州水溺民米,人一斛。[34]

无为军言大风拔木……家赐米一斛。[35]

陕西民疫,乙卯,遣使赍药赐之。[36]

不光是干旱,还有洪涝、风灾、瘟疫。特别是下面这一条,让人浮想联翩:

先是,陕西饥民有鬻子者,口不满千钱。诏官为购赎,还其家。[37]

以上的林林总总,没有一条是正面报道灾情的,报道的都是朝廷如何体恤苍生,官家如何爱民如子,不仅开仓赈灾,赐米送药,甚至帮饥民把卖出去的儿女赎回来。这就叫天灾无情人有情,丧事当作喜事办,这样的宣传套路堪称经典。但透过那些花枝招展且温情脉脉的官方宣传的帷幕,恰恰是从南疆到北国,王朝大地上一派水旱不收饿殍遍野的残酷现实。

张齐贤的奏议是"请俟雨足，乃如诏旨"，也就是等下了透雨，旱情解除以后，再执行赐酺的诏令。但到底什么时候下的雨，旱情到底有没有解除，史书中并无记载。史书中记载的只有赐酺的盛况：

　　辛未，上御朝元楼观酺，自是凡五日。[38]

这个"辛未"是祥符二年三月十六日，也就是在张齐贤的奏议二十多天以后。合理的推论，这期间应该下雨了，旱情亦有所缓解，不然官家不会有兴致接连观酺五日。用"观"打头可以组成很多词，这些词人们大多耳熟能详，但"观酺"这个词比较冷，说白了就是赐别人吃喝，自己在一旁看。官家喜欢观酺，只要就近，他总要亲临现场去看人家吃喝：

　　己未，上御回銮驿罩庆楼观酺，凡三日。[39]

这里的"己未"是去年的十一月初，也就是刚刚封禅不久，车驾尚在泰山脚下，官家在此观酺"凡三日"。喜欢看别人吃喝，并且乐此不疲，这究竟是一种什么心理呢？他是赏赐者，是恩主，是万物仰承的圣眷之光，他大概很享受那种被所有的人感恩戴德的感觉。当然，这样的感恩戴德他在宫里几乎每天都会遇到，但宫里遇到的没有这么人头攒动的现场感，也没有这么丰饶的表情。宫里的一切都是程式化的，连"万岁"的山呼也永远是一种声调，时间长了难免乏味。而赐酺恰恰可以兼容阔大的场面感和生动活泼的个体表现。因为吃是人类最基本的欲望，在满足这种最基本的欲望也就是所谓大快朵颐时，人性的底色往往暴露无遗，无论你的吃相是否难看，是贪婪还是矜持。这当然不是说官家有窥伺欲，但或许可以说他是为了寻求一种在更广阔的场域对权力大纛的自恋式体验。

还有的地方把抗旱求雨和公款吃喝结合在一起，偏偏闹出了人命事故。事情发生在浙江西路的湖州，知州苏为等带着乐妓乘船去道场山求雨，仪式结束后又安排了宴饮。一班人觥筹交错，胡吃海喝，一旁又有乐妓助兴，闹到很晚才醉醺醺地往回赶，结果乐极生悲，半路上翻船了，淹死三个人，除去两名乐妓，还有州府的判官刘继能。判官位列通判之下，为州府三号首长，也是朝廷命官。

出事了，而且是人命关天的大事，知府苏为难辞其咎，被通报批评。通报中说他"厘务"。从字面上看，"厘务"似乎是贻误事体的意思，也就是喝酒误事，酿成事故。因为都是觥筹交错的"错"，朝廷继问责之后，又下达了禁酒令：

诏内外群臣非休暇无得群饮废职。[40]

赐酺结束了，禁酒令来了，这些都是祥符二年四月的事。

注释:

〔1〕〔2〕徐吉军《宋代衣食住行》。

〔3〕〔7〕〔9〕〔10〕〔11〕〔14〕〔15〕〔16〕〔17〕〔19〕〔20〕〔21〕〔22〕〔28〕〔29〕〔39〕(宋)李焘《续资治通鉴长编》卷七十。

〔4〕(宋)司马光《涑水纪闻》。

〔5〕〔6〕《续资治通鉴长编》卷六十九。

〔8〕(宋)陈郁《话腴》。

〔12〕(元)脱脱等《宋史》卷一百零四。

〔13〕"风乎舞雩,咏而归。"出自《论语·先进篇》。

〔18〕(汉)庄忌《哀时命》。

〔23〕〔36〕〔37〕《续资治通鉴长编》卷七十三。

〔24〕〔25〕〔26〕〔27〕〔30〕〔31〕〔32〕〔33〕〔38〕〔40〕《续资治通鉴长编》卷七十一。

〔34〕〔35〕《续资治通鉴长编》卷七十二。

第六章　西祀

1. 当盛典已成往事

官家宠爱的刘美人刘娥喜欢海棠，尤其喜欢西府海棠。西府不是指皇城内与中书省对持文武二柄的枢密院，而是指关中的凤翔府，唐代把同州府和凤翔府称为东西二府，这是相对于首都长安而言。因此，认定西府海棠出自凤翔，这大概不会错。这些年，随着刘娥从美人晋升修仪又册封德妃，海棠也如同宣纸上的墨迹一般在后苑悄悄地浸润开来，每到暮春时节，顿成烂漫之势。海棠素有"花中贵妃"之称，那么"花中皇后"呢？大概是牡丹吧。贵妃艳丽，皇后端丽，总之丽是底线，颜值不高到不了那种地方，更到不了那个位置。当然，刘娥喜欢海棠，并不说明她只想当贵妃，不想当皇后，肯定不是。但话要说清楚，也不是因为刘美人得宠，后苑的海棠才多起来的，这中间的基本事实是：一、刘美人喜欢海棠；二、刘美人这些年越来越得宠；三、后苑里这些年海棠越来越多。但，海棠多和刘美人得宠并没有任何关系，有关系的是意识形态。后苑里原先各种花树都有，后来有学士说，桃树和李树没有富贵气，而且轻薄，还引用杜甫的诗句："颠狂柳絮随风去，轻薄桃花逐水流。"认为桃花品格不高。这位学士是谁呢？不知道，估计不会是杨亿，因为他不喜欢杜甫。但官家可是老杜的粉丝，他下令逐步用海棠和梨树替换桃树和李树，所谓"海棠春坞"和"梨花院落"都很有富贵气象。其实杜甫虽然信口说了句"轻薄桃花"，他却并不曾评价过海棠，他诗中不写海棠，而且从来不写，有人据此推测他母亲的小名叫海棠，他要避讳。

喜庆和喧闹是祥符元年的主旋律，天书三降加上封禅大典，这么多的大事集中在同一年，用"史无前例"来形容恐怕不为过分。这是轰轰烈烈的一年，也是亢奋癫狂的一年，一拨又一拨的民众进京请愿，东华门见证了那些风尘仆仆的面孔上洋溢着怎样的渴望和虔诚。祥符嘉瑞，上穹佑德，东封盛典，天人共情。现在，随着全国性的赐酺曲终人散，一切又恢复到先前的平静，这种平静反倒让官家有点不适应，或者说有点失落感，一年来的大场面和大热闹，让他经历了从起初的受宠若惊到后来的如鱼得水渐入佳境的过程，他很受用那些花样翻新的仪式，那种盛大的荣耀感和幸福体验是在庸常的日子里无法寻觅的。而一旦离开了那些场面和热闹，离开了那铺天盖地的热情和装神弄鬼的表演，他就觉得没有存在感、缺少自信力了，甚至魂不守舍坐卧不安了，这是一种可以称之为仪式依赖症的心理疾病。俗话说，心病还得心药医，这味"心药"就是继续折腾，将轰轰烈烈进行到底。

后苑的海棠欲开未开时，官家发布了丁谓修昭应宫使的任命；到了海棠花烂漫一片时，昭应宫正式开始施工。昭应宫是奉安天书的殿堂，旨在将赵宋受命于天的政治理念以建筑的形式加以定格。建成之后，围绕天书的各种瞻仰朝拜活动将成为意识形态教育的一项主要内容而被神圣化、经常化、制度化。这无疑契合了官家的心理需求，你不是有仪式依赖症吗？到时候你想怎样"仪式"就怎样"仪式"，三天两头就来操练一把也无妨，而陛下的难言之隐，亦可望一"操"了之。

早在去年四月，朝廷下诏将"有事于泰山"时，昭应宫工程就已立项。现在忙完了封禅和赐酺，开工建设自在情理之中。但开封四平之地，工程所需的石料和木头均取之弥远，连施工用的泥土也取自洛阳东北的虎牢关。这是效仿周世宗筑开封外城时的做法，不知是因为那里的泥土确实好，还是因为地名中沾了一个"牢"字，寓意好。至于木头和石料取自何方，我们从知制诰王曾谏阻修建昭应宫的上疏中当可见其端倪，所谓"辇他山之石，相属于道途；伐豫章之材，远周于林麓"。[1]原来木头取自豫章。豫章在哪儿呢？好在王勃的《滕王阁序》太有名了，开门见山就是这两句："豫章故郡，洪都新府。"就在江南西路之洪州（南昌）一带。那些来自江南西路深山里的老树巨木经赣水和鄱阳湖进入长江，再由真州转真扬运河到扬州，沿扬楚运河进入汴

195

河,最后运抵开封。把这些地理名词堆砌在一起,连我自己都觉得有些晕,更别说那些运木丁夫一路上的艰辛了。那么"他山之石"取自哪里呢?王曾的上疏中没有说,但负责工程的丁谓在一份给朝廷的请示报告中说了,其略云:

"郑州贾谷山采修宫石段,辇载颇难,望遣使计度自汴河运送。"从之。[2]

"他山"即郑州贾谷山,这个贾谷山为嵩山之余脉,在荥阳东南,北宋时这里有皇家采石场,纯青色的石灰岩,一为修建皇陵,一供京师宫室。皇陵就在巩县,运道尚不算很远,但石料进入京师却难说轻松。贾谷山石场至开封三百余里,原先从陆路运送的,王曾在上疏中所说的"辇他山之石,相属于道途"并非夸张之词。何况以当时的车辆条件,运输大型石料相当困难。因此,丁谓上任伊始,就请求通过汴河水道运送。但这中间有一个疑问,对于大载重量的石料运输而言,水运与陆运孰优孰劣,这是一个并不需要多高智商就能解答的问题,丁谓不仅是新任命的修宫使,而且是新提拔的三司使——不久前,官家刚把他"权三司使"前面的"权"拿掉了。拿掉了职务上的"权",他手中的权就更大了。三司使主管全国的经济财政及重大工程建设,关于工程材料的运输方式,他应该是有权决定的,那为什么还要向朝廷请示呢?这与宋王朝的漕运战略有关。漕运被称为"天庾正供",浟浟京师,百万生齿,从皇室到平民的日用衣食,全赖汴河输挽。因此，保证漕运既是最大的民生，更是最大的政治。按惯例，承担漕运的三司纲船以清明为入汴时间，在其后的大半年时间里，其他船只进入汴河航行需得经都水监许可。在枯水时期，为了保证漕船通行的水位，连沿岸乡民的灌溉用水也必须让路。可以想见，像运送昭应宫石料这种多批次大运量的船队，其进入汴河肯定是要经过朝廷批准官家"从之"的。

官家在批示"从之"时，他的思路已经越过景龙门外的昭应宫工地而想得更远。昭应宫规模宏大，预计工期为十五年，但围绕天书"以祭为教"的各项活动不能等到十五年以后。而且，天书也好，封禅也好，无论演绎得多么热闹，最后总要曲终人散，你不可能每年都去封禅，也不可能每隔几个月就降一次天书。如何让天书和封禅的政治红利最大化，由轰动效应转化为持久效应，是官家这些日子想得最多的问题。官家算不上雄才大略，甚至算不上很聪明，他只是庸常之辈。但一个人只要肯用心思，手中又掌握了巨大的权力，即便是庸常之辈也会偶有创新之举。宋真宗赵恒的创新就是设置节日，以世俗层面的仪式、福利和禁忌强化某种特定的记忆，使其年复一年地在国家的政治生活中发扬光大。

去年十一月二十日，东封的车驾翠华摇摇地回到大内，然后百官休假三天。二十五日，上班后的第二个工作日，官家下诏以承天门天书降世的正月初三为天庆节，并规定了一系列活动内容。这说明，至少在东封期间，官家就已经开始思考"后封禅"时期的政治运作。今年五月八日，就在昭应宫开工的第五天，官家又下诏以泰山天书降世的六月初六为天贶节,活动内容"如天庆节之制"。[3] 具体怎么个"如"呢?一、官员休假五日;二、禁屠宰、禁刑罚;三、京城及州府建道场设醮,朝廷编撰《天庆道场斋醮仪式》颁发全国;四、官府赐宴;五、京城张灯一夕。这中间,官员们得到的是休假和赐宴的实惠,而民众则可以享受灯会和斋醮的热闹——道教的斋醮有相当多的内容是音乐和杂技表演,极富于娱乐精神。这五项内容既兼顾了官员和民众,京师和州府;也兼顾了神圣和凡俗,教化和娱乐。总之五项内容五味杂陈,可谓皆大欢喜。

但祥符元年上半年一共降了三次天书,现在第一次和第三次天书降世的日子都被设为节日,唯独大内功德阁天书降世的四月初一付之阙如,这就很不正常了。事实上,功德阁天书从一开始就像个拖油瓶的孩子似的在人们面前躲躲闪闪的,史书中的记载亦一直藏藏掖掖地语焉不详,连天书的内容也一直没有披露。那只能再次验证了我原先的推测:是内侍周怀政为了邀功讨好,在没有得到官家明确授意的情况下自作主张地炮制了功德阁天书,而且炮制的水平不高,官家很不满意。但由于在第一次天书事件中官家和周怀政已成同谋,他也只能一方面睁只眼闭只眼,一方面低调处理。暂时不将其设为节日,就属于低调的一部分。

在中国历史上,皇帝设置节日并非始于宋真宗,而是始于那个以喜欢热闹著称的唐玄宗。但皇帝设置的节日之多,并使之成为国家政治生活和民众世俗生活中一件大事的,则起于宋真宗。宋真宗设置的节日,前后一共有五个,按照设置的时间先后分别为:天庆节(一月三日)、天贶节(六月六日)、先天节(七月一日)、降圣节(十月二十日)、天祯节(四月一日)。排在最后的那个天祯节,其实就是我在上文中说到的天书降于大内功德阁的日子,但将其设置为节日却是在九年以后。作为宋真宗因事设节这一政治举措的尾声,那个"拖油瓶的孩子"何以在九年之后终于登堂入室,当时的政坛有着怎样的特点,官家和周怀政们有着怎样隐秘的心曲,我们过些时候再说。

过节当然是很爽的事,但更爽的还是升官晋级。

因东封成功,文武百官进秩一等,这个"秩"其实就是工资级别,每人加一级工资,并不是大家的职务都提升一级,那不可能。但也有职务和工资都提升的,例如丁谓,原来是"权三司使",已经"权"了四年,现在把"权"拿掉了,这是实打实的升官晋级。三司使到手了,再努力一把,就可以进入执政行列,当年"掉臂"入天门的人生理想似乎并不显得狂妄。王旦也提了一级,但不是实职,是文阶。他原先的身份是:拜工部尚书、同中书门下平章事、集贤殿大学士、监修两朝国史。懂得当时官制的人一看就知道,他是宰相,但不是首相,这体现在"集贤殿大学士"和"监修两朝国史"这两项荣衔上,集贤相为末相,带"监修国史"为次相。王旦现在是独相,官家如果要提升他的实职,就应该给他加"昭文殿大学士",明确他的首相身份。但官家只把他的工部尚书改迁为刑部尚书,这种改迁,只是寄禄官阶的改迁,表明他的俸禄提升了一级,因为六部的排序为吏、户、礼、兵、刑、工，刑部的地位比工部高。王旦和大家一样，进秩一等。人主施恩，就像临渊垂纶的钓者，他手中的饵料是要算计着下的。近两年，官家在王旦身上下的"饵"已经不少了。景德四年下半年，官家正在处心积虑地谋划封禅和天书，亟须得到宰相的支持。于是，八月下旬，他下达了王旦"监修国史"的任命，将王旦提升为次相。不久以后，又演绎了把珠宝放在酒坛里赐给王旦的情节。再接下来，就是天书降世，封禅之议渐起。

但如果说在这次东封恩典中，官家对王旦并无厚爱，那肯定不是事实。

官员们的"进秩"都是堂堂正正地在诏令中宣布的，但也有官家私下授受的情况。官家对王旦除去堂堂正正地把他的文阶从工部尚书迁为刑部尚书而外，还私下授予他"小事一面奉行"的特权。所谓"一面奉行"，就是不必请示官家而自行处理。因此，王旦勾当政务时，"有不经上览者，公但批旨行下"，[4]这就类似权臣所为了。由于宋太祖赵匡胤在制度设置上弱化相权，因此纵观北宋一朝，真正可以称为权臣的并不多，北宋末年蔡京当权，曾有蔡自拟御笔让徽宗抄写后颁布的情况，但比之于眼下的王旦并不算过分，王旦可以不经官家过目，便批上奉圣旨施行。这当然不是王旦专权，而是得到了官家的特别授权。由于王旦为人一向低调，这件事从来不曾向同僚炫耀过，结果引起了参知政事王曾的质疑，负责监察的官员——右司谏张知白，右正言陈彭年——则直接向官家反映，但得到的回答令他们大为吃惊，官家不仅认可王旦的做法，而且明确要求"卿等当谨奉之"，[5]让告状者老老实实地配合王旦的工作。很显然，这是对王旦在天书和封禅问题上持合作态度的回报，也可以说是一场投桃报李的交易。

然而，就在这种加官晋爵弹冠相庆的气氛中，却有几个文人官僚因为私下的诗词唱和而受了处分。

当今西昆体头牌诗人，一向被官家倚为文胆的翰林学士杨亿被人举报了。举报者是谁，有两种说法：一说是御史中丞王嗣宗，一说是参知政事王钦若。王嗣宗这个人很有意思，他是中国科举史上唯一靠打架打出来的文状元，也就是后来有人讥讽他时所谓的"手搏状元"。他是太祖开宝八年大魁天下的，那时殿试的规矩有点搞笑，谁先交卷谁为状元，结果王嗣宗和陈识同时交卷，但状元只能有一个，太祖是个武人，就让两人通过"手搏"来定胜负，胜者即状元。这下有热闹看了，金銮殿上，两个书生奉旨打架，大宋王朝的官家连带满朝文武在旁边起哄，双方交手只一个回合，王嗣宗即侥幸获胜。说他侥幸获胜是因为并非他身手不凡，而是因为对手是个光头，参加殿试时又戴了一顶偏大的新帽子，王嗣宗一拳打过去，陈识躲闪时帽子滑落在地上，王嗣宗就捡起帽子作为战利品说自己赢了。太祖哈哈一笑，就点他为一甲第一名，状元。陈识屈居榜眼（宋初每科的第二及第三名均被称为榜眼，以每榜年纪最小者为探花。第三名称探花是从南宋末年开始的）。其实王嗣宗学问还是不错，为政也可称严明，就是有点一根筋，加之性情刻薄，不讨人喜欢。如果是他举报杨亿，至少从程序上是堂堂正正的，因为他是御史中丞，监察百官是他的本职工作。但如果举报者是王钦若，味道就不对了。杨亿是翰林学士，皇帝身边的机要秘书，属于"内制"。翰林学士只对皇帝负责，素有"天子私人"之称，王钦若是副相（参知政事），隶属"外朝"。外朝的官员向皇帝反映他身边人的问题，那就是打小报告了。反映问题和打小报告是有区别的，最大的区别就在于一是论事，一是搞人；一是实事求是，一是无限上纲。如果王钦若向官家反映杨亿才不堪任或德不配位，那还可算正常。但如果他反映杨亿在背后说官家的坏话，那就是打小报告了。

那么杨亿到底犯了什么事呢？有两种记载，但基本事实差不多，即杨亿和刘筠等人"唱和宣曲诗，述前代掖庭事"。[6] 杨亿和文友们写了一些反映前代后宫生活的诗词相互唱和，这种事，老实说可大可小，王嗣宗是往小处说的，他认为杨亿等人的问题是"词涉浮靡"，也就是作品的格调不高，低级趣味。而王钦若就不同了，他往大处说了，因为官家登基前曾判知开封府，在那里曾和一个叫丁香画的乐伶有过风流韵事，也就是所谓"尝召散乐伶丁香画承恩幸"。[7] "承恩幸"就不光是唱唱小曲娱乐了，而是有了那个了。王钦若便把这宗事扯进来，在密奏中说杨亿等人的诗是"寓讽"官家，这就很恶毒了。

官家这个人胡闹归胡闹，但毕竟不是以整人为乐的君王，王钦若所谓的"寓讽"云云，似乎并不曾让他龙颜震怒。此事最后的处理结果是对杨亿等人予以"严谴"，也就是通报批评或者诫勉谈话，虽未做组织处理，却城门失火，殃及池鱼，"池鱼"就是那些想出书扬名的文士。朝廷下诏严格出版审查，"其雕印文集，令转运使择部内官看详，以可者录奏"。[8]以后出版书籍须实行二审制：先经转运使派员审查，认为"可者"再向朝廷申报，得到批准后方可出版。转运使司是一个经度钱谷财税为主业的部门，让这些人来审查文人学士们的作品，他们看得懂看不懂并不要紧，只要他们不开帽子公司就行。

与乐伶丁香画的风流事只是赵恒在南衙（开封官）期间的一段小插曲，那时他已是皇太子，晋封寿王。以亲王而兼领开封府尹，实际上是预备接班的一段考察期，而太宗又是心胸狭窄的君王，因此，赵恒在那段时间相当谨慎。但这并不影响他搞几个女人，他这种身份的主儿，风流事算不上什么事。相反，如果对女人没有兴趣，倒可能危及家天下的传承，也理所当然地会危及他的储君地位。南衙风月，逢场作戏，丁香画只是"那个了"几次而已，赵恒最钟情的是一个叫刘娥的女人。刘娥，川女也，身世孤寒，却聪慧而明艳，善播鼗（一种类似于鼓儿词的艺术）。其夫龚美为银匠，夫妇谋生京师，刘娥因随夫到寿王府打造银饰被赵恒所见，他惊鸿一瞥，疑为天人，遂纳为侍妾。这里应该说清楚，赵恒并不是强娶民女，而是龚银匠心甘情愿地把刘娥贡献给皇太子的。正因为彼此不曾伤了和气，在以后的日子里，龚银匠遂以刘娥之兄的身份成了皇亲国戚，连钱惟演也主动把妹妹送上门来给他做老婆。这个刘娥果然了得，她初进王府即有专房之宠，而皇太子却因在她身上过于用功而"容貌瘦瘠"。太宗皇帝知道后大怒，下令将刘娥逐出王府。刚才说过了，像赵恒这样的主儿，风流事算不上什么事，但因为风流事而"容貌瘦瘠"就是大事了。一方面父命难违，一方面又私情难舍，赵恒便偷偷把刘娥寄养在幕僚张耆家，自己找机会跑过去幽会。几年后太宗晏驾，太子登基，即召刘娥入宫为美人。在金屋藏娇的那几年里，为了排解寂寞，刘娥读书作文，研习经史，居然出落成一个才华出众见识不凡的女子。

记住这个刘娥。

但刘娥虽然得宠，却一直不曾开过怀。[9] 其他妃嫔虽然偶有弄瓦之喜，也一直没有能"弄"出一个皇子来。官家盛年无嗣，这无疑是王朝长治久安的隐患。因此，当王旦反对修建昭应宫时，丁谓抛出"祈皇嗣"作为理由，顿时朝野噤声。这本来是丁谓的封口术，但冤枉该凑巧的是，在昭应宫正式开工后的第十一个月里，修仪刘娥身边一个姓李的侍女为官家生下了一个男孩。开封知府周起这个人运气实在好，他正好撞上了官家高兴得手足无措的那个时刻：

> 是日，后宫李氏生子，知开封府周起方奏事，上谓起曰："知朕有喜乎？"起曰："臣不知也。"上曰："朕始生子。"即入禁中，怀金钱出，探以赐起。[10]

一个皇帝，要给下面的官员发喜钱，只需吩咐身边的内侍去办就是了，但官家偏要自己屁颠屁颠地跑进跑出，这是什么精神？这既不是毫不利己专门利人的精神，也不是对工作精益求精的精神。他只是高兴，高兴得手足无措以至于举止失常了，当然，这个"常"是指在重重礼法规范下的一个君王的标准姿态。请注意官家的这个动作："探以赐起。"这个"探"，在这里至少可以有两种解释，一种是摸取，所谓探囊取物是也。因前文有"怀金钱出"，所以这里有"探"的动作，从怀里把钱拿出来，这很合理。但我还是觉得把这个"探"理解为"向前伸出"更好。官家太高兴了，以至于顾不上自己的身份，给周起喜钱时竟探身向前，这就史无前例地放低姿态，有点俯就的意味了。而那个可怜的周起呢？他可能一时不知道官家意欲何为，也可能知道了官家意欲何为而激动得不知所措，反正他本来应该趋身向前去迎接的，但现在他的反应可能很慌乱甚至很迟钝，这才让官家有了"探"的姿势。在这个大喜日子里，这一对君臣手足无措的互动表明：一个人只有在经历极度的大幸福和大痛苦时，其人性朴素的底色才会袒露无遗。

姓李的侍女所生的那个男孩，取名赵受益。此子后来在正史和野史中都有些名气。在正史中，他是有宋一代执政时间最长的仁宗皇帝；在野史中，他就是传统戏剧《狸猫换太子》中的那个太子。

后宫里那一声新生儿嘹亮的啼哭，让祥符三年的春色更加灿烂明媚。官家现在心情大好，那种喜勃勃的心境时不时地就会溢于言表。每天上午垂拱殿视朝结束时，照例是官家先退，臣僚接着下殿。但这些日子退朝时，官家却要站在御案一侧目送大臣下殿。一开始大臣们有点尴尬，不知是走好还是不走好，官家便笑着朝大家摆摆手，意思是让他们赶紧到前面的文德殿去参加常朝仪式。心情好，耳根就软，可以想见，这期间如果有臣子奏事提什么要求，应该会很沾光的。但也不是说你就可以肆无忌惮，太常博士石待问是个书呆子，这个书呆子也真是呆得可以，他明明知道昭应宫立项就以"祈皇嗣"为理由，也明明知道现在恰好立竿见影地应验了当初的意愿，但他仍然上疏要求停止建昭应宫，而且居然妄议官家之历史地位，话说得很难听：

> 群臣皆以陛下在尧舜之上，臣谓不及唐太宗远矣。[11]

这话如果是官家自己说，那是伟大的谦虚，可是你做臣子的怎么能这样说？简直狂妄至极，亦愚蠢至极。官家当然很生气。但石博士如果光说这话，官家虽然生气还不大好发作。这个石呆子又说了："先朝多任中人，陵轹将帅，故罕成功。"中人即中贵人，也就是帝王所宠幸的宦官。昔李太白有诗云："中贵多黄金，连云开甲宅。"可见这些权阉的气焰。但平心而论，宋代的宦官没有唐代那样的气焰，石呆子这样说，就被官家抓住了把柄，你批评我，即便失实，我也不在乎，但你不能诬陷祖宗。于是派人当面"诘之"，也就是蹬鼻子上脸地把石待问批判了一顿，然后又将其"责授滁州团练副使"。"责授"即降级安排，由京官改为下放，由从七品降为从八品。而且不光是降级，他这个团练副使后面还加了括弧，曰"不得签署州事"。剥夺了他的签字权，等于让他靠边站。

但是在官场上，像石博士这样的书呆子毕竟是稀有物种，绝大多数官员都是聪明人，他们懂得如何揣摩圣意，如何投其所好。河中知府杨举正就是这样的聪明人，不知道他凭什么嗅出了官家在东封泰山之后又有西祀后土的念头，于是，祥符三年六月四日，杨举正的报告上达天听：

> 癸丑，屯田员外郎、知河中府杨举正言，得本府父老、僧道千二百九十人状，请车驾亲祀后土。[12]

群众运动又来了，这次是为官家西祀后土。那么，要不要把东封之前的那一套游戏再玩一遍呢？

2. 外甥打灯笼

后土即地祇，也就是土地之神。在一个农业社会里，对土地的崇拜是天经地义的。所谓社稷，"社"即土地，"稷"即粮食。谁掌握了土地和粮食，谁就掌握了国家政权，掌握了主宰、奴役和制定游戏规则的权力。这就是社稷的含义，既朴素又雄辩。如果说人们对皇天的尊崇是因其形而上的神圣性，那么对后土的亲近则是基于人类生存和繁衍的世俗需求。祭祀皇天去泰山，祭祀后土去汾阴。汾阴当然在汾河南岸，汾河大体是南北流向的，东西流向只有入黄前那一小段，汾阴就在那一小段的中部，因其在京师之西北，故车驾出京祭祀后土称为西祀。如果京师在长安，那就应该是东祀了。

但不管京师在开封还是长安，祭祀后土为什么要跑到汾阴去呢？这件事的始作俑者是汉武帝，或者说是汉武帝被骗子忽悠的结果。汉武帝雄才大略，但雄才大略有时候更容易被忽悠，因为这种人往往特别自以为是，又喜欢一意孤行，而骗子只要摸准了他"一意孤行"的那个"意"，再略施小技，就能把他骗得团团转。因此，汉武帝被骗子忽悠是常有的事，但这次是被两个骗子联手忽悠。说联手是我的揣测，根据仅仅是他们都是汾阴老乡，有联手嫌疑。这两个嫌疑人，一个叫锦，是个巫师；一个姓公孙，是皇帝身边的方士。先是巫师报告说汾阴发现了宝鼎，据说是太昊伏羲或黄帝或夏禹所造，反正不管是谁造的，鼎逢盛世它才会现身，这是福佑社稷的祥瑞。然后方士便在皇帝面前卖弄学问，说汾阴是古地理书中的昆仑山东南之五千里的神州，是中国的中心，而发现宝鼎的地方是远古祭祀地祇的"方丘"，称之为脽上。为什么叫脽上呢？因为那个地方的形状有如人的屁股，脽就是屁股。这名字虽然不雅，却很有古意，后土的"后"字最初的象形文，就是一个女人半蹲屁股产子的形状。汉武帝是个喜欢大搞仪式大兴土木大举巡幸的人，他马上用隆重的仪式把宝鼎迎到京师，荐于祖祢，藏之帝廷。又在汾阴脽上建后土祠。建成后，他便率领群臣浩浩荡荡地从长安跑过来祭祀。祭祀完了又泛舟汾河，写下了那首足以和乃祖《大风歌》媲美的《秋风辞》，而汾河南岸这个以屁股命名的脽上，从此便成了永久性的祭祀圣地。

河中知府杨举正在祥符三年六月四日的上言，让人们会想到两年前兖州父老的阁门请愿。有些事情对照着看会更有意思，东封或西祀之决策过程，从最初的民意表达到官员上表（起码须三次），再到官家"勉从所请"而诏告天下，是一幕自下而上的"民主"程序相当完备的大戏，越是虚头巴脑的东西，往往在程序上越是一丝不苟。两年前的三月十三日，那个被称作邵晔或邵日华的兖州知州率领父老们来到东华门外，掀开了请愿封禅的序幕，当时官家的答复是："此大事，不可轻议。"祥符三年六月四日，河中知府杨举正代本府父老上言，请车驾亲祀后土，官家的答复是："此大事也。"诏不许。在这种表演中，官家连台词也懒得现编，杨举正也基本上是抄作业的节奏，连请愿团的规模——兖州父老为一千二百八十七人，河中父老为一千二百九十人——也大差不差。那么河中府的父老为什么没有进京呢？这没有办法，季节使然，让那么多老人冒着酷暑晓行夜宿，热死了人就不好交代了。反正杨举正也知道，应该他走的程序他已经走过了，下面该别人接着来。

接着来的是京师的官民人等：

> 辛丑，文武官、将校、耆艾、道释三万余人诣阙，请祀汾阴后土，不允。[13]

"辛丑"是七月二十四日,"诣阙"即来到宫门外。北宋的皇城规模并不很大,皇城外也没有广场,三万余人集中在东华门外,把大街小巷都塞得满满的。这中间,绝大部分应该是军人,京师有八十万禁军,离东华门不远的马行街一带就有三衙禁军的兵营,把丘八们摆在那里本来是给契丹使者看的,目的是显示国威,吓唬人家。这当然很可笑。但现在要调过来凑人数请愿却是分分钟的事。但不管东华门外来了多少人,也只是既定程序中的第一道程序——民意表达。游戏刚刚开始,官家照例"不允"。

民意表达过了,接下来才是"王旦等"领衔上表。一表二表,又照例"不允"。表既三上,终于"从之"。

于是正式下诏:

八月丁未朔,诏以来年春有事于汾阴。[14]

这次官家没有犯"即断来章"的错误,大臣们也用不着在彷徨犹豫中揣摩圣意。从七月二十四日到八月一日,双方的一招一式都是标准姿势,三请三拒,再加上阁门请愿和金殿颁诏,正好八天,游戏程序启动以后,连一个时辰也不曾耽误,这种一丝不苟走过场的效率完全是教科书式的。

当然,同样是走程序,决策西祀显然要比决策东封顺利一些,这是因为两者的门槛不同,官家所应表现的姿态亦不同。封禅是向天帝报告成功,门槛很高,人主须得建有旷世之功业,恩德被民，天下太平，还要有天降符瑞之象，这才具备封禅的资格。正因为如此，当臣民上表坚请时，官家要装模作样地一再拒绝。即便到了最后，明明心里早就迫不及待地想一口应承，但还是扭扭捏捏地做出"勉从其请"的姿态，似乎是却不过大家的情面。但西祀就不同了，祭祀后土不是显摆自己的功业，而是为民祈福，这不需要什么资格。因此，走完了必要的程序，官家最后的答复就不是"勉从其请"，而是很爽快的"从之"。为民祈福这种事，还客气什么呢？不仅要"从之"，而且要乐得为之。

官家当然乐得为之。他第二天就宣布了有关的人事安排，祀汾阴经度制置使和副使——相当于西祀筹备委员会主任和副主任——分别由知枢密院事陈尧叟和翰林学士李宗谔担任。同时，陈尧叟还权判河中府，李宗谔权同知府事。这就和东封前把王钦若、赵安仁派到兖州去一样。陈尧叟是执政级的大臣，挂职州府，前面要加"判"。"权判河中府"就是暂时代理河中知府。李宗谔只是翰林学士，他没有资格"判"，他是"权同知府事"，"同"就是副手，他暂时担任陈尧叟的副手。这两个人就相当于"中央工作组"，先到汾阴去打前站。因为是临时差遣，任务又很明确，出京前是不用陛辞的，尽快上任干活就是了。他们不光要干当初王钦若和赵安仁干过的那些活，还要干邵晔干过的活。邵晔干过的"活"为什么不用"那些"来修饰呢？因为他在兖州其实只干了一桩活：组织民众进京请愿。由于天气炎热，汾阴的民众没有进京，现在虽然西祀决策已定，但作为民意表达的一道程序，前任杨举正未能完成的此"举"，继任者义不容辞。邵晔从接受兖州知州的任命到把父老们带到东华门外，用了二十天左右的时间。陈尧叟的任命八月二日下达，他带着汾阴父老出现在东华门外的时间是八月二十九日，这样算下来，所用的时间比邵晔要多些。但考虑到河中府到京师的路程更远，而且要横渡正值汛期的黄河，加之秋老虎还不曾远去，汾阴方面的工作效率其实不输兖州。但是这中间还有一个问题，汾阴的父老们进京以什么名义呢？西祀的诏书已正式下达，还请求皇上"亲祀后土"肯定不合适。当然，对于一个仕途得意的老官僚来说，这算不上什么难题，因为他们都有一种职业性的技能，就是善于编造各种堂皇的"名义"，例如近者所谓的"为民祈福"就是一种"名义"。

> 乙亥，河中府父老千七百人诣阙迎驾。上劳问之，赐以缗钱帛。旧制，假日阁门无辞见之例，上以其众远来，特引对遣还。[15]

看到了吧，原来汾阴父老们进京的名义是"迎驾"。离车驾西祀还有小半年，就兴师动众千里迢迢地上门迎驾，这是不是太隆重了？但中国有句古语——礼多人不怪，特别是用在帝王身上，再怎么隆重的礼节也不过分。这一年的八月是小月，二十九日为下旬的最后一天，照例为旬假，中央机关本来不上班，官家却破例接待了汾阴的父老们，不仅慰劳问候，还赐以钱物。那些乡村旮旯里的老人几曾有过这样的荣宠和风光？祖坟上冒青烟啊！

汾阴的父老们浩浩荡荡地这么一走，竟搅动了多少人的攀比之心，毕竟，谁不向往荣宠和风光？谁不希冀祖坟上冒青烟呢？于是凡与西祀沾得上边的州府，一个个都摩拳擦掌地要来蹭热度。先是汾阴的西邻华州。华州知州崔端向中央报告，说有父老二千四百余人准备进京，请求皇上西幸华山。华山在汾阴的西南方，西祀本来不需经过华山，但在回程时"幸"一下华山也只是稍微绕一点路，这其实已在西祀的一揽子计划之内。这个姓崔的知府有点小聪明，他知道华山不是一般的山，而是五岳之一的西岳，五岳皆为神祇，官家忙完了汾阴肯定会来拜谒华山的。因此，华州方面只需虚张声势，扬言进京，朝廷就会做出回应。这样，他既表示了紧跟的姿态，又用不着真的忙得七荤八素地组织人进京，等于做了个顺水人情。

紧接着，汾阴的南邻解州又向中央报告，说该州父老准备进京"奉迎车驾"。车驾西祀，接驾的当然是东道主汾阴。但解州作为邻居，也可以算是半个东道主。因此，他们要进京"奉迎车驾"也说得过去。官家当然不会同意他们进京，马上"诏尧叟谕止之"。[16]这也是一个顺水人情，明知道朝廷不会同意，但紧跟的姿态还是一定要做。

但这种耍小聪明的顺水人情，其实彼此都心里有数，没有多大意思。这时候，要显示自己的紧跟，依样画葫芦不行，须得另辟蹊径。拍马屁拍得有高度并不难，那都是些政治正确的空话套话。但要拍得既有高度又接地气就不容易了。俗话说，靠山吃山，靠水吃水，创造性地发掘本地资源，以乡土题材发庙堂之声，这是一种思路。华州请官家西幸华山，也算是"靠山吃山"的一种尝试。而与华州相邻的陕州则"靠水吃水"，注重作好黄河的文章，不仅创意很好，而且在操作层面很见用心。他们先在十一月二十五日报告宝鼎县黄河清，一直"很黄很暴力"的黄河变清了，这种事，有人说千载难逢，有人说五百年一次，还是先秦时期的一首民歌说得靠谱些："俟河之清，人寿几何。"〔17〕意思是一个人想在有生之年见到黄河清，那是不可能的。陕州向朝廷报告黄河清，立意并不在于猎奇，而在于一句天人感应的古语："圣人出，黄河清。"这不是一般的祥瑞，而是天瑞。于是朝廷专门派遣官员致祭，群臣亦上表称贺。但蹊跷的是，几天以后，河中府那边又来了报告：

　　丙午，宝鼎县黄河再清，经度制置副使李宗谔以闻。〔18〕

　　蹊跷之处在于：对于前次黄河清的报告，朝廷已经做出了相当隆重的反应。几天以后，同样的事情再报告一次，有何必要？而且，上次是陕州报告，这次换成了"经度制置副使李宗谔"报告，这中间有何玄机？

　　我们先从一本名叫《推背图》的书说起，这是唐代问世的一本道教典籍，书中推演了六十个卦象，预测了跨越千载的盛衰兴亡。其第五十四个卦象中有这样的预言："寰中自有真龙出，九曲黄河水不黄。"也就是说,当出现了真龙天子(圣人)时,黄河就会变清。如此说来,大中祥符三年十一月二十五日宝鼎县黄河清,该有真龙天子(圣人)应运而生。这个真龙天子(圣人)当然是当今皇上,这是即使脑子进水了用脚后跟思考也能回答的问题。

但如果有那种杠精式的人物偏要弱弱地问一句:为什么只能是当今皇上,宝鼎县的黄河清和当今皇上之间存在什么必然性的指向吗?只要有一个人发出这样的"杠精之问"——或者是当今皇上本人突然脑筋急转弯——那就是天大的祸事。

大概首先是陈尧叟和李宗谔发现了问题的严重性,他们毕竟久历中枢,政治站位更高。作为全面负责西祀筹备事宜的经度置制使和副使,他们的工作范围不仅限于河中府,还涉及与西祀有关的其他州府,这中间当然也包括陕州。陕州关于宝鼎县黄河清的报告如果出了问题,他们也脱不了干系。

补救的办法只有一个:证明宝鼎县黄河清和当今皇上之间存在必然性指向。

官场上也是需要灵感的,而灵感有时需要建立在运气的基础上。这边正在衣带渐宽地苦思补救之法,运气来了,十二月二日(丙午)正好是皇上的生日——承天节,如果在承天节这一天黄河再清,不就证明了圣人就是当今皇上吗?

这次黄河清由经度置制副使李宗谔向朝廷报告。官家知道不知道官员们这些日子里复杂的心路历程,这已经不重要了,反正他很高兴。"上作诗,近臣毕贺。"[19]这个"毕贺"的"毕",是解释为"全部"好还是"迅捷"好？似乎都好。

"黄河清"的潜台词是"圣人出"，而中条山苍陵谷发现《灵宝真文》则令人联想起汉武帝祀汾阴前夕当地有宝鼎出土的好兆头。汾阴有一个叫巨沼的骗子找到陈尧叟，说家里藏有二百多年前得自中条山苍陵谷的《灵宝真文》。从各级领导到民众中的投机分子一个个都盯着最高领导的喜好而扎堆表演，以装神弄鬼而献媚邀宠。所谓《灵宝真文》完全是抄袭了官家炮制天书的那一套做法，无非先是神仙托梦，然后按照梦中的指示得到天书或真文，就连《灵宝真文》的字体和形制也基本上抄自承天门天书，两者均用古篆书写，承天门天书"其帛长二丈许"，而《灵宝真文》则"其帛长二丈，广九寸"。只不过在时间维度上故弄玄虚，说《真文》得自二百年前的唐德宗年间，以增加其神秘色彩。在一条丝帛上用古篆抄写了一段道家的经文，说是祖上在几百年前得到的《灵宝真文》，这种东西，估计陈尧叟一眼就能看出假来。但既然皇上能作假，百姓为什么作不得？你只能说他抄作业，你不能说他作假。陈尧叟派专使恭恭敬敬地把《灵宝真文》送到京师，于是官家"以沼为本府助教，赐衣服、银带、器帛"。[20]这是一个只怕想不到，不怕做不到的时代，骗子巨沼心想事成。

相比于骗子巨沼所献的《灵宝真文》，龙图阁待制孙奭的上疏就非常不合时宜了。孙奭是个从六品的书呆子，学问好，而且敢讲，一开口百无禁忌。承天门发现天书后，文武百官一条声地祝贺，官家想听听他的意见，他老实不客气地说："臣愚，所闻'天何言哉',岂有书也。"我才疏学浅,只知道孔子说过"天何言哉",既然老天连话都不说,又怎么会有天书呢?弄得官家很尴尬。对这种人,官家实在办法不多,因为大家都知道他有学问,也知道他敢讲话。对一个有学问又敢讲话的人,你如果拉下脸皮只能自讨没趣,还不如"呵呵"一笑,落得个"优容"的美誉。东封前夕,官家怕他一路上口无遮拦,说出些不合时宜的话来,就预先把他打发到契丹去当特使,这当然也是为了让他少犯错误。眼下,全国上下正在万众一心地准备车驾西祀,孙奭又跳出来唱反调,在奏疏中,他一口气讲了"十不可",从历史讲到现实,从天灾讲到人祸,从陈胜讲到黄巢,从隋炀帝讲到唐玄宗,引经据典,洋洋洒洒,总之一句话:西祀者,劳民事神,虚名无益也。但西祀这样的大事,从民众请愿朝廷下诏已逾半年,这期间四方供奉,一应充牣;车仗仪卫,整装待发。且大礼之后,例有恩典,官民人等正翘首以盼王师。箭在弦上,谁愿意听一个书呆子喋喋不休地说三道四呢?于是:

疏入,不报。[21]

"不报"不是不报告皇上,而是不予答复。

当然不予答复。

孙奭上疏是在祥符三年腊月二十九日,京师的大街小巷到处弥漫着过年的气氛。他为什么要赶在这时候上疏呢?明天就是除夕了,这不是成心给官家添堵吗?《续资治通鉴长编》中这样说：

> 及将有汾阴之役，会岁旱，京师近郡谷价翔贵，奭
> 遂奏疏曰……[22]

这个"翔贵"，《辞海》上的解释是：腾贵，指物价飞涨。也就是说，这个词是专为物价设置的。而物价之中，粮价为最。自太宗端拱二年到真宗祥符元年，京师粮价一直维持在每斗十文左右，这是粮价最稳定、最低廉的时期，前后整整二十年。但是从去年开始，这种低廉的稳定被打破了。大旱，而且是"岁旱"；粮价上涨，而且是飞涨；车驾又即将轰轰烈烈地开拔，孙奭忧心如焚，一定要赶在年前上疏谏阻。这是一个良心未泯的书呆子。

西祀确实已经箭在弦上了，就在孙奭上疏前不久，朝廷下达了向敏中东京留守的任命。上次东封时，东京留守也是他，两次巡幸都让向敏中看家，可见官家对他的信任，看来向某人再度入相只是时间问题了。

向敏中是开封本地人，开封人对他知根知底。他官做大了，本地人难免附会出各种八卦新闻来。关于其发迹，民间的说法颇有意思，说向的祖母去世后，墓地的风水特别好，有地谶云："绵绵之岗，势如奔羊，稍前其穴，后妃之祥。"[23] 向家葬太夫人的第二年，向敏中出生。而所谓"后妃之祥"则应在向敏中的孙女身上。该孙女为神宗钦圣皇后，徽宗即位后，曾以皇太后的身份垂帘听政。北宋一朝，垂帘听政者前后有真宗刘皇后，英宗高

皇后和神宗向皇后,向是最后一个,也是听政时间最短的一个,她生性清静,对权力不感兴趣。

3. 西行漫记

祥符四年正月二十三日,西祀车驾出大内乾元门。

皇帝出行的排场其实都差不多,看多了也就那么回事。和上次东封稍有不同的是,上次为大队人马殿后的是装在笼子里的安南狮子和几只好鸟。这次不光没有狮子,也没有好鸟。另外,上次启程是从乾元门往景阳门外的含芳园行宫,所谓"一顾倾城"者,皆因看热闹的市民集中在京师东北侧。这次车驾出乾元门后,先沿御街向南,到州桥后,再沿西大街向西,出内城宜秋门和外城顺天门。宜秋门俗称郑门,顺天门俗称新郑门,不言而喻,新旧郑门正对着通往郑州的官道。围观者仍然是人山人海,也仍然是"一顾倾城",只不过这次市民集中在京师的西南侧。东封西祀,喜欢热闹的开封市民一会儿赶到东北,一会儿赶到西南,硬是把京师玩成了一副巨大的跷跷板。

东西两京之间的官道可能是全国通行条件最好的陆路干道,宽阔、平坦,桥梁驿亭设施完备。自五代以来,历代王朝的都城总在洛阳和开封之间迁来迁去,摇摆不定。都洛阳,则开封为东京,为陪都;都开封,则洛阳为西京,为陪都。那座曾做过十三朝帝都的长安现在已韶华不再，帝王们向西眺望的目光几乎很少越过函谷关的城堞。东京西京，首都陪都，帝王的车驾从这条大道上一趟又一趟地碾过，千骑万乘，红尘滚滚，人马倥偬也罢，气定神闲也罢，反正除去阴谋就是阳谋。一百多年间，行行重行行，大道如掌平；行行复行行，大道如青天。这让人们会想到一句名言：世界上本没有大路，走的皇帝多了，也便成了大路。

路好，天气也帮忙，五天就到了西京。但接下去的行程就不容乐观了，从洛阳到河中府一般有两种走法，一由陕州过浮桥，一由三亭渡渡河。朝廷先前已派人实地勘探过，认为这两条路都不好走，不如出潼关，过渭、洛二水而后直趋蒲津，虽然绕道，但路况好些。那么就出潼关吧。官家情绪很高，一路赏赐不断，从州府长吏到扈驾军士都有器币缗钱之赐，连在路边耕作的农夫运气好的时候也能拿到几包低档茶叶（"民有耕道旁者，召问慰抚，赐以茶荈。"[24]"茶荈"即茶树的老叶）。当然也有被处罚的，在渑池县，一个叫霍鼎的太仆寺府吏被打了屁股。太仆寺是掌管皇家车辂的部门，我先前已经介绍过，这些车辆有的驾马，也有的"驭人"。西祀之前，官家已下诏给沿途驿站增加马匹和八千四百五十名驿卒，同时又发陕西、河东兵五千人赴汾阴给役。八千四百五十人加五千人，大概可以应付一场中等规模的战争了吧，这么多人，挽辂之夫应该有的是。但不知怎么回事，霍鼎却安排沿途的贫民拉车，官家知道了，龙颜震怒，"令礼仪使劾罪科责"。[25]霍鼎被施以杖刑。平心而论，官家不是那种肆无忌惮胡作非为的君王，宋代政治文化的大环境也不容许君王肆无忌惮地胡作非为。官家是有顾忌的，像东封和西祀这种事，他一再声明务从简省不要增加地方和民众的负担。但问题在于，这种事本来就是劳民的、烧钱的，一边大张旗鼓地把银子花得流水似的，一边却标榜简省，这就应了那句关于婊子和牌坊的俗语了。再说太仆寺那个霍鼎，他应该不会放着军士不用，硬要去劳民，他肯定有他的苦衷。过了洛阳以后，路道崎岖，车夫的体力消耗数倍于坦途，轮班的频次亦增加不少，这些情况官家可能知道，也可能不知道。但不管知道不知道，霍鼎的屁股都非打不可，打小人物的屁股为大人物挣脸面，这是必须的。

二月十三日，车驾抵达汾阴后土祠。因为受了鲁迅笔下"土谷祠"的影响，我一看到这个"祠"就想到了阿Q经常安身的那个所在。其实后土祠不光是一个"祠"，还是一个宏大的建筑群，自汉武帝以来经过历代营建，规模已相当壮观。现在，官家和近臣就站在该建筑群中的延庆亭上，凭轩眺览，自圣驾驻跸的奉祇宫至脽上祭坛嘉树列植，六师环宿，行阙旌旗帟幕照耀郊次。远望龙门河津之壮阔，官家不觉心潮澎湃，一种指点江山激扬文字的豪迈感溢满心胸，他要写诗了。诗的大意是：

人说汾阴好风光/土肥水美五谷香/左手一指太行山/右手一指是吕梁……

三四两句简直太棒了，那种眼界和气魄，顾盼自雄啊！再往下：

站在那高处望上一望／你看那汾河的水啊／哗啦啦啦流过我的……

不对，听着咋这么耳熟呢？这好像是后人的一首歌词。其实，并不是官家剽窃了一千年后别人的作品，而是此时此地，人同此心，所谓好作品，不就是"人人心中所有，人人笔下所无"吗？但既然事关知识产权，即便是帝王也不敢放肆，那就暂时不写，酝酿酝酿再说。

八天以后，西祀大礼告成——祭祀后祇的仪式据说"悉如封禅之礼"，[26] 那就不赘述了。——车驾回程经过河中府，官家在行宫赐宴，并作《祀汾阴礼成诗》赐给百官。八天来，这首诗应该一直在官家的脑海里酝酿，所以现在才能一挥而就。这说明太"现场"太"心潮"不一定写得成诗，从现场的心潮澎湃到激扬文字之间，有时还有千山万水，需要沉淀，需要梳理，当然——似乎还需要一点酒。

从河中府出发，车驾又西渡黄河，来到华山北麓的华阴县，官家要在这里补上拜谒西岳庙的仪式。西岳庙门里有唐玄宗封西岳御书碑，高数十丈，用分隶（俗称八分书）写成，每个字几乎都有一尺见方。陪侍的地方官告诉官家，说此碑原先有碑楼，亦相当堂皇。唐广明元年黄巢入关时，有难民避入碑楼，黄巢大怒，令纵火烧楼，楼毁于一炬而碑字缺剥，仅十存二三。[27] 官家在残碑前沉吟良久，嗟叹再三。这座崇峨巨碑经过当年焚楼的大火，又经过一百三十多年风雨的侵蚀，如今已漫漶一片，官家试图从中辨识出几个字来，却未能如愿。大臣们请圣上题诗勒右，官家欣然同意，于是作《西岳赞》，这是祥符四年二月在残碑前上演的一幕正剧。而三十六年后的庆历七年，这里又上演了一幕喜剧，有一位官员刚刚就任陕西都转运使，甫入潼关就到华阴谒西岳庙，县官姚嗣宗等皆从之。都运大人不知焚碑的由来，而县官姚嗣宗又是个天性诙谐甚至有点刻薄的人，结果就发生了如下的剧情：

> 都运（见损碑，顾谓姚嗣宗）：可惜好碑为谁人烧了？
>
> 姚嗣宗（作秦音）：被贼烧了。
>
> 都运：县官何用？
>
> 姚嗣宗：县内只有弓手三四十人，奈何贼不得。
>
> 都运（震怒）：安有此理！若奈何不得，要县官何用？且贼系何人，至于不可捉也。
>
> 姚嗣宗：此贼姓黄名巢，自号"冲天大将军"。
>
> 都运大人这才知道县官在捉弄他，默然而去。[28]

都转运使也算是封疆大吏，主管一路或数路的钱谷财税及官员考察，且直接对中央负责，用"炙手可热"来形容恐怕不为过分。一个小小的县官竟敢如此不敬，这种情节几乎让人不敢相信，但又确实是真的，因为姚嗣宗是个不拘小节的名士，有尹师鲁者曾臧否其人曰："嗣宗者，使白衣入翰林亦不忝，减死一等黜流海岛亦不屈。"〔29〕"不忝"就是不为勉强；"不屈"就是不算冤枉。从这个"不忝""不屈"中，可以看出这个姚某人既才华过人又狂放不羁，像这种逞口舌之快而捉弄长官的事，当然不至于"减死一等黜流海岛"，而且列位大可放心，此事不会有人给他穿小鞋的，因为他运气不错，碰上的这位都运大人姓包名拯，字希仁。民间形象中的包拯是打坐在开封府正堂的包青天，庆历七年那个时候他还没有知开封府。但尚未走进开封府的包大人官声已然很好，气量亦大，被下属捉弄了一下，也只是"默然而去"。这个"默然"中，既有不悦，也有羞愧，但他决不会耿耿于怀，至多回去翻翻华阴的地方志而已。

从华阴向东就是陕州，陕州有一个叫魏野的隐士，名气很大。做隐士并不是在山野造几间草房，在里面鼓琴放鹤那般简单。那也是要有本钱的。首先要有才华，诗词和文章都名闻遐迩。第二要有眼界，即便做不到"山中宰相"，起码也要世事洞明，人情练达。第三要和当权者保持适当的距离，不能太近，太近就不叫隐士了；又不能太远，太远了没人理你，体现不出"隐"的价值。魏野和孙僅是老朋友，孙僅主政京兆（长安）时，曾寄诗给魏野，魏有和诗，其末句云："见说添苏亚苏小，随轩应是佩珊珊。"苏小就不用多说了，是南朝时的钱塘名妓。这个添苏乃长安名妓，和孙僅也有一腿。孙僅为了讨好添苏，就把魏野的诗送她。添苏如获至宝，请著名书法家写了，悬之堂壁。魏野的名气大啊，他的几句诗竟"一夕之内，长安传诵"。不久魏野到长安，有好事者把他带到添苏家，且不点破双方的身份。添苏见魏

224

野其貌不扬，且谈吐粗鲁，就很不热情。又见魏野注意堂壁上的诗，便炫耀道："（此）魏处士见誉之作。"魏野也不答话，只拿起笔在旁边别题一诗，诗曰："谁人把我狂诗句，写向添苏绣阁中。闲暇若将红袖拂，还应胜似碧纱笼。"添苏这才知道客人的身份，遂大加礼遇。[30]这种由官僚隐士和妓女共同营造的艳情趣味，不管无聊还是有聊，相信曝光度都是很高的。

在陕州，官家遣使召魏野，魏野推说有病，不来。作为臣民，近在咫尺而不奉诏，这是很狂妄的，但也是做隐士必需的姿态。在权势面前，你不能像狗一样一唤就到，必须拿点架子，表现出某种独立性，即使是狗，也是一条有尊严的狗。好在权势者也知道你这做派，不会拿你当真的。说白了，这实际上是双方互为捧逗配合演出的一幕戏，既体现了隐士的风骨，又彰显了君王的优容。双赢。魏野不肯来，官家又派人上门去要他的诗。为什么要他的诗呢？这倒不是"礼失求诸野"，而是因为他的诗有了国际影响。年前契丹使者来贺正旦时，传话他们皇帝和大臣都很喜欢读魏处士的诗，魏处士的诗集名《草堂集》，他们国内只有上册，皇帝希望得到下册。契丹使者这么一说，官家就当回事了。魏野也很配合官家，当即将自己的诗集和零零散散的作品倾囊而出——他知道，这个国际影响对他只会有好处。

官家以前并没有读过魏野的诗，现在见契丹人粉他，亦不妨翻翻。翻过之后就觉得格调不高，与大多数主流诗人不同的是，他的诗中没有多少说教，却有俚俗的趣味，这也许就是墙里开花墙外香的原因吧。像契丹那种茹毛饮血的野蛮民族懂什么诗教？现在知道了，原来他们感兴趣的是其中的段子，例如那种为妓女添苏捧臭脚的东西是不能称为诗的，但其中有艳情故事，逐臭之夫能不如蝇而至？当然魏野的诗中还有一些世态人情，例如这一首赠刘偁的诗。刘偁为陕州司法参军，官小俸薄，加之又极清廉，罢官后连回家的路费都没有，只得卖了所乘的马，骑着驴子回去。因此，魏野诗中有这样的句子："谁似甘棠刘法掾，来时乘马去骑驴。"官家看了这首诗，嗟赏久之，对宰相王旦曰："小官有廉贫如此者。"于是遣使召刘，当时刘偁正在江南当幕吏，官家把他调入京师。几年以后，又迁为郎官。[31] 两句诗改变了一个小官僚的命运，这是与西祀有关的一段诗坛佳话。

车驾在洛阳盘桓了半个多月，在这里，官家有三件事是必须做的，三件事都与"老"有关，不妨统称"三老"。

第一个"老"是老祖宗。要朝谒老祖宗的皇陵。洛阳附近有宣祖、太祖、太宗三个老皇帝的陵墓，其中宣祖赵弘殷是官家的祖父，他生前并没有当过皇帝，帝号是追赠的。官家这次除去朝谒三座皇陵外，还特地派人去汝州祭秦王坟。秦王就是那个被太宗贬死在房州的廷美，真宗即位后，恢复了他原先的封号。现在又派人祭扫墓冢，也算是一种政治姿态。政治是胜利者的舞台，赢者通吃，包括对失败者怜悯的权利。

第二个"老"是老地方。洛阳东郊夹马营是太祖皇帝出生的地方，也就是所谓"龙兴之地"。赵宋立国后，这里建为应天禅院，实际上就是王朝的开国纪念馆，有神御殿供奉太祖塑像。为体现不忘初心，官家到了洛阳，参谒应天禅院应是例行公事。

第三个"老"是老干部。西京宫阙壮丽，市井繁富，朝廷有好多元老重臣退休后选择在这里养老。车驾既过洛阳，对他们中的代表人物，官家上门看望也是一种惯例。健在的老干部中，职务最高的是太子太师吕蒙正，他是宋王朝的第一个状元宰相，且三度入相，荣宠两朝。官家驾临吕家时，有一个细节足见老丞相之气量：

> （上）问蒙正诸子孰可用，对曰："臣之子，豚犬耳。犹子夷简，宰相才也。"[32]

"犹子"就是侄子。吕蒙正有十个儿子，他借用《三国志》中曹操对刘表儿子的评价，说自己的十个儿子皆"豚犬耳"，唯独侄子（其实是堂侄）吕夷简有宰相之才。这个吕夷简就是后来在仁宗朝主政长达二十年的一代权相。而吕夷简的儿子吕公著又是哲宗朝的宰相。出现这样的"宰相之家"恐怕不能仅仅归结于所谓"官×代"的官场潜规则，而是在宋代崇文风尚的大背景下，良好的家庭教育和个人奋斗相结合的成功范本。

按照某种规矩，吕家接待过皇帝的那间客厅，从此其他人就不能坐了，只能用栏杆隔开，把曾经和皇帝的屁股亲密接触过的那把椅子放在里面供人瞻仰。

这样巨大的荣宠，一个老人很可能消受不起，一个月以后，吕蒙正病逝于洛阳。

西祀的车驾回到京师时，已是初夏时分，大内的西府海棠正

227

含苞待放。在接下来的这个四月里，朝廷将有一系列施恩布德的举措：大赦、减税、加官、赐酺。还有官家写诗，百官唱和，这些当然都是高兴的事。但不高兴的事也有，西夏国进贡了一批马匹，祝贺汾阴礼成。随从的马夫在开封街头和市民发生纠纷，游牧民族的汉子生性粗野，开封人又一向优越感爆棚，双方话不投机就打了起来。但真正动手了才知道，打架秀的是肌肉和拳头，所谓优越感是根本不顶用的，开封人被打得满地找牙。请注意，这个"满地找牙"不是信手拈来的形容词，而是实实在在的写真，因为史书中的记载是"有折齿者"。[33]事情闹到开封府，按律，打人的西夏马夫要受杖脊之刑。因为对方身份特殊，事关两国关系，开封府不敢造次，遂请示朝廷。官家的指示是，外事无小事，要从和平外交的战略高度慎处此事。最后决定将肇事者礼送回国，同时将事情通报西夏方面。这大概是在国际关系中运用外交豁免权的最早记载。

还有一件是隋国长公主的家事。大家还记得，上次东封回来时，适逢隋国长公主出降驸马李遵勖。这次西祀回京后，长公主家里却出事了。

驸马出轨了。

出轨的对象竟然是长公主的乳母。

这个原名李勖现名李遵勖的驸马爷啊。作为一个男人，他是幸运的，因为一顶驸马都尉的桂冠给他带来了受用不尽的荣华富贵；但他又是不幸的，因为在桂冠的阴影下他必须牺牲男性的部分特权——例如在家庭内男性中心的自尊，例如妻妾成群的风光。其实，荣华富贵一旦拥有，浸淫其中的时间长了也会贬值，而那些为之做出的牺牲却总是令人怀想。因此，私通长公主的乳母似可视为对怀想的某种补偿。男人都是这德行，吃着碗里的，馋着锅里的，"尚"了长公主，还要拉着长公主的乳母上床。问题的关键还不在于上床，而在于上床之后又不敢承认，"上遣使诘之，辞多矫诬，上怒"。[34]"上怒"的后果是降低待遇，作为皇亲国戚，似乎也只能这样了，你还能休了驸马不成？但司马温公在他的日记中却另有一段带有演义色彩的记录。司马温公就是那个从小就以"砸缸"闻名的司马光，他在日记中说，官家最初想杀李遵勖，先把妹妹召进宫，想探探她的反应。于是：

> （上）语之曰："我有一事欲语汝而未敢。"主惊曰："李遵勖无恙乎！"因流涕被面，僵仆于地，乃不果杀。[35]

一哭二闹三装死，我原来以为只有民女村妇才有这一手，想不到皇族的金枝玉叶也做得出。但在司马光的日记中，关于此事的演义还有下半截：

> 及李淑受诏撰长公主碑，先宣言"赦李遵勖事尤美，不可不书"。诸子闻之惧，重赂淑，不果书。[36]

这说的是四十年以后的事，仁宗皇祐三年，长公主薨，朝廷下诏叫李淑去写碑文。这个李淑也不知出于什么考虑，一开始就扬言，一定要把长公主为丈夫向真宗求情一事写进去，认为那件事尤其彰显其美德。死者的儿子一听，这不等于是张扬父亲当年的丑闻吗？没办法，只得用重金贿赂李淑，最后才没有写。

这个李淑的身份是翰林学士，而且判流内铨。这种身份比较特殊，因为翰林学士属于内制，而流内铨是吏部的一个部门，相当于中组部的干部局，掌管干部任用和考核。皇帝通过自己的秘书（翰林学士）来掌管人事，这种做法是从太宗晚年开始的，后代偶有效仿，但也并非惯例。按理说，李淑是搞干部考核的，对宗室皇亲中的这些八卦新闻有所了解并不奇怪，但这件事有一个最大的不可信，那就是宋代政治的一条重要原则是不杀士大夫，况且真宗天性仁厚，李遵勖又是他的亲妹夫，其即便出轨，真宗也不会起杀心。因此，上面所说的一系列情节明显是不合理的。看来，即使是司马光那样的老实人，笔下有时也难免哗众取宠。

注释

〔1〕〔2〕〔3〕〔6〕〔7〕〔8〕（宋）李焘《续资治通鉴长编》卷七十一。

〔4〕〔5〕《续资治通鉴长编》卷八十八。

〔9〕开过怀：妇女第一次生育称为开怀。

〔10〕〔11〕〔12〕《续资治通鉴长编》卷七十三。

〔13〕〔14〕〔15〕〔16〕〔18〕〔19〕〔20〕〔21〕〔22〕《续资治通鉴长编》卷七十四。

〔17〕"俟河之清，人寿几何"，出自《左传·襄公八年》。

〔23〕（宋）吴曾《能改斋漫录》。

〔24〕〔25〕〔26〕〔32〕〔33〕〔34〕〔35〕〔36〕《续资治通鉴长编》卷七十五。

〔27〕〔28〕（宋）王铚《默记》。

〔29〕〔30〕（宋）释文莹《湘山续录》。

〔31〕（宋）王辟之《渑水燕谈录》。

第七章　南谒

1. 刘娥出场了

祥符五年二月，王旦由集贤殿大学士改昭文馆大学士。昭文相，首相也，这同时也意味着，自景德三年二月以来他一人独相的局面要发生变化了。果然，不久以后，向敏中再度入相，向敏中第一次入相是在咸平四年，一年后即因为和张齐贤争娶一个姓柴的寡妇被免职。但免职只是为了对汹汹舆情有所交代，官家对他其实一直圣眷未衰，车驾东封和西祀，都以他为东京留守，就是他再回中书的信号。进奏院有一份邸报，专门刊载朝廷人事任免的消息，偶尔也用几则社会新闻作为补白。在公布向敏中入相的那一期邸报上，有一则很不显眼的社会新闻：

> 慈州言民饥，乡宁县生石脂如面，民采以为饼饵。[1]

这种新闻一点也不好玩,其背后是饿殍遍野的世相图。所谓像面粉一样可以"采以为饼饵"的"石脂",俗称观音土,吃了以后不消化,又拉不出,只能被活活憋死,其唯一的好处是好歹可以做个饱鬼。而这里所说的"乡宁县",就在官家不久前西祀的汾阴北面不远,今天这些吞食观音土的饥民中,说不定就有当时"观者溢路"中的观者,当时那场面啊:

> 民有扶老携幼不远千里而至者,或感泣言曰:"五代以来,此地为战场,今乃获睹天子巡祭,实千载一遇之幸也。"[2]

这种感激涕零的做派和腔调,国人何其熟悉:忆苦思甜,感恩今上,天大地大,没齿不忘。但感激之言尚在,涕零之泪未干,转眼间他们又吃观音土了,这也是"千载一遇之幸"吗?据我所知,在漫长的中国古代社会,吃观音土还说不上"千载一遇",以史书上的记载而言,大约百把年就可以吃到一次了。

王旦昭文相的身份明确以后,就实职而言,他已经位极人臣,没有提升空间了。那么官家用什么来调动他的积极性呢?当然有办法。官家那里还有一大把荣誉性的虚衔,例如司空侍中太师之类,这些荣衔标志着一个人的历史地位,而且俸禄也会相应提高。当然,帝王的驭人术不光有温情脉脉的赏赐,还有硬的一手,那就是把你从位子上拿下来,宰相外放州府,这是常有的事,虽然有使相的名头,但谁都知道那玩意是没有分量的。

对于王旦来说，这些都没有多大意义，因为他既不贪恋这一人之下万人之上的交椅，也不眼馋官家手里的那些荣衔。到了他这个年纪，生前的荣辱已逐渐失去了炫目的光彩，身后的名声才是生命中不能承受之重。自承天门天书以后，官家导演的那些装神弄鬼的闹剧愈演愈烈，他就像一个演员进入了角色以后就出不来了，以至心醉魂迷一发而不可收，谁也不知道接下去他还要搞出什么荒唐的事来。而在这些荒唐的背后，宰相王旦总是如影随形。"旦为天书使，每有大礼，辄奉天书以行，恒邑邑不乐。"[3]这是《宋史》中的描写。可以想见，在这些年的礼仪典礼中，天书导卫使王旦脚下的那段"导卫"之路是何等漫长，那是为谎言正名的帮闲之路，也是走向耻辱的不归之路。这么多年走下来，王旦硬是把宰相的高贵走成了小丑的滑稽。当一种高贵的职业不幸沦落为滑稽时，无疑标志着一个时代的堕落。不错，宋王朝立国已经半个世纪，现在已然不是一个英雄的时代，荡漾在开国君臣中的那股叱咤风云的英雄气已然远去，但这并不意味着要以小丑的滑稽为荣。自祥符元年以来，王旦一次又一次地为宰相这一光鲜的职务添上个人的耻辱感。他内心的纠结、痛苦、悔恨甚至抗拒谁人能解？卿本佳人，奈何作贼！他当然"邑邑不乐"，特别是随着年事日高，所谓青史名节越来越成为一个传统士大夫的心头之痛。他要找一个合适的机会为自己辩白，至少要为将来开脱保留余地。这个机会必须是大庭广众，高层荟萃；又必须是以天书祥瑞之类为主题的重大活动。很好，想找机会机会就来了，祥符五年年底，朝廷在龙图阁举办以各类祥瑞现象为题材的大型图片展,参展的祥瑞图共一百四十八幅。这种活动的开幕式没有理由不隆重,且看出席官员的阵容:

> 宗室、辅臣、两制、尚书丞郎、两省给谏、三司副使、刺史已上。[4]

这里的"已上"同"以上","尚书丞郎"即六部侍郎,"给谏"即给事中和谏议大夫。也就是说,中央机关副部级以上的官员和宗室皇亲都来了。于是,王旦当众讲了这样一番话:

> 臣顷为大礼使,有奏祥瑞,非臣亲见也,据司天监邢中和状耳。愿令史官并书其实。[5]

什么意思?第一,我虽为大礼使,但降符瑞那些事我从来没有亲眼见过,都是有关部门的报告。第二,请史官把我说的这些如实记录,立此存照。

因自称"臣",这段话的对象应该是官家。话的意思很明确:我不为这些事情的真实性负责。在公开场合,王旦从来都会维护官家的面子,这是君臣之道的重要前提,一个老是和皇上唱反调的宰相在中书是待不长的。王旦机敏世故且心思缜密,也很懂得妥协,那么他今天为什么不给官家面子呢?这恐怕与同一天发生的另一件事有关。这件事是:

丁亥,立德妃刘氏为皇后。[6]

刘娥出场了。

刘娥得宠是必然的,因为这只是官家和她两个人的事,两个人的事只要你情我愿就搞定了;但是当皇后却难说"必然",因为这是朝廷的事,除去他们俩你情我愿,还要听大臣——特别是宰相——的意见。

当然,前提条件还必须——中宫虚位。真宗登基后立宣徽南院使郭守文的女儿为皇后,其他女人如果觊觎中宫,就必须等郭氏去世或被废,老实说,这种机会可遇而不可求。好在皇帝的女人大多活不长久,红颜薄命这个词仿佛就是为她们准备的。早在郭氏之前,赵恒即有正妻潘氏,为开国名将潘美之女,但该女没等到丈夫坐上皇位,即在二十二岁时去世,后来被追封为章怀皇后。郭氏比潘氏的命运要好些,她不仅风风光光地做了皇后,而且比潘氏多活十岁。景德四年,郭后随真宗巡幸西京,回宫后病逝,享年三十二岁。皇后薨,中宫虚位,这下其他女人的机会来了。但官家不忙,因为他已认准了刘娥,他要等刘娥走完——从美人到修仪到德妃的——台阶,再"登堂入室"。这中间恰好又发生了一件大事,祥符三年四月,刘娥身边的侍女李氏为官家生下皇子赵受益,因李氏身份低微,官家顺理成章地将皇子交由刘娥哺养——这就是后世舞台上《狸猫换太子》的原始情节。其实刘娥当时的身份也仅仅是美人,官家把唯一的皇子交付给这个女人,也许是提前向外界释放的信号:大家都听着,正位中宫者，非刘娥莫属。

官家为什么要提前向外界释放信号呢？因为他还不能算稳操胜券，需要引导舆情。客观地分析，刘娥的优势和短板都显而易见。她最大的优势是官家的钟情，且一往情深。皇后毕竟是官家的皇后，官家虽然不能说了算，但也绝对不会说了不算，他至少拥有最终决定权。而且他还可以操纵游戏的程序，使之服从于自己的意愿，例如当支持刘娥的意见占上风时，他当然顺水推舟成其好事；如果反对的意见占上风，他可以按兵不动，暂时搁一搁，过了风头再说，这中间可操作的余地很大。再说短板。刘娥最大的短板是出身寒微。不光寒微，而且说不上清白。她这种身份，做贵妃别人不说什么，因为说穿了贵妃就是皇帝的性伙伴。但是当皇后不行，皇后不光是皇帝的性伙伴，更是全国女性的形象代言和道德楷模。一个江湖卖艺的戏子，一个走街串巷的银匠老婆，一个曾被太宗皇帝勒令逐出王府的野女人，怎么能母仪天下呢？这中间还有一个大背景，本朝自开国以来，太祖太宗特别讲究与手下的武将结为儿女亲家，皇室子弟多迎娶将门之女，将门之子亦多尚皇室公主，其目的在于凭借盘根错节的婚姻链条结成利益共同体，消弭高级将领的离心倾向，以致后来士大夫阶层亦联姻成风，这实际上是婚姻关系中的一种新的"阀阅"。因此，像刘娥这种社会底层出身的女子，即使凭姿色成了皇妃，也不配入主中宫，官家的意愿遭到一些大臣的抵制就如同遭到另外一些大臣的拥护一样正常。

“一些”大臣指的是参知政事赵安仁、翰林学士杨亿等。

　　“另外一些”大臣指的是知枢密院事王钦若、参知政事丁谓（他刚刚进入执政班子）等。

　　宰相王旦态度存疑。

　　赵安仁是太宗朝名相吕蒙正之婿。大家都知道，吕蒙正有十个儿子，但正如他对真宗所说：“臣之子，豚犬耳。”官都做得不大，只有女婿赵安仁和丁度官至参知政事。赵安仁是从翰林学士晋升参政的，翰林学士肯定文章好，但文章的好法各有不同，例如杨亿，公认为当今第一才子，他的文章丰赡富丽、以辞采胜，这种人叫能写。而赵安仁的文章则以学识见长，这种人叫会写。“澶渊之盟”前夕，契丹派使者携国书来宋营议和，由于宋朝和契丹这几十年一直在打仗，朝廷上下，耳熟能详的外交语言都是咬牙切齿的诅咒和讨伐，对和平外交的诸多事宜已经没有概念了，以至准备回人家国书时，连国书的体制都忘了。这看似小事，但如果弄错了，不光有失国体，甚至可能危及双方脆弱的互信机制，再起干戈。好在刚由知制诰拜翰林学士的赵安仁扈驾澶州，在诸多文章高手中，此公属于那种以学识见长的渊博之士，他还依稀记得太祖时的聘问书式，也就是说，他“会写”，而现在要的就是一个“会写”。官家便“首命安仁撰答书”。[7]这时候，是生灵涂炭还是太平开篇就系于赵安仁笔下了，纤笔一支谁与似，十万貔貅精兵啊！其实又何止十万精兵。后来的情节大家都知道，“澶渊之盟”给宋辽两国带来了一百多年的和平。赵安仁是个埋头做事的人，也从来不喜欢出风头，澶州答书恐怕是他平生出得最大的一个风头，但有了这一次，官家对他的良好印象便基本奠定了。

官家对赵安仁的良好印象还算不上圣眷正隆，何况所谓圣眷从来都是靠不住的，更何况是在宠妃和佞臣的双重搬弄之下，官家先前的那点良好印象顷刻灰飞烟灭。赵安仁反对官家立刘娥为皇后，这很正常，因为他不懂得看政治风向和长官脸色。他不仅不认可刘娥，还主动建议立沈才人为皇后。沈才人是太宗朝宰相沈义伦的女儿，自然是大家闺秀，也自然知书识礼，德言工容，堪为表率。官家心里很恼火，但也说不出什么。所谓欲加之罪何患无辞，他现在还真的找不出什么罪名加在这个老实人头上。这事本来也就过去了，你推荐沈才人，我就当没听见，这不就结了？但官家想结了，却有其他人不肯放过，因为王钦若知道了。王钦若的人生信条是把损人进行到底，损人利己的事固然争先恐后，损人不利己的事也乐此不疲。他是从什么渠道知道赵安仁向官家推荐沈才人的呢？无从查证。反正他知道了，知道了他就要使阴招，因为阴招使好了，不仅可以打击赵安仁，还可以讨好官家和刘娥。此人心机之险恶是不用怀疑的，其手段之下作也是不用怀疑的。一次官家和他聊天问大臣中谁是有德望的长者，王钦若做出心悦诚服的样子，说了赵安仁的名字。当官家愿闻其详时，他装着不知道赵安仁反对刘娥而推荐沈才人的事，只说赵安仁当年曾受知于沈义伦，一直知恩图报，以至沈义伦去世这么多年了仍一直念兹在兹地眷顾沈家，如此德望，不亦君子乎！好了，他只说这么多，别的不说了。王钦若这一手玩得真叫滴水不漏，或者说他表演得很无辜，因为他说的都是赵安仁的好，接下去让官家自己去想。官家当然会想，而且越想越气愤，好你个赵安仁，怪不得你反对刘德妃入主中宫，怪不得你要推荐沈才人，原来你是……册立皇后这样庄严的大事，却被你当作人情私相授受，是可忍，孰不可忍。

还是那句口头禅：且待理会。

但这次的"理会"不是敷衍，而是真的要"理会"了——这里的"理"就是处理，"会"则应该是会同宰相，因为在当时的制度环境下，如果没有宰相的同意，皇帝是不能随心所欲地处理一个执政级官员的。官家向王旦提出要罢免赵安仁，但罢免的原因又难以启齿，只能找一些赵安仁处理政务上的问题，结果被王旦轻而易举地用"解释"驳回。官家也不便坚持，只能尴尬地说：不知道是这样，那就让他好好干吧。

但这只是双方的第一个回合，不久以后，赵安仁的参知政事还是被罢免了。其中情由，史料缺乏记载，比较合理的推论是，一方面，官家后面的刘娥开始发力，"枕边风"一吹，官家不想强硬也得强硬；一方面，在和皇权的周旋中，相权本来就处于弱势，从王旦处理君臣关系一以贯之的方式来看，大概是在官家的再次要求下，他做出了同意罢免的表态。而官家也同样给了王旦面子，虽然罢免了赵安仁的参知政事，却把他的官阶由刑部侍郎晋升为兵部尚书。也就是说，实职拿掉了，级别和俸禄却提高了，这是皇权和相权之间的一次双向妥协。

妥协是权力运作中的润滑剂，特别是对于一人之下万人之上的宰相来说，妥协是一项重要的基本功。太祖初年的范质曾四朝为官，两朝为相，他说过这样的话："人能鼻吸三斗醇醋者，即可为宰相矣。"[8] 这里说的不是喝，而是"鼻吸"；不是三杯，而是"三斗"，这得有多大的忍性。当宰相就是要有忍性，就是要懂得妥协，不然怎么叫宰相肚里能撑船呢？但妥协毕竟是一种不得已，而不是为了逢迎，如果为了逢迎那就是世故圆滑，这中间的区别就在于自己内心有没有痛苦，逢迎者怎么会有痛苦呢？他们只会有一种炫技般的自我欣赏。

王旦对官家的妥协属于世故圆滑还是不得已呢？不好说，恐怕两种情况都有。具体到刘娥立后，他其实一直没有明确表态，不表态本身就是一种表态：不赞成。但是他知道，官家和这个女人从一见钟情开始，后来因为太宗皇帝棒打鸳鸯而不得不转入地下偷情——请仔细体味一下这个"偷"是多么令人销魂且浮想联翩——再后来是有情人终成眷属。就这样一路走来，又加上中宫虚位，你说，官家能不让刘娥"登堂入室"吗？这种事别人再怎么阻挡也是徒劳的。与其徒劳，那还不如不说。此外，亦不排除王旦心有隐忧。名门闺秀，从小受到严格的诗礼教育，循规蹈矩是最基本的道德信条，其见识形止不会太过分。小户人家的女子，要么一辈子出不了头，出头者往往有非凡的心机，为了成功而不择手段，置起码的底线于不顾。这种人一旦跻身高位，绝非王朝幸事。本朝的政治设计虽然对后妃弄权有严格的限制，但制度是人执行的，官家只有一个皇子，而且尚在冲龄，万一官家中道崩殂，皇后以垂帘听政的名义走上前台，则武周代唐之事殷鉴不远。王旦内心不赞成立刘娥为后，但又知道反对不了，他只能沉默。到了后来，刘娥入主中宫已成弦上之箭，而且已经预定了册封日期，王旦却突然以健康原因告假。实际上他是想逃避为此事表态，亦逃避为可能出现的历史后果背负责任。按照惯例，在立后的诏诰里应有"谋于公卿，咸以为宜"的表达，若宰相既没有表态，也没有参加册封仪式，所谓"咸以为宜"从何说起？刘娥是心机极深的女人，她要求推迟册封仪式，等宰相上班后再行大礼。她不怕夜长梦多，她也不认为到时候王旦会投反对票，她自信满满，笃定泰山。

刘娥的自信是有道理的，王旦后来果然没有投反对票，他是成熟的政治家，事实证明，政治家越是成熟越是瞻前顾后，反倒是政治上不那么成熟的杨亿，敢于公开表示对刘娥的不屑。杨亿的才名大啊，其领衔西昆的巨大声誉就不去说了，当初他少年得志，初入馆阁，给执政大臣写了一封感谢信，其中即有这样的句子："朝无绛灌，不妨贾谊之少年；坐有邹枚，未害相如之末至。"[9] 以贾谊和司马相如自喻，可见其心气之高。他二十一岁那年的三月，后苑举行钓鱼赏花宴，当时杨亿的身份是光禄丞，这是个寄禄官名，并无实职，没有资格参加后苑的宴会和娱乐活动。杨亿写诗向同事发牢骚："蓬莱咫尺无由到，始信仙凡自不同。"[10] 有人把诗呈给皇上，太宗知道这个人才气很大，问为什么不让他参加？回答说他不够格。太宗当即就任命他为直集贤院，叫他不要上表谢恩了，马上来参加宴会。杨亿才名之大，还有一个重要佐证，他是翰林学士，但翰林学士不止他一个，大家轮流值班。朝廷任命高官,凡是被任命者都希望由杨亿为自己起草制词(以皇帝名义发出的任命书),他笔下那种汪洋恣肆的典雅和华丽在任命书中确实让人很受用。由此亦可见,作为一种文学流派,西昆体在诗坛上何以行之不远:那些原本就是点缀升平的酬唱之作,大多形式胜于内容。

官家和刘娥都希望由杨亿起草立后诏诰,在今天看来,这对于官家应该是一句话的事;而对于杨亿,甚至可以说是一种求之不得的荣耀。但在宋朝那个时候,特别是面对杨亿这样的文人,事情就不那么简单了。为了争取杨亿的大手笔,官家特地托丁谓去向他说项,因为丁谓也曾是西昆酬唱那个小圈子中的一员。丁谓知道杨亿反对刘娥入主中宫,但他自信可以说动对方,不是凭私人交情,也不是凭三寸不烂之舌,而是凭这句他自认为可以所向披靡的许诺:

大年勉为此,不忧不富贵。[10]

"大年"是杨亿的字。你老兄就委屈一下吧,这件事做了,还愁没有富贵吗?

丁谓是绝顶聪明的人,但聪明人有时也会犯糊涂,你怎么能对杨亿讲这种话呢?对于以清高自命的士大夫来说,这不是侮辱人吗?杨亿当然不愿蒙受侮辱:

如此富贵,亦非所愿也。[11]

不欢而散。

刘娥的立后诏诰后来据说出自陈彭年之手。陈彭年是个学者，当时有人把附和皇上鼓吹天书祥瑞最活跃的几条汉子合称"五鬼"。"五鬼"者，王钦若、丁谓、林特、刘承珪、陈彭年也。这中间，王钦若本来就是狂热的宗教信徒，丁谓和林特是理财专家，刘承珪是大内总管，再加上一个舞文弄墨的学者陈彭年，"五鬼"联手，把祥符年间弄得乌烟瘴气。陈彭年为刘娥起草立后诏诰后，很快就验证了丁谓对杨亿说的那句话："不忧不富贵。"他先是由右谏议晋升翰林学士兼龙图阁直学士，不久又拜参知政事。也就是由正四品提拔为正二品并且进入了执政行列。只是他福分浅薄，很快病逝。陈彭年死后，官家亲临吊唁，见其家简陋破旧，感慨不已。这个人做了一辈子官，俸禄也不算少，但都被他买书了，身后未留下任何家财，以至于生活十分困窘。一个人的品行和政治操守其实并没有必然关系，陈彭年的品行不算差，学问也做得不错，作为南唐旧臣，政治上自然如履薄冰。他是搞意识形态的，跟风、看上峰脸色、阐释圣意，这些都是必须的，在当时那种群体性高烧的气候下，希合君主可以理解，毕竟是贰臣，毕竟是书生啊。

杨亿得罪了官家，但他似乎并不在乎，因为他是官家的潜邸旧人，官家为襄王时他是记室参军，官家为开封府尹时他是麾下的推官，这两个职务都与文案有关，因此"邸中书疏，悉亿草定"。[12] 他的身份一直是官家的大秘，有了这层关系，官家对他总要高看一眼或宽容几分，别人也不方便在官家面前说他的坏话。但现在不同了，他拒绝草诏以后，有些人不仅幸灾乐祸，而且似乎发现了下蛆的缝隙，于是不久就发生了这样的事：

> 杨文公在学士院忽夜召见于一小阁，深在禁中，既见赐茶，从容顾问久之，出文稿数箧以示大年云："卿识朕书迹，皆朕自起草，未曾命臣下代作也。"大年惶然，不知所对，顿首再拜而出。乃知必为人所谮矣，由是佯狂，奔于阳翟。[13]

这个在官家面前下蛆的家伙干得很专业，官家喜欢舞文弄墨，动不动就写诗著文，或令近臣和进，或下发官员们学习。喜欢写作的人往往特别自恋，一个帝王喜欢写作，那就更加自恋加自负了，这时候有人向他打小报告，说杨亿在外面吹牛，意思是官家的作品都出自他杨某人的代笔，这不仅太伤官家的自尊，而且政治影响也不好，官家能不连夜召进杨亿以自证清白吗？

需要说明的是，官家这里给杨亿看的"文稿数箧"大抵是他的诗文，也就是文艺创作，并不包括学士们为他起草的诏书和文件，因为那些诏书和文件学士们是可以毫不客气地作为自己的作品收入文集的。宋代的文人士大夫牛啊，后来他们的同行就没有此等待遇了。清代中期荣宠三朝的名臣张廷玉，晚年被抄家罢官，其原因就是乾隆怀疑他私下保存了诏制的手稿。从这一点来看，宋朝的这位真宗皇帝为了表白自己的诗文"未曾命臣下代作"，竟然要"出文稿数箧"让别人验证笔迹，这就迂腐得有点可爱了。设问，如果皇上没有保存好自己的手稿，是不是就无法证明自己的著作权？对于此后的帝王而言，这简直是天大的笑话，让一个口含天宪的帝王来证明作品是自己写的而不是别人代作的，这不是脱裤子放屁吗？这些作品——诗词、文章、诏书、制诰，一字一句，所有的所有——都是朕的光辉思想和呕心沥血的体现，与执笔者一毛钱的关系也没有，朕出诗集、出文集、出选集、出全集，拿天文数字的版税，与尔等有何相干？切！

这个在官家面前打小报告的家伙，估计不外乎王钦若或者丁谓。当然陈彭年也有可能，文人相轻或相妒，古今皆然，而所谓老实人做瞎事，也并不鲜见。还有一点，王钦若和丁谓都是执政大臣，宋代采取二府班子（执政）集体觐见皇帝的制度，极少有个人面见皇帝、独进谗言的机会。而陈彭年为官家起草立后诏诰，反倒有了被私下召见的机会，也就有了讲这种话的语言环境。

刘娥立后的册封仪式在祥符五年腊月。这个腊月，京师的气氛并不祥和。月初，大雪苦寒，京师炭价腾贵，贫民多冻毙者。朝廷"令三司出炭四十万，减市直之半以济贫民"。这个"四十万"后面的单位应该是"秤"吧，每"秤"为十五斤，但对于百万人口的大都市来说，仍然不敷供应，反而徒添混乱。派售减价炭的场所又太少，于是小民奔凑，秩序大坏，踏死了人，朝廷还得抚恤死者家属，埋瘗孤苦无族者。这个腊月，丧事喜事接踵而来，天灾人祸凑在一起。

2. 天有病, 人知否

"上有所好，下必甚焉。"这说的是上行下效层层加码的恶劣风气，这里的"甚"不仅指程度上更厉害，还有横生枝节无理取闹的意思。本来是上边喜欢什么，下边也跟着喜欢，而且变本加厉。但更有"甚"者，看准了风向，以高举紧跟为名，徇投机钻营或罗织倾陷之私，弄得风气大坏。例如祥符六年三月的"讪天书案"。

"讪天书案"，这标题一听就让人胆寒，换成现代语言就是"恶攻案"。这种案子一旦坐实，被告的脑袋恐怕是保不住的，可见原告如果不是心毒手狠就是有深仇大恨，更大的可能是心毒手狠加深仇大恨。该案的具体案情史料中语焉不详——此类案件一般都不会公开具体案情，理由很堂皇：防扩散。而且《宋史》和《续资治通鉴长编》中的记载互相矛盾。我们只知道原告叫魏刚，被告叫周惟翰，两个人都是进士，而且（可能）是朋友，因"素有隙"，魏刚就告发周惟翰"讪天书"，但最后"按鞫无状"，[14]也就是审理后没有发现证据。宋代的法律体系比较完备，既然没有证据，那就是诬告，就得反坐，魏刚被流放崖州（海南省三亚市）。和魏刚有亲戚或朋友关系的大理寺丞魏瓘和鄞城县令张沔也参与了此事，于是一个被革职，一个被降职。但被诬告的周惟翰的下场也不好，被"勒出科场"，从此断了读书做官的前程，这就很令人费解了。大概有关方面认为"虽然查无实据，也应事出有因",惹上了这种大案,岂能让你全身而退？一场闹剧,最后没有一个是赢家。

这件案子涉及对几名进士和官员的处分,宋代官员的任免权都在皇帝手上,因此,官家对此案的来龙去脉应该是知情的,那么,他对像魏刚这样的举报者心理感觉如何呢？一般来说,作为最高权力的掌控者,人主肯定会鼓励举报,因为那等于延伸了自己的耳目功能,有助于提高统治效率。但他们也知道,每个举报者的背后,都有一种人格残缺,对他们的鼓励,有时等于召唤恶的力量,一个健康的社会,不应为了追求效率而无视对社会道德底线的侵蚀。对此,官家还算是清醒的,就在前不久,他刚刚否决了三司的一项提议:

> 三司请民有贩茶违法者,许家人告论。上曰:"此犯教义,非朝廷所当言也。"不许。[15]

贩私茶肯定是违法的,在一个农业社会里,食盐和茶叶的专卖占国家财政收入很大一块,对作奸犯科者施以严刑峻法也是必然的。三司的主事者先前是丁谓,现在是林特,这两个人都属能吏,有才干,多智术,鼓励家人举报贩私茶即智术之一种。但官家以"犯教义"而不许。关于这段史实,《宋史》中的记载为,帝谓以利败俗非国体,不许。[16]无论是"犯教义"还是"以利败俗",意思都是一样的。人为制造"亲"和义的对立,鼓励家人"大义灭亲",对国家而言,此为恶法;于民间而言,此为恶俗。

相比于具体私茶案的破获和国家财政收入的增加，家庭亲和力的解体和社会道德根基的坍塌才是值得警惕的。一个人与人之间缺乏信任和爱的社会是没有温度和凝聚力的社会，若亲情隔膜，人伦瓦解，这个社会的稳定将无以为继。因此，在任何一个时代，鼓励"大义灭亲"都是得不偿失的，这是一条基本常识。"诋天书案"是在全国上下因天书祥瑞而热昏的大环境下的极端个案，这是一种对圣意的曲线逢迎，经过这几年的折腾，大家已摸清了官家所患的仪式依赖症的典型症候，即每过一段时间就要找一个兴奋点折腾一下，从天书屡降祥瑞迭出到东封泰山，西祀汾阴，那么，下一个兴奋点在哪里呢？对于各州府的地方官来说，他们现在所面临的课题，就是如何运用本地元素，做好逢迎官家的大文章。

祥符六年正月，舒州抢先行动了。知州苏国华上书，说本地官吏、僧道、耆老二千二百七十人联名请愿，请车驾南下，谒灵仙观。

舒州属淮南西路，灵仙观是舒州的一处道观。应该承认，苏国华的思路是对头的。东封朝谒的是天神，那是万物的主宰；西祀朝谒的是地神，那是万物的根基；接下来应该朝谒掌控信仰的教义之神。赵宋的国教是道教，请求朝谒灵仙观顺理成章。这是一次光明正大的投机——投官家宗教狂热和仪式依赖症之机。但对于舒州官民的请愿，官家"诏谕止之"。[17]他为什么不同意呢？原因可能是：一、在道教的诸多宫观中，灵仙观不具有代表性，更不具有唯一性，资格不够。二、开封在黄河南岸，舒州在长江北岸，相距一千二百余里，车驾一动，难免扰动地方。且路程越长，基本设施的投入就越大。虽说朝廷不差钱，但沿途的京西淮南诸路近年迭经旱涝，民生多艰，若车驾千里铺张，有违圣上初心，政治上的影响也不好。

舒州请愿的意义在于启蒙，它的大方向无疑是正确的，只是限于自身的条件，才没有成功。接下来应该轮到亳州出场了。

　　己酉，亳州官吏父老三千三百六十人诣阙，请车驾朝谒太清宫。[18]

这条消息的新闻价值不大，因为类似的消息前些年已经出现过几次了。相比于先前类似的新闻，亳州的特色在于行动更坚决，因为他们具有得天独厚的优势。亳州太清宫是道教鼻祖老子的诞生地，可谓道教之祖庭，亦是赵宋王朝意识形态的祖庙。官家要朝谒意识形态的老祖宗，亳州太清宫是最具有权威性和唯一性的选择。开封距亳州只有四五日行程，朝谒虽难免兴师动众，却无须劳师以远。正因为如此，亳州方面摆出了毕其功于一役的姿态。首先他们不是由知州扭扭捏捏地向朝廷上书，而是直接组织父老们浩浩荡荡地"诣阙"请愿。东封前，兖州"诣阙"请愿者为一千二百八十七人；西祀前，河中府"诣阙"者为一千二百九十七人，现在亳州一下子组织了三千三百六十人的队伍，可见志在必得。请愿者赴京正值农历七月中旬，虽已立秋，但暑气未消，组织这么庞大的以老人为主体的队伍徒步赴京,是需要很大魄力的,万一路上热死了人怎么办?这个亳州知州有魄力,他得到了官家的赏识,官家"召对崇政殿,慰赐之"。[19]当然,官家召对的不光是知州,还有亳州父老的代表,这说明,车驾南谒的请求已经得到了认可。

接下来的程序基本上是抄以前的作业,围绕着车驾南谒,先是文武群臣上表请求,然后是朝廷正式下诏。但和前次稍有不同的是,东封西祀之前,群臣上表都至少把"请"与"拒绝"的文字游戏重复三次,即所谓的"表既三上"。这次群臣似乎只上了一表,官家马上"许之",这是不是有点……太迫不及待了?当然不是。上次西祀,从河中府父老诣阙请愿到朝廷正式下诏,前后总共八天;这次从亳州父老诣阙请愿到朝廷正式下诏,也是八天。这个八天,除去阁门请愿和金殿颁诏,正好是群臣上表"三请三复"。如果这期间没有"表既三上",将无法解释为什么官家已在崇政殿召见了请愿者,且"慰赐之",大臣们却要等到八天以后才上表。这肯定是不正常的。此番史书上之所以没有"表既三上"的表述,很可能是因为修史者自己也觉得这种文字游戏太滑稽老套,反正每次都是"三请三复",省略两次也无妨。

再接下来就更加熟门熟路了:成立工作班子(奉祀经度制置使之类),制定相关礼仪。按照惯例,先派一个执政级的官员到亳州去打前站,这次是派丁谓判知亳州。丁谓一到亳州就有了立竿见影的政绩,当然是关于祥瑞方面的。先是报告太清宫桧树再生,真源县菽麦再实。过了一段时间,又向朝廷献灵芝三万七千余本。其实丁谓和王钦若不同,他并不信奉鬼神之事。

但对于一个精致的利己主义者来说，信仰什么并不重要，重要的是利益，正是在利益的驱使下，不信奉"怪力乱神"的丁谓毅然投身于祥符年间的天书祥瑞大潮，成为弄潮的"五鬼"之一。

太清宫桧树再生和真源县荍麦再实的祥瑞奏报送到京师，官家大喜，又"作歌示近臣"。我不知道这个"作歌"是否包括谱曲，但官家肯定是能谱曲的，前年有司（即所谓的有关部门）上奏，说唐朝的宗庙乐章均出自明皇，请官家为本朝宗庙创作乐章。官家当仁不让，从文舞到武舞，从序曲到尾声，一出手就是十六曲乐章。官家的才华是全方位的，诗、歌、词、赋、铭、文、记、赞，抓到篮子里就是菜。祥符以来，朝廷踵事增华，官家的创作热情也很高，兴之所至，欣然命笔已成常态。写好后往往还要赐群臣作和。但大臣们并不都有他这样的才华和兴致，于是弄得不胜其烦。一次官家在玉宸殿赐宴赋诗，签书枢密院事马知节是个武人，推辞说自己不会写诗，但官家不许。马知节只得硬着头皮凑几句顺口溜，估计比后来那个丘八写的"大炮开兮轰他娘"或"远看泰山黑乎乎，上头细来下头粗"也好不到哪儿去。当然，也有一些官员认为与皇上和诗是无上的荣耀。祥符十年六月，官家作诗赐近臣及两制三馆，令群臣和进。有一个叫梅洵的官员——后来很著名的大诗人梅尧臣的叔父——刚刚以馆职外任，但仍上书请求赐予次韵的资格。官家同意了他的请求，"诏写本附驿赐之"。[20]特地通过驿站把御制诗的抄件送给他。梅洵可谓"希合"有术了。这样的表演太过分也会引起别人的反感，名相李沆去世前，真宗向他征求用人之道，李沆说：不要用小人。真宗问朝中哪些人是小人，李沆说了三个人，其中第一个就是梅洵。这是十年前的事了，梅洵亦因此一直沉沦下僚，郁郁不得志。

官家有诗文之好，下面就有人投其所好，各部门都争着请他题诗著文，他也当仁不让。祥符五年，大臣们请求出版官家的诗集，分赐给中央各部委主要领导以上的高级干部。过了一段时间，向敏中、丁谓等人又请求将官家诗集的分赐范围扩大到所有在职和致仕官员，人手一册。于是迎取圣诗又成为各级官府竞相攀比的仪式，那时候，士农工商，一个人的社会地位似乎就看他是不是拥有一本皇上的诗集。那本印刷在上好的白麻纸——那种白麻纸一般用于书写封拜执政级高官的诏书，颁诏即谓之"宣麻"——上的诗集，一时竟成为官僚阶层当之无愧的徽章，令全社会为之歆羡。但稍感遗憾的是，在官家连篇累牍的诗文中，传之后世的大概只有《励学篇》中的两句："书中自有黄金屋"，"书中有女颜如玉"。这种赤裸裸的实用主义，如此朴素而又如此华彩，如此粗暴而又如此亲切，如此触手可及而又如此望眼欲穿，千百年来，它激励了多少人悬梁刺股地苦读，直到今天，它仍像小兽一样在莘莘学子的心底蠢蠢欲动。

一个皇帝喜欢舞文弄墨一点也不稀奇，官家的特点还在于他自觉的理论追求。近年来，随着对天书祥瑞的怀疑情绪潜滋暗长，官家的理论热情空前高涨，遇到需要辨析的理论问题，他不靠翰林学士，亦不用写作班子，而是亲自操刀辨疑解难。请看看这些文章的标题：《祥瑞论》《勤政论》《俗吏辨》，其锋芒所向，一目了然。这些文章着力于从历史与现实的结合上阐述道理，从理论与实际的结合上解决问题。大概是为了激发官家的理论热情，南谒太清宫的诏书发布以后，那个以往老是唱反调的龙图阁待制孙奭又上书反对。孙奭是个很可爱的反对派，以往他一次又一次的反调，仅仅是验证了官家宽容不同政见的雅量，这次却在雅量之外又验证了官家的理论素养。针对孙奭的质疑，官家随即作《解疑论》予以反击，这几乎有点大论战的味道了。但官家并不以势压人，而是循循善诱，"然知奭朴忠，虽其言切直，容之弗斥也"。[21]官家是不是真的认为孙奭"朴忠"，这不好说，而且几次三番地被孙奭上书批评，心里也肯定不会舒服。但他不能斥责对方，更不能加罪，只能有话好好说，这是宋代政治值得欣赏的地方。如果往后几百年，才不管你"朴忠"不"朴忠"呢，龙颜不悦，先按在地上打一顿屁股，然后投进诏狱。至于要不要留下你吃饭的家伙，以观后效吧。你想与朕谈雅量，切，做梦去吧。

孙奭屡次进谏无功，难免有点情绪。他老家在郓州，就打报告要求调到老家附近的州府任职，理由是父亲年迈，典近郡以便侍奉。官家正好顺水推舟，第二天就发布了他知密州的任命。其实相比于开封到郓州，密州到郓州的距离要远得多，官家这完全是为了把他踢出朝廷。这个孙奭也不知是怎么想的，新的任命下达后，他却不去上任，又提出要扈从南谒，等从亳州回来后再去上任。这就叫人看不懂了。你不是反对车驾南谒吗？说什么"臣愿陛下早自觉悟，抑损虚华，斥远邪佞，罢兴土木，不袭危机之迹，无为明皇不及之悔"。[22] 把南谒说得像要亡国似的，怎么现在自己也要去凑热闹捧臭脚呢？以他的人品，总不会是眼馋扈从圣驾的那份恩例吧？看不懂。

经历了东封和西祀，有关部门现在对这种大型活动，已经熟门熟路。到了祥符六年年底，南谒的一切准备均已就绪，只剩下最后一个悬念：官家这次派谁留守京师。

十二月九日，悬念揭晓：

> 丙寅，以兵部尚书寇准权东京留守。[23]

寇准，那个在"澶渊之盟"中力挽狂澜，在景德年间红得发紫的政治强人，要东山再起了。

说"东山再起"是因为这些年他有些失意，你不要看前面那个"兵部尚书"的头衔，那是他的寄禄官阶，他眼下的实职是"判尚书都省"，这说明他已调回中央，先在尚书省帮忙。寇准是能力和欲望都很强的人，长期外放州府他岂能甘心？七年前，因王钦若的谗言，他从宰相位子上判知陕州，后来又调到宋辽前线的天雄军，当时正好有契丹使者路过，人家坏坏地问他："相公望重，何故不在中书？"这当然是讽刺他。寇准怎么回答呢？他说："主上以朝廷无事，北门锁钥，非准不可耳。"有几分吹牛，也有几分解嘲，其实那时候恰恰不是"朝廷无事"，而是北门无事。寇准这次调回中央，可能是官家为东京留守的人选预做准备，也有可能出自王旦的推荐。自天书事件以后，王旦一直陷于自责和无奈之中，加之年事日高，体羸多病，他不能不考虑今后朝廷高层的政治格局。面对"五鬼"乱政的朝局，在自己离开后，他寄希望于寇准重回中书。寇准和他同为太平兴国五年进士，那一榜因人才济济被誉为"龙虎榜"。寇准字仲平，其性格却一点也不平，倒可称嶙峋峥嵘，比之于王旦那种机敏周到的平世良相风范，寇准则大刀阔斧桀骜不驯，天生具有当领袖的器识。寇仲平人才难得，这几乎是朝野上下一致的评价，只不过有人赞赏有人忌惮罢了。

但"五鬼"中的刘承珪这次不能扈驾南谒了，当然，他现在不叫刘承珪，叫刘承规，这是官家给他改的。刘长期多病，到前些时候快不行了，道家有改名以渡劫难的说法，官家就把他名字中的珪改为规。其实，人要死，谁也拽不住，改个名有什么用？如果改个名就可以不死，世界上会有多少"老不死"的恶人到处游荡生事？刘承规大限已到，临死前，他向官家请求封他为节度使。在天书事件中，刘承规帮了官家的大忙，像承天门上的天书，要暗中作弊上蹿下跳，也只有作为皇城使的刘承规才能帮得上忙。因此，官家对他感念于心，对于他的临终请求也很想成全。但官员的任免，皇帝不能独断，为了取得王旦的同意，官家替刘承规求情："承规待此以瞑目。"话虽然说得很可怜，还是被王旦以"祖宗法"否决了。宋朝的"祖宗法"往往来自"祖宗"对某桩事情的处理。当年，宦官王继恩于烛影斧声中对太宗继位有大功，后来又领兵平定了王小波李顺起义，中书建议让他任宣徽使，太宗不许。宰相力言王有大功，非宣徽使不足以赏酬。

太宗怒责宰相，让别议官名。最后创了个宣政使的名目授予王继恩。这次关于刘承规的授衔官家几乎是涎着脸请求，志在必得，但还是被王旦拒绝。最后，官家只能授刘承规节度观察留后致仕，翻译成现代语言就是：暂时代理观察使，就地退休。需要说明的是，观察使位次于节度使。刘承规接到这张退休通知就咽气了，可以想象，他是在极度失望中离开这个世界的。王旦的态度，固然是从朝廷大局出发，重申对宦官严格驾驭的"祖宗法"，但对刘承规在天书活动中上下其手的憎恶，也应是深层次的原因之一。

祥符七年正月十六日，车驾奉天书启程南谒，至二月五日回到京师，历时二十天。东封和西祀在前，南谒还能有什么新的花头呢？"一切如仪"就很够格了。按照惯例，这前后一段时间各地都有祥瑞及形势大好的奏报，但老实说，那些奏报不仅内容毫无新意，而且就文章的技法而言也乏善可陈。幸亏有了冯拯的这封奏报，在枯燥死板的公文表情中显露出几分鲜活的眉眼，才为政府公文的文学性稍微挽回了一点面子：

知河南府冯拯言军巡院自春狱空，有鸠巢其户，生二雏。[24]

这个冯拯，也真会挖空心思。体现形势大好，狱空是几乎被说烂的话题。狱空说明主上英明，为政宽仁，触犯刑律者少之又少；也说明社会祥和，官员勤政，没有久拖不决的烂尾案和冤假错案。用狱空来体现太平盛世，放之四海而皆准。但下面报告狱空，往往失之于枯燥和空泛。也难怪，狱空就是狱空，有什么可以多说的呢？但冯拯却把狱空这样一个冷冰冰的意象，渲染得活色生香摇曳多姿，他选择了一个别出心裁的细节：由于长时间没有犯人，以至有斑鸠在监房里做窠安家，而且孵了两只雏鸟。这样的细节出现在公文里，简直可以用惊艳来形容。可以说，监房里的这只鸟窝和两只毛茸茸的雏鸟，其感染力超过了以往所有关于狱空奏报的总和，这是细节的魅力，也是挖空心思的效果。

冯拯和寇准分别是太平兴国三年和五年的探花。我再说一遍，在北宋那个时候，殿试的第二名和第三名均称榜眼，而以每榜最年幼的进士称探花。因此，到了祥符七年这个时候，同榜的其他人大多退出了历史舞台，他们两人还在努力上进。冯拯没有寇准那样的魄力和才能，他靠的是挖空心思的表演功夫，像这种用"鸠巢其户，生二雏"来反映狱空，进而反映形势大好，即是挖空心思之一种。还有一次，官家遣使劳问冯拯，且看冯拯如何表演：

使还，言拯奉诏感动，涕泗交下。[25]

一个大老爷们，众目睽睽之下，即使内心翻江倒海，也不至于"涕泗交下"吧，这只能说明，或者是冯拯的表演功夫太好，或者是冯拯对使者打点得到位，使者在向官家回报时作了有利于冯拯的夸大其词的渲染。

寇准十九岁就进士及第，一时君臣际会，头角峥嵘，他是能力很强也很自负的人。但在官场上历经坎坷之后，他现在也似乎不得不适应时代：

> 辛未，内出丁谓所贡芝草，列文德殿庭宣示百官，从寇准所请也。[26]

史学界一直有关于寇准反对天书祥瑞的说法，但我始终没有看到有力的证据，至少在祥符六年年底，官家有意让寇准复出时，他对祥瑞非但没有反对，反而表示了某种程度的迎合。而且这时候，他和"五鬼"之一的丁谓关系也并不差，"从寇准所请也"，这不明明是主动为丁谓站台吗？

注释

〔1〕〔15〕(宋) 李焘《续资治通鉴长编》卷七十七。

〔2〕《续资治通鉴长编》卷七十五。

〔3〕(元) 脱脱等《宋史》卷二百八十二。

〔4〕〔5〕〔6〕《续资治通鉴长编》卷七十九。

〔7〕《宋史》卷二百八十七。

〔8〕(宋) 江少虞《事实类苑》。

〔9〕(宋) 徐度《却扫编》。

〔10〕〔11〕〔14〕〔17〕《续资治通鉴长编》卷八十。

〔12〕《宋史》卷三百零五。

〔13〕(宋) 欧阳修《归田录》。

〔16〕《宋史》卷八。

〔18〕〔19〕〔21〕〔22〕〔23〕〔26〕《续资治通鉴长编》卷八十一。

〔20〕〔24〕《续资治通鉴长编》卷八十二。

〔25〕《续资治通鉴长编》卷七十六。

第八章　神圣祭坛

1.“四一六”工程纪要

高阳关副都署杨延昭病逝，这个杨延昭大家应该熟悉，就是《杨家将演义》中赫赫有名的杨六郎，在小说和戏剧舞台上，杨家将在东京的官邸叫天波府，这可能与邻近天波门有关。天波门的名称只见于北宋时期的开封，其他城市罕见。

奉安天书的玉清昭应宫就坐落在天波门东侧，后来人们才知道，这是一个包括三千六百多间房子的庞大的建筑群，该工程于祥符元年四月十六日立项，按照现在的说法，不妨称之为“四一六”工程。

“四一六”工程至第二年五月十二日才正式开工，一年多的时间差很正常，这么大的工程，无非用于设计和备料。当然，这中间不用考虑拆迁，在一个专制体制下，作为朝廷的一号工程，拆迁只是一张通告的事,不会有"钉子户"存在的任何空间。

那么就备料吧,首选是砖瓦。建筑工程又称土木之土,因此有大兴土木的说法。"土"就是砖瓦,也包括石头,在五行中,这些都属于"土"的范畴。开封原有官办的东、西窑务,负责烧制砖瓦,供营缮之用。景德年间,为就近取得柴草和石炭(煤),朝廷将窑务移至京师西北三百里的河阳,烧造的砖瓦则借助黄河运送京师。玉清昭应宫立项后,原先的东、西窑务又重新恢复,而所用的柴草和石炭则从怀州、九鼎渡和武德镇收市,然后通过黄河运抵京师。当时烧造琉璃瓦须用黄丹,价格相当昂贵,但昭应宫多用琉璃,作为朝廷的一号工程,再贵也得用。直到六十多年以后,有许州贾士民献新烧瓦法,用黑锡代替黄丹,琉璃瓦的成本才得以大幅降低。这是中国陶瓷史上一次不大不小的革新,顺便记在这里。

木、石及其他材料备用大概,好在后人洪迈在《容斋随笔》中有记载:

> ……玉清昭应之建,丁谓为修宫使,凡役工日至三四万。所用有秦、陇、岐、同之松,岚、石、汾阴之柏,潭、衡、道、永、鼎、吉之枤、枏、楮,温、台、衢、吉之梻,永、澧、处之槻、樟,潭、柳、明、越之杉,郑、淄之青石,衡州之碧石,莱州之白石,绛州之斑石,吴越之奇石,洛水之石卵,宜圣库之银朱,桂州之丹砂,河南之赭土,衢州之朱土,梓、信之石青、石绿,磁、相之黛,秦、阶之雌

黄，广州之藤黄，孟、泽之槐华，虢州之铅丹，信州之土
黄，河南之胡粉，卫州之白垩，郓州之蚌粉，兖、泽之墨，
归、歙之漆，莱芜、兴国之铁……[1]

　　这中间名目太多，看得我眼花缭乱，但其中的"吴越之奇
石"还是让我有似曾相识之感，再联系其他史料中关于昭应宫工
程"多载奇木怪石"入京的记载，[2]很自然地就让人想到了北宋
末年弄得天怒人怨的"花石纲"。由此可见，宋廷从江南索取花
石由来已久，并非崇宁大观年间才有此"大观"，亦无使堪称美
学骑士的徽宗皇帝专美于前也。

　　以上洪迈所列举的建筑材料，都得通过水道运送京师，无
论是通过汴河、蔡河还是五丈河，最后都要借道外城河进入金水
河而抵达天波门码头。天波门码头离工地还有一段，虽然不很
远，但对于这种大运输量的工程，特别是对于堪称庞然大物的石
料和木头，以当时的条件，搬运相当困难。应该承认，丁谓确是
个鬼精灵，他叫先开挖一条河道，让船队直接驶入工地，而开河
挖出的泥土正好用于宫殿的地基，待工程竣工后，再用建筑垃圾
填平河道。差不多一千年以后，这种管理理念被命名为统筹法，
而丁谓在昭应宫的运作亦成为一则相当经典的案例。一项天才
的创造，被用于一项鼓吹天命鬼神的愚蠢工程，真叫人不知说什
么好。

　　昭应宫"役工日至三四万"，丁谓成心要露一手给官家看
看，一开工就快马加鞭，时方三伏，丁谓为了抢时间，大暑天也

不让民工休息。有官员谢某"患劳役过甚，日与同职忿争不能制"，[3]不得已要求罢去。连督促工程的官员都看不下去了，以辞职表示抗议。这个良心和人性尚未泯灭的官员叫谢德权，职务是西染院使，正七品。

王旦本来就对昭应宫工程耿耿于怀，遂将此事向官家反映，意思是万一热死了人，将有污圣德。官家当然期盼着工程大干快上，但他又很爱惜自己的羽毛，他是仁厚之君，怎能不顾民工死活呢？只得象征性地诏令"执土作者"三伏日可休息，其余工种"不须停作"。[4]

有谢德权这样摘下乌纱帽为民请命的官员，也有王旦这样对劳民伤财耿耿于怀的官员，但泱泱官场，更多的是跟在丁谓后面亦步亦趋的马屁精。荣膺"五鬼"之一的昭应宫副使林特则利用这个舞台百般巴结丁谓，"每见修宫使丁谓必拜，一日三见，亦三拜之"。[5]要知道，在宋代那个时候，除去上朝，大臣见皇帝也不用行跪拜礼，林特对丁谓这样每见必拜，不知丁谓是不是觉得太隆重了，但有一点是肯定的，礼多人不怪，装孙子总不会有坏处。而且林特这个人不光对上级诚惶诚恐，对同事和下级亦"煦煦惟恐伤人"。也就是说，他不光是个马屁精，还是个老好人。丁谓的精明苛酷加上林特的圆滑周到，这两个人搭班子，昭应宫不想大干快上都难。

官家对工程的关注超乎寻常，他经常亲自巡视工地，催促进度。但他又是有人情味的君王，为了表示对有关官员的嘉勉，请客吃饭便成了司空见惯的事，弄得臣子们那个感动啊，好像官家是掏自己的工资袋请客似的。一次，王钦若幸蒙召饮，夜里回来后辗转难眠，半醉半醒地袒腹自矜曰："某江南寒生，遭际真主，适主上以巨觥敌饮，抵掌笑语，如僚友之无间。"[6] 做臣子的都是贱骨头，领导用公款召他喝酒，主动和他干了一次杯——所谓"敌饮"也——又说了几句看似推心置腹的话，他就受宠若惊了。类似的召饮，史料中多有记载，都相当传神，且看祥符四年十月这一次：

> 戊辰，诏修玉清昭应宫使丁谓、同修宫使李宗谔、
> 副使刘承珪、都监蓝继宗视内殿功德及御书，因命宴。
> 而承珪、继宗则赐食于别次。[7]

这次官家虽然不是视察工程，而是叫臣子们来参观"内殿功德及御书"，然后顺便请大家吃饭，但参与者都是工程上的负责人。这中间有一个疑问，除去官家，另外总共就四个人，为什么要分两拨吃饭呢？比较合理的解释是：刘承珪和蓝继宗是内侍，属于家臣，对他们用不着"命宴"，只需"赐食"就可以了。"命宴"包含着尊重，即所谓大臣体面。"赐食"就有打发的意思了，可见宋代对宦官的控制是相当严格的。

在介绍这次"命宴"之前，先交代一段背景情况，寇准当宰相时，喜欢把同僚邀到家里喝酒，喝得高兴了，就叫家人把大门关紧，谁也不让出去，弄得那些拘谨的官员很怕预宴。李宗谔有一次也在被邀之列，天已经很晚了，李想回去，但大门打不开，他

只能从大门下面偷偷地爬出去。——旧时官宦人家大门下的门槛很高，而且是活动的，可以上下抽动，如同一截闸门。大门拴上后，从里面可以抽出门槛。

李宗谔虽是太宗朝名相李昉之子，却是书生本色，加之天性拘谨，官家命宴，让内侍给他劝酒，他坚决不喝，说已经醉了。又说时间不早了，要回去。下面这一段很有意思：

> 上令中使附耳语云："此间不须从门扉下出。"宗谔皇恐致谢，上笑而颔之。[8]

请仔细体味这三者——官家、中使、李宗谔——之间的神情互动，官家那种虽居高临下却以调侃示亲近的做派，在中使传达的"附耳语云"和官家在一旁的"笑而颔之"中体现得惟妙惟肖。当领导的在下属面前，有时只要把姿态放低一点，说几句看似知音会意的话，就足以让对方感激涕零了，这中间体现的其实是一种更深刻的不平等。

但官家的表演还没完：

> （上）因谓宗谔曰："闻卿至孝，宗族颇多，长幼雍睦。朕嗣守二圣基业，亦如卿辈之保守门户也。"宗谔顿首谢。[9]

不得不承认，官家这段话的情商很高。听说你很孝顺，宗族

266

里人丁兴旺，长幼和睦。我继承二圣的基业，也就和你维护自己的家族荣誉一样啊。把自己放到和对方平等的地位，设身处地，将心比心，这种话做臣子的听了能不感动吗？"宗谔顿首谢。"前面已经说了，除去上朝，臣子对皇上一般是用不着行跪拜礼的，因此，从李宗谔的这个"顿首谢"可以看出，官家的笼络术之立竿见影。

李宗谔当初从寇准家的大门下爬出来，可能是因为他家住在里城之外，担心太晚出不了城。京师夜禁时间为三鼓至五鼓，王旦的老丈人赵昌言，入仕不久就曾因违犯夜禁与城管冲突而被处分。当时几个文友喝醉了酒，回家时已经过了夜禁时间，遭到巡夜金吾的责难，昌言等以唐代苏味道《上元》诗中的"金吾不禁夜，玉漏莫相催"相讥。把前朝诗人的两句诗作为抗拒城管的根据，这本身就很搞笑，何况他们还仗着酒性把金吾打了一顿。结果可想而知，几个新入官场的嫩雏儿都吃了处分。其实苏味道诗中的"不禁夜"特指上元之"夜"，其他日子是不适用的。那么官家向李宗谔担保"此间不须从门扉下出"的底气何在呢？他知道李宗谔是担心出不了城，但大内钥匙库有京师各城门的钥匙，到时候即使城门关了，也可以让内侍带着钥匙把他送出城门。开封是三道城：皇城、里城、外城，多数官员都住在里城，但也有住在外城的，丁谓就住在城外的水柜街，每天上下班要绕道朱雀门，很不方便。但好在近水楼台先得月，他当三司使时，城建归他管；他升为参知政事，城建还归他管。他就力主在里城之东南新开城门，将汴河两岸繁华的商业区连成一片，当然也方便了自己上下班。此门开通后,名保康门。

保康门开通于祥符五年,当时玉清昭应宫主体建筑已大体竣工,进入装修阶段。这项可以向秦之阿房汉之建章隔空叫板的工程,说它劳民伤财肯定不过分,但它也成全了工程专家和艺术家们大显身手的人生理想。现在轮到画师们登场了。北宋有国家级的专业美术机构,谓之翰林图画院,满编五十余人,但其中取得职称的画师仅十余人,其余都是学生。画院的主要任务是供宫廷御用,画师的最高职级为待诏,相当于从六品,但这种技术官,和公务员的待遇相差很远,他们不能参加三年一次的磨勘和晋升,亦不能享受荫子与赠官,而且到了待诏这一级就到顶了。但不管怎么说,一顶"御用"的桂冠还是让天下画工梦寐以求,趋之若鹜。到了昭应宫工程后期,翰林图画院的画师不敷使用,为甄选画师,全国共有三千人到京师应选。中国的文化人都是贱骨头,所谓"学成文武艺,货与帝王家"。"货"就是卖,不仅出卖才艺,还出卖灵魂,一言以蔽之:卖身。而卖身的主要途径是科举,这三千多名画师本来都无缘科举之正途,现在逮到了一次显姓扬名的机会,能不争先恐后?那期间,在京师天波门外一带,随便扔一块土疙瘩,说不定就能砸中一个画师。三千画师闯东京,这是中国美术史上蔚为壮观的风景,但最后选中的只有一百人。宋人刘道醇在《宋朝名画评》中有一段记载,很有意思:

……营玉清昭应宫,募天下画流,逾三千数,中其

268

选者才百人……朱崖为宫使，语僚佐曰：适见靡旗乱辙者，悉为宗元所逐矣。

众所周知，这里的"靡旗乱辙"出自《左传》中的《曹刿论战》，原文为"旗靡辙乱"。其实，一群穷画师，既无旗亦无车，落选回乡，哪里当得起这样的排场，这是宫使朱崖居高临下的评论，带着调侃和轻蔑，从中亦可见画师们落荒之情态。何以落荒？盖因卖身而未能成交也。而这里所说的"宗元"即洛阳画家武宗元，此君原先就有些名气，因此被任命为左部长。武部长长于道释，"笔法备曹（仲达）、吴（道子）之妙"，[10] 即所谓"曹衣出水，吴带当风"那种境界，因此被委以甄选之责。不用说，在这三千人中，他是一个卖得好的典型。

卖得好的还有河东画家王拙，他被任命为右部长，与武宗元为对手（这个"对手"是能力相当的意思），他的特长是"画本宫五百灵官，众天女朝元等壁"。[11] 表现出道家仙风，亦极精彩。在左右两位部长麾下，有灵汝人张昉，笔专吴体，在宫内画奏乐天女，高丈余，"掇笔而成"。[12] 有庞崇穆者"画山水列壁，而林峦、草竹、溪谷、磴道，莫不精备"。[13] 还有开封人刘文通，善画屋木，"当代称之"，他在昭应宫七贤阁所画壁画为"优等"。[14] 这些名字之所以为后人所知，很大程度上就因为他们参与了昭应宫工程。一项劳民伤财的愚蠢的工程，却成就了一批艺术家的创造和名声，这样的现象，昭应宫并非孤例。

昭应宫原计划十五年完工，实际用时仅五年半，所谓多快好省只差一个"省"。工程据说花费白银近亿两，相当于王朝两年多的财政收入，以当时社会生产和财富积累的水平而言，这无疑是一个天文数字，揆诸整个中国古代社会，也恐怕寥寥无几。如此浩大的支出，实际上经历了一个在最初预算的基础上不断加码的过程，原因很简单，既然官家不问苍生问鬼神，鬼神之事便有恃无恐，一再登场，例如，一个子虚乌有的赵家的老祖宗，也堂而皇之地显灵了。

2. 天上掉下个老祖宗

要神化一个人，先从神化他的老祖宗开始，这一点地球人都知道。

赵宋的老祖宗，《宋史》中只追溯到赵匡胤的高祖赵朓，自高祖赵朓到父亲赵弘殷，这四代人都是当兵的，更准确地说是部队的中下级军官。残唐五代，天下纷攘，当兵是为了混口饭吃，没有什么值得显摆。但老赵家不同，是天降大任于斯人，先苦其心志而已。有一则传说，说兵荒马乱时，太祖之母杜氏，用篮子挑着太祖和太宗避乱，被"扶摇子"陈抟老祖遇到，陈脱口吟道："莫道当今无天子，都将天子上担挑。"[15]这当然出自古人的杜撰，但其至少说明太祖兄弟当初生于乱世，起于寒微，是凭自己的胆略和权谋取得江山的。大凡凭自己的本事取得成功的人，都不大在乎所谓身世之辩,只有那些没有能耐的人,才会像阿Q那样显摆祖宗。作为一个和平继统又带着自卑情节的君王,真宗起先借重于先人(父亲)对他的选择,后来又借重于神仙(天书)对他的佑护。现在,他要先人和神仙合二为一,于是,一个以前从没听说过的圣祖出现了。这个"圣祖"既是老赵家的始祖,又是"人皇九人中一人"。[16]"人皇"即传说中的三皇之一,据唐人司马贞在《史记·补三皇本纪》中的说法,"人皇九头,乘云车,驾六羽,出谷口,兄弟九人,分长九州,各立城邑"。这就厉害了,不仅超越时空,而且人神合一。祥符五年十月,这个似人非人的"圣祖"显灵了,当然是在官家的梦中。

官家的这个梦其实没有多少新意,一个深宫里的帝王,坐井观天限制了他的想象力。他想象中的神仙的做派就如同道场上的术士和戏台上的演员一般,出场前无非是烟雾、异香、黄光,照例有手执玉圭的仪卫先出场;神仙的服饰亦无非通天冠、绛纱袍,全盘抄袭了他自己东封西祀时行大礼的那一身行头。这个自称赵之始祖的神仙出场后,不淡不咸地勉励了官家几句,随即又"乘云而去"。

但是这中间有一个问题:老祖宗的名字是谁披露的?他出场时不可能自报家门,他只能说"吾人皇九人中一人也,是赵之始祖",这已经说得够多的了,要知道,太多的自说自话是有失身份的。既然不方便自报家门,那就得安排一个报幕的。现在安排的就是那个在承天门天书事件中出现过的神人,他在某一天夜里先来传达玉皇的旨意:"先令汝祖赵玄朗授汝天书,今令再见汝"⁽¹⁷⁾，原来这个始祖叫赵玄朗。于是这边就准备道场迎接，吹吹打打地热闹了十几天，圣祖始姗姗登场。也就是说这场戏演了两个夜晚，具体时间是：祥符五年十月八日夜，神人先来通报；二十四日夜，圣祖赵玄朗出场。

天上掉下个老祖宗，这下子事情多了：避圣讳、上圣号、颂圣恩、建圣殿、设圣节。真所谓"圣"之时者也，当然，这个"时"是时髦的意思。

事情虽多，也无非虚实两务，而所谓务虚者，其实只是下几道圣旨的事，例如，避圣讳，圣祖名玄朗，这两个字，用于名字的不少，前面说到的高阳关副总兵杨六郎其实叫杨延朗，因为犯了圣祖的名讳，改为延昭，以至后人只知延昭而不知延朗也。官家东封时顺便祭孔，给孔子加尊号玄圣先师。现在对不起，这个"玄"字要收回，改为至圣先师。避讳不光是人名，还有地名，大内北门之玄武门，改拱辰门；荆湖南路之朗州，改为鼎州。上圣号也不难，就是给圣祖加一堆头衔，头衔太长，十六个字，反正都是伟光正高大上的字眼，不说了。有了圣祖，还得配一位圣祖母，上懿号曰"元天大圣后"。至于颂圣恩，满朝君臣更是争先恐后，官家带头撰写关于圣祖光辉事迹的重头文章《圣祖降临记》，王钦若的《圣祖事迹》、盛度的《圣祖天源录》等也纷纷出笼，一时鸿文俊采，蔚为大观。后来被称为报告文学的那种东西，其实早在北宋祥符年间就曾出现过几次不大不小的创作高峰，其浃髓沦肌的颂圣传统亦至少在那时候就已经奠定。

以上这些都是务虚，几道圣旨就搞定了。但有些事是"虚"

不了的，非得把银子花得流水似的不可。例如建圣殿。

　　起初的情节变数很多，我始终没有搞清楚。圣祖显灵后，即有人提出要给圣祖母安排宫殿和办公室（即所谓"治事之所"），当时的决策是以玉清昭应宫之玉皇后殿为圣祖母圣殿，东位司命殿为办公室。不久，又有人提出应该专门给圣祖和圣祖母建造宫殿，曰景灵宫。景灵宫建在曲阜寿丘，因为那里是圣祖的出生地。事情应该已经定下来了，这是祥符五年闰十月十四日的事。可到了十二月初，朝廷又决定在京师建造景灵宫。景灵宫的择地很有讲究，先是司天监上言，说根据天文志，太微宫南有天庙星，乃帝王祖庙也，宜就大内之丙地。这个"大内之丙地"即大内正南偏东的位置，也就是乾元门外、御街之东侧，乃锡庆院所在地。锡庆院是太宗登基之前的晋王官邸，又是真宗出生的地方，本来就是龙兴之地，在这里建造纪念圣祖的景灵宫，政治寓意相当丰富，又恰与太庙前后相望，举行祭祀活动也很方便。

　　景灵宫规模之大和规格之高仅次于太庙。工程大了，官员们中饱私囊的机会就来了，像王钦若这种不直接管工程的人，也要趁机为自己谋一点好处，不然就似乎对不起赵家的列祖列宗。但他干得很巧妙，并不显得贪婪，反倒是一副很无辜的样子。他其实是嫌原来的住房档次不高，一直想调整，但找不到堂皇的理由，这下理由来了，他说自己住在太庙之后，景灵宫之前，所谓"出入宴处，皆不遑宁"。因此"请易赐官第"。[18]并不是他要换更好的房子，而是因为上下班皆经过朝廷祭祖的地方，内心诚惶诚恐，难得安宁。于是——

诏可,寻于安定坊造第赐之。[19]

官家气量很大,索性给他另外造了一所新的宅第。

房子在任何时候都是稀缺资源,升斗小民要安身立命聊避风雨,达官贵人则华庭广厦贪得无厌。像王钦若这种可以谓之巧取,此外还有豪夺。卫国长公主是官家的妹妹,她要强买邻居张某的房子,但张某不想出售,只想出租,日租金五百钱。这个张某也不是无名之辈——你想想,小民百姓能够和公主驸马做邻居吗?即使做邻居,他的房子能让公主驸马眼馋吗?——他的背景虽然不是公主却也是县主,县主不是县令,而是皇族女子的封号,一般是皇帝的女儿封公主,亲王的女儿封郡主或县主。功臣的女儿也有封县主的,但那必须是大功臣,而且极少。张某的丈母娘就属于这"极少"中的一个,她是那个"半部《论语》治天下"的开国宰相赵普的女儿,被封为华容县主。一个是长公主,一个是县主的女儿,虽然双方身份不对等,但毕竟都是有身份的主儿。最后闹到官家那里,官家倒没有袒护妹妹,他对长公主说,人家如果立券出卖,是可以的,但不得强市。你要买房子,我给你二百万钱,你到其他地方去买。应该说,作为官家和哥哥,他都做得不错。

对圣主的颂扬,其实就是对赵宋家天下神圣性的颂扬,要让这种颂扬长效化,并不是下几道圣旨或建几座纪念堂式的宫殿就能一劳永逸的。不管多么神圣的权力意志,只有渗入世俗生活的细部,才能焕发出持久的生命力。这中间,最重要的是要把意识形态的教化转换为日常性的民众意愿——他们的喜怒哀乐、衣食住行以及社交休闲——并且固化为一种社会风尚。以圣祖显灵为契机，宋王朝把圣祖在后唐时降世的日期——七月一日——定为先天节；把最近这次降世的日期——十月二十四日——定为降圣节，发布了休假、设醮、禁屠、辍刑、士民宴乐以及京城张灯等规定。不久，朝廷又补充了一系列细则，规定先天节和降圣节期间，民间以延寿带、续命缕、保生酒更相赠遗，这就将一个宏大的政治命题悄悄地注入了世俗生活的细流。一般来说，民众对宏大的政治命题不可能产生持久的兴趣，但他们对延寿、续命、保生感兴趣，对生活中息息相关的衣带、缕结、美酒感兴趣，对亲朋之间的互相赠遗感兴趣。请想象一下两节（先天节和降圣节）期间那种世俗的狂欢吧，休假，张灯，宴游，走亲访友，互赠延寿带、续命缕、保生酒，所有这些都是活泼泼的人间烟火。当然还有设醮，道教的醮场本来就充满了娱乐元素，那是道士们卖弄身手和嗓门的炫技舞台。当斯时也，普天之下，欢乐祥和；率土之滨，人情醇美，主流意识形态润物无声，如此圣节，岂不懿欤？

接下来是奉迎圣像进京。圣像一共四尊：玉皇、圣祖、太祖、太宗，均在建安军铸造。建安军是扬州府辖下的滨江小邑，唐朝的时候叫扬子县。笔者老家为扬州东乡，旧时有几句说法："活在扬州，死在真州，葬在通州。""活在扬州"的理由就不用说了，兜缠十万贯，骑鹤下扬州，春风十里扬州路，谁不知道扬州是温柔乡销金窟呢？而通州处江尾海头，又有狼山之胜，风水佳绝,宜为葬身之地。至于"死在真州"则是因为真州的神像造得好,佛事的水平高。"南朝四百八十寺,多少楼台烟雨中。"多少楼台且不去管它,多少神像皆出自真州的工匠之手倒是不假的。这个"真州"即唐时的扬子县宋初的建安军,祥符年间因朝廷在此铸造圣像被升为真州,而熔铸圣像的工场后来则建为道观,名仪真观。此后,真州亦改名仪真。其实,四尊圣像,太祖和太宗已逝去多年,当时并无照相技术,"仪真"与否,只有天知道。至于玉皇和圣祖,本来就子虚乌有,"仪真"云云,更加无从说起。

圣像分乘四艘大船,先沿扬楚运河向北至楚州(淮安),再转榶汴河西行,经泗州、应天府,从通津门进入京师。这是很成熟的运道,每年有六千艘漕船往返于斯,几尊铁胎镀铜的圣像,本来无须烦忧。但问题是一路上仪式隆盛,排场浩大。圣像前有开道船十艘,载门旗、青衣、弓矢、殳仪(作为仪仗的木制兵器)、道众、幢节。两岸则仪仗煊赫,光是被称为黄麾仗的仪卫就有二千五百人,外加乐队三百人,一路旌旗映日,吹吹打打。圣像每到一地,州县的官员皆出城十里,带着道士仪仗和地方的头面人物主持迎奉仪式,并宴请随行的官员和军士。这有点类似于现代社会奥运会前的火炬传递活动,借助于嘉年华一般的做派,让某种主旨的宣传尽可能地广泛深入,倾动视听,形成思维定式。就这样沿着大运河一路且行且热闹,虽然没有四百年前那种"春风举国裁宫锦,半作障泥半作帆"的风华流美的气象,却肯定算得上是后隋炀时代运河沿岸最豪阔的景观。

船队刚进入汴河,朝廷这边又有了新的动作——

遣迎奉大礼使王旦诣应天府酌献,奏青词。[20]

　　首先祝贺王旦又荣任迎奉大礼使,新一轮的龙套使命又开始了。新任迎奉大礼使为什么要风尘仆仆地跑三百多里路,到应天府来举行酌献仪式呢?这与应天府的政治地位有关。应天府即宋州(商丘),应天者,顺应天命也。中国历史上有过两个应天府,一为北宋的宋州,一为明代的南京,这当然都与有人从这里发迹当了皇帝有关,即所谓龙兴之地也。宋太祖赵匡胤在后周时曾任归德军节度使,治所即在宋州。故陈桥兵变后,新王朝立国号为宋,升宋州为应天府,作为东京的陪都。现在,朝廷特地派迎奉大礼使在这里迎奉圣像,体现的正是当今皇帝不忘初心的政治姿态。迎奉仪式上不仅演绎了酌献礼,还有敬献青词的程序。青词这个"词"大家听说过吗?这是道教举行斋醮时献给天神的祝文,我原先以为这种华丽而空洞的马屁骈文只盛行于明代中期的某段时间,因为当时的嘉靖皇帝——那位因一出名为《海瑞罢官》的京剧而与中国的现代政治关系最为纠结的古代帝王——痴迷道教,大臣们则争以青词邀宠,大学士严嵩父子就因为青词写得好而一时位极人臣。现在我才知道,青词其实在宋代就已登堂入室,被后世称为"平世之良相"的王旦此刻就在应天府向天神诵读青词。青词读完了,也"伏惟尚飨"过了,船队继续西行,到了京师通津门,这里是汴河进入外城的东水门。当斯时也,满朝文武都在这里迎候,那真是车马壅塞冠盖如云啊。若圣像有知,说不定会戏改杜子美的《宾至》诗自谦两句，诗云："岂有神通惊海内，漫劳车马驻江干。"[21] 我们这几尊铜像有那么大的影响力那么大神通吗？要劳驾文武大臣们在江边迎奉等候。大家都平身吧！

进了京师，奉安圣像的排场就要大了，因为官家要亲自出场。大次、宫悬、衮冕、大驾卤簿，动用的无疑都是最高规格的礼仪。这中间的"大次"需要解释一下，"次"即停留、暂住，所谓"大次"即皇帝祭祀前临时住宿的帐篷。"大"不是表示程度，而是充当主语，代指皇帝。这个"大"厉害啊，要不怎么经常用来代指皇帝呢？你看，皇帝的住所谓之大内，皇帝的车驾谓之大驾，皇帝娶老婆谓之大婚，连皇帝病重也谓之大渐，皇帝翘辫子则称大行——陛下走了。好"大"喜功，帝王本色。那么问题来了，奉安圣像一切仪程都在京师举行，用得着为皇帝安排野营的帐篷吗？其实"大次"不是因为皇帝没有地方住宿，而是为了让皇帝暂时隔绝女色和荤腥等尘世的诱惑，以保证祭祀的圣洁和虔诚。

奉安神像是祥符六年五月中旬的事，到了六月初，传出了一则神神鬼鬼的新闻：

赵州言："圣像玉石船经州之石桥，河水浅涩，有黑龙鼓浪以进船，凡历三滩。船既渡，河水浅涩如故。"诏遣官致祭。

这个"赵州"是地名还是人名，不清楚。如果是地名，从建

278

安军到京师的运河沿线绝对没有这个州。如果是人名，这个人的神经应该有问题，圣像进京时值农历五月，正是江淮地区的梅雨季节，也是运河水势最丰沛的时期，不可能"浅涩"而需黑龙鼓浪以进船。如果这个季节运河"浅涩"，势必影响被称为"天庾正供"的漕运，相关的转运使早就报告中央了，不可能等到一二十天以后，才由这个姗姗来迟的亦不知是单位还是个人的"赵州"上言。因此，断定这是一则假新闻应该不会错。但既然官家已经"遣官致祭"，那就让他们去折腾吧，这些年，装神弄鬼的假新闻太多，大家也见怪不怪了。对一个以文化昌明而彪炳史册的王朝来说，这样的假新闻杀伤性不大，侮辱性极强。

3. 诗酒风光又一年

陕西转运使孙僅恐怕摊上大事了。

这个孙僅，我在前面介绍隐士魏野时曾说到他，那说的是他和名妓添苏的风流韵事，大家可能没有多少印象了。我现在从他的哥哥说起，大家还记得那个入仕前和丁谓齐名的孙何吗？"二百年来文不振，直从韩柳到孙丁。"这是太宗朝文坛祭酒王禹偁的诗句。如此看来，当时文坛上风头最盛的正所谓"一时有两"，"两"者，"孙丁"也；"孙丁"者，孙何丁谓也。在太宗淳化三年的殿试中，孙何被点为状元，丁谓名列第四，为此丁谓还很不服气。不服气其实就是忌妒。但状元是皇帝点的，你忌妒有什么用？而且六年之后，更加让人忌妒的事情来了，这一年殿试的状元是孙何的弟弟孙僅。弟兄俩连冠科甲，这样的荣耀有宋一代也有，但不多。孙僅现为陕西转运使，到了陕西还能不去看骊山吗？看了骊山还能不发思古之幽情吗？发思古之幽情还能不写诗吗？你不想写，陪同的地方官也要怂恿你写，于是，运使大人有《骊山诗》两篇。但这一写麻烦就来了，身在官场，众目睽睽，其中肯定不会全是友好的目光。有人想搞你，但一直找不到机会，现在机会来了，因为你的诗太不讲政治了，或者说太讲政治了，且看其后篇中的这两句："秦帝墓成陈胜起，明皇宫就禄山来。"好诗啊，我也不说你借古讽今，我更不说你心怀怨谤恶毒攻击，我只需原原本本地抄一份呈皇上御览，你老兄就等着吧。

那就等着官家发落吧，在等的这段时间里，我们先分析一下这中间有关的政治背景。

"秦帝墓成陈胜起，明皇宫就禄山来。"前一句中的"墓"实际上也应该是宫，阿房宫，但后一句用了"宫"，前面就不能用了，这是律诗的规矩。"墓"和"宫"都是喻体，影射什么呢？玉清昭应宫。玉清昭应宫原计划用时十五年，实际共用了五年半，据说花费白银近亿两，我对这个数字颇为怀疑，当时的中央财政每年只有四千万贯（两）左右，一项工程要花费两年多的财政收入，这不可想象。昭应宫工程缺少具体的支出记载，但这些年其他那些大轰大嗡装神弄鬼的活动是有记载的。东封泰山耗费八百余万贯，西祀汾阴耗费更增二十万贯。这还不计亳州之行。倘若再将京师景灵宫、太极观和各地宫观都计算在内，其费用之大倒真的不是几千万贯所能打住的。真宗前期，宋王朝经过近四十年的励精图治，天下富庶并非虚话。祥符以来，装神弄鬼加上大操大办，几乎把先人的积蓄挥霍殆尽。此前，龙图阁待制孙奭、知制诰王曾都曾谏阻昭应宫工程，话说得很重，几乎都说到亡国那份上。名臣张咏甚至在临死前上书，要求朝廷先斩丁谓之头置国门以谢天下，再斩自己之头置丁氏之门以谢丁谓。以两颗血淋淋的人头作为筹码，陈情之切，无以复加。对这些激烈的反对意见，官家既不采纳也不追究。这当然并不意味着人主的宽宏大度或恻隐之心，而是因为本朝自太祖以后，就有优容上书言事的祖宗家法。但如果你在背后舞文弄墨、含沙射影，那性质就不同了。

孙僅的两篇《骊山诗》此刻就摆在官家面前，官家近来诗情横溢，三天两头的就有大作问世，问世后还要大臣们奉和，奉和后还要进行评比，弄得大臣们苦不堪言。有人私下里发牢骚说："上古文字中的'苦'和'甚'字形差不多，《礼记》中的那句话不会是弄错了吧？"他的潜台词是：上有所好，下必苦焉。官家要大臣们奉和是为了让他评点，他很享受那种在政治场域以外的空间居高临下的权威感。现在他要评点孙僅的诗了。孙诗共两篇，前面有一段小序，属于人情世故的东西，运使大人来了，当地的官员自然马前鞍后，很是周到，而且这两首诗看来也并非作者本人心潮澎湃而欣然命笔，而是东道主向他讨要墨宝怂恿他写的。既然是写给人家的，当然要对人家的热情有所渲染，他写了东道主如何殷勤接待，朱衣吏如何引导他上山云云。官家看了，一下子就倒了胃口："僅，小器也，此何足夸？"孙僅这个人格局不大，这种事情有什么值得夸耀的呢？"遂弃不读。"[22]

谢天谢地！幸亏官家"弃不读"，这样，下面诗中的"陈胜、禄山之语，卒不得闻，人以为幸也"。[23]

人情世故挽救了孙僅，官家一句极鄙夷的"小器"却让他逃过一劫。

我也很赞同官家的评价：这样的序言，确实格局不大。常常看到类似的诗文，作者到某地去游玩，受到何种接待，哪些有头有脸的人物陪同，乘什么车，吃什么席，住什么宾馆，字里行间有一股洋洋自得的显摆和炫耀。实话实说，看到这样的诗文，我亦大倒胃口，也会"弃不读"。

建造玉清昭应宫是为了供奉天书，但天书的真迹其实一直供奉在大内的皇宫里，昭应宫供奉的只是刻玉副本，也就是把天书镌刻在一块一块的玉板上，然后用金绳连成有如竹简那样的东西。为此朝廷专门成立了一个规格很高的领导班子，照例由宰相王旦担任天书刻玉使，其他班子成员包括王钦若、丁谓、赵安仁、陈彭年，由内侍周怀政具体负责（都监）。不知大家注意到没有，每次说到天书，总会若隐若现地闪动着周怀政的身影，对天书的底细，这个人知道得太多了，福兮祸兮，后面自有分晓。刻玉天书奉安昭应宫，官家又写诗了，题为《奉祀礼成述怀》。这么重要的事情，他当然要"述怀"，这很正常；"述怀"后要大臣们奉和,这也很正常。但问题是,这首诗的规模太大了——五言百韵。大臣们都没有皇上那么大的才情,以前奉和,臣子们下班后憋上半夜,写上十句八句还凑合;现在一下子要和百韵,这不是赶鸭子上架吗?于是大家——

咸奉章求免。不许。[24]

"咸"就是所有的。所有的官员都上书请求减免,但官家一点"费厄泼赖"也不讲:你们,所有的,统统都得给我打卡,偷懒的不许。文学——特别是诗歌——本来应该是发自心灵的自由的吟唱,现在却成了强权驱使的命题作文。看来,皇上的才气太大,臣子的日子也不好过。

衮衮诸公,"咸"无自由。

祥符七年十一月,玉清昭应宫正式落成。在此后的两个月时间里,大宋王朝的君臣基本上就围绕着三件大事折腾不休:一、拜谒;二、加官;三、赐宴。史书中关于这段时间内赐宴的记载比比皆是,诸如"宴近臣于集禧殿","宴近臣于会灵观","御乾元门观酺,自是凡五日"。官家的情绪相当好,他情绪好下面的人就沾光了。宴饮中有"礼客懈惰",也就是吃相难看者,阁门官据实报告要求处分,官家哈哈一笑:你们又要人家开怀畅饮,又要人家谨守礼仪,人家做得到吗?处分就免了,下不为例吧。什么叫通情达理,这就是。一个天底下最有权势的人能够通情达理,喊他几声"万岁"也无妨。

酒也喝了，诗也和了，热闹也热闹过了，一转眼就是祥符八年的暮春了。今年是大比之年，各路举子云集京师，他们有幸遇上了科举制度的一项重要改革——糊名。糊名就是将试卷中考生的身份信息弥封，交誊录人用规定字体誊写，再送考官批阅，这是为了杜绝后门请托及作弊，该制度的设计者就是那个名列"五鬼"之一、大家不太喜欢的陈彭年。但对于莘莘学子来说，不管糊名不糊名，反正是个考呗。"一试奔驰天下士，三年冷暖世间情。"这是南宋人《科举》诗中的句子，其实在北宋祥符年间那个时候，科举是四年一榜，那就是"四年冷暖"了。今年殿试的题目是官家亲自拟定的，分别是《君子以恐惧修省诗》《置天下如置器赋》《顺时慎微其中何先论》。这几年他都忘乎所以闹得昏天黑地的，出的试题却清水芙蓉一般的谦虚谨慎，可见大人物是可以有几副面孔的。待到金殿传胪，新科状元为莱州举子蔡齐。本来还有一个新喻人萧贯与蔡齐并列为候选，但蔡齐人长得帅，官家一看很欣赏。知枢密院事寇准又在一旁说：南方人不宜当状元。其实寇准的出发点倒不一定是地域歧视，萧贯与王钦若同为江西人，寇准不喜欢王钦若，萧贯也跟着沾腥味。在一百九十七名新科进士中，有一名叫朱说的青年，其实他本不姓朱，只因父亲亡故随母改嫁朱门。两年后，他归宗复姓。归宗复姓的这个名字后来知道的人比较多：范仲淹，字希文。

这期间还发生了一则请客吃饭的新闻，与官家赐宴无关。

大家或许还记得张耆吧？对了，就是那个一开始给官家——那时还是寿王——和刘娥拉皮条的王府胥吏。有的人一生只做对了一件事，但这件事就足够他受用一辈子，张耆就属于这种幸运儿。刘娥入宫后一直受宠，张耆这些年也理所当然地渐入佳境。现在刘娥当了皇后，张耆的身份则是三衙禁军的侍卫马军副都指挥使。以潜邸旧人出典禁军是本朝惯例，而且，从禁军将领到西府（枢密院）掌门只有一步之遥。可以预料，属于张耆的飞黄腾达的仕途才刚刚开始。

张耆要请客吃饭，对象是"禁从诸公"，也就是翰林学士之类的文学侍从，其实与宴者远远超出了"禁从诸公"，而是囊括了两府两制及所有的执政高官。这件事他先请示了官家，官家同意了。当然如果你认为是出自官家的授意，那也不会错，因为张耆下一步要进入执政班子，人际关系很重要，到时候，任命书是需要宰相签署的。经官家同意的宴请，这顿饭的规格就不同了。这顿饭吃了些什么，史无记载；有记载的是吃了多长时间：

> 既昼集尽欢，曰："更毕今日之乐。"于是罗帏翠幔，稠叠围绕，高烧红烛，列坐蛾眉，极其殷勤。每数杯，则宾主各少歇，如是者凡三数。诸公但讶夜漏如是之永，暨撤席出户，则已再昼夜矣。[25]

一顿饭，从第一天白天吃到第二天夜间，超过了一昼夜，而且与宴者还不觉得。张耆宴客之豪奢，或许不能说明其他什么，但有一点是毫无疑义的：刘娥得势了，这个女人的影响力正在从后宫走向前台……

注释：

〔1〕（宋）洪迈《容斋随笔·三笔》卷十一《宫室土木》。

〔2〕〔3〕〔4〕（宋）李焘《续资治通鉴长编》卷七十一。

〔5〕《续资治通鉴长编》卷八十一。

〔6〕（宋）释文莹《湘山野录》。

〔7〕〔8〕〔9〕《续资治通鉴长编》卷七十六。

〔10〕（宋）《宣和画谱》卷四《道释·武宗元》。

〔11〕（宋）刘道醇《圣朝名画评》卷一《人物门·王拙》。

〔12〕（宋）郭若虚《图画见闻志》卷三《纪艺·张昉》。

〔13〕《圣朝名画评》卷二《山林木门·庞崇穆》。

〔14〕（宋）郭若虚《图画见闻志》卷四《纪艺·刘文通》。

〔15〕（清）杜文澜辑《古谣谚》。

〔16〕〔18〕〔19〕《续资治通鉴长编》卷七十九。

〔17〕（明）陈邦瞻《宋史纪事本末》卷二十二。

〔20〕《续资治通鉴长编》卷八十。

〔21〕（唐）杜甫《宾至》，原诗为"岂有文章惊海内，漫劳车马驻江干"。

〔22〕〔23〕（宋）欧阳修《归田录》。

〔24〕《续资治通鉴长编》卷八十二。

〔25〕（宋）王明清《挥麈录》。

第九章　还降天书

1. 天禧

祥符九年十一月，诏来年改元天禧。

一般来说，龙廷上没有换人，改换年号无非三种情况：其一，为了宣示某种新的执政理念；其二，发生了什么大事喜事，以兹庆贺（例如眼下的"大中祥符"即此）；其三，流年不利，希望否极泰来。此次改元，大致属于"其三"，"否"者，蝗灾也。

在中国历史上，以乡野间的某种小虫对政治和社会的颠覆力而言，恐怕无过于蝗虫者，这是一个关于天灾、饥荒、动乱甚至末世的话题，令人谈之色变。祥符九年和天禧元年的史册上充斥着关于蝗灾的记载。但奇怪的是，围绕这场天灾，自始至终有两种声音，一种声音是睁着眼睛说的，一种声音是闭着眼睛说的。睁着眼睛说话的人实话实说，在他们的奏报中，王朝广袤的国土上到处都是蝗虫的盛宴,灾庆蔓延,触目惊心,饿殍遍野,民不聊生。老实说,这样的奏报有点讨人嫌,特别是讨人主嫌,因此又可以称之为讨嫌派。闭着眼睛说话的人则只承认有蝗虫,不承认有蝗灾。何以无灾?原因是铺天盖地的蝗虫或"抱草死",或"投海死""投湖死",或"殒于涧中",或莫名其妙地"自死"。这些深明大义慷慨赴死的蝗虫啊,就是死活不吃庄稼,其原因当然是官家的圣德感动了上天,让蝗不为害。从这个意义上说,这些人又可以称之为歌德派。有时候,歌德派和讨嫌派的争论一直闹到朝堂上,连皇帝和宰相也不得不站队发声,例如天禧元年七月的这一次。

> 先是,上出死蝗以示大臣,曰:"朕遣人遍于郊野视蝗,多自死者。"翌日,执政有袖死蝗以进者,曰:"蝗实死矣,请示于朝,率百官贺。"王旦曰:"蝗虫为灾,灾弭,幸也,又何贺焉!"皆力请之,旦固称弗可,乃止。于是,二府方奏事,飞蝗遮天,有堕于殿庭间者。上顾旦曰:"使百官方贺而蝗若此,岂不为天下笑耶。"[1]

蝗虫的生命周期本来就很短,此君一辈子就是不停地吃。吃饱了,腿一蹬,死翘翘。至于死在什么地方,完全是一个随机性情节,可能"抱草死",可能"投海死""投湖死",或"殒于涧中"。既然如此,在旷野里发现几只死蝗虫有什么值得大惊小怪的呢?你看看这幕闹剧演的,先是皇帝"出死蝗以示大臣",证明蝗虫"多自死者"。第二天,大臣们就纷纷"袖死蝗以进",要求官家接受庆贺。王旦实在看不下去了,他说,蝗虫为灾,这是坏事。坏事刚过去,有什么值得庆贺的呢?但朝堂上的那些马屁精好不容易逮到了一次机会,岂肯放过?"皆力请之。"一个"皆",一个"力",歌德派之人多势众,且志在必得,跃然也。王旦一向是喜欢和稀泥的,但这次没有,他态度坚决,"固称不可"。当时那场景也真是滑稽,外面骄阳如火,皇帝和大臣们拿着几只死蝗虫在朝堂上唾沫乱飞地争论不休,而他们争论的问题就智商而言肯定没有超过低幼级别,即,蝗虫到底吃不吃庄稼。争论后来因倏然而至的"飞蝗遮天"而告结束。是役,歌德派暂时铩羽而归。

但争论并没有结束,在后来的日子里,歌德派关于"蝗不成灾"的合唱一再上演,仅同年的七月和八月,此类报告就不胜枚举:

> 开封府言祥符县赤岗村蝗附草而死者数里,撷其草来上。[2]

> 京兆府、华州并言,田谷滋茂,蝗飞越境有自死者。[3]

> 相州言安阳县有蝗抱草而死者,约十余里。磁、华、瀛、博等州并言蝗不为灾。[4]

诸路使臣言飞蝗多不食苗。[5]

好了，不抄了，干脆跳到第二年的七月看看：

知永兴军寇准，言部内民稼蝗伤之后，茎叶再茂，蝗多抱草死。

仍然是"抱草死"的陈词滥调，但这一条新闻的看点在于上书人的身份，那个曾在太宗朝"挽衣留谏"，在"澶渊之盟"中力挽狂澜，对装神弄鬼的王钦若之流嗤之以鼻的立朝刚正的寇准，竟然也加入了歌德派的合唱。

但不管歌德派如何表演，朝廷上下对蝗灾的严重性其实都心知肚明，不然用不着采取那么多应对措施，而且所有的措施都做到了极致。例如，禁屠宰，以前一般只针对六畜，也就是《三字经》中所说的"马牛羊，鸡犬豕"。今年连鹅鸭也咸与上位，进入了禁屠之列。再例如，因天旱及蝗灾，照例有由朝廷和各级政府主导的祭祀活动，宋代的国教为道教，佛教是没有地位的，以前举行类似的祭祀活动，佛寺从来没有名分。今年朝廷却破例"命辅臣分祈天地、庙社、神祠、宫观、佛寺，旱故也"。[6]也就是说，今年佛寺也有冷猪头了，待遇与道教的宫观相同，只是排名在其后。为了表达对上天的虔诚恭谨，从春天开始，朝廷就停止娱乐活动。先是罢上巳宴（三月三日水边饮宴），然后又罢社日（立春和立秋后第五个戊日）饮会，罢重阳宴。从太祖开宝三年开始每年例设的秋宴亦暂停。随着灾情愈演愈烈，又罢各级政府的基建工程，罢诸路进贡瑞物。"罢"这"罢"那，当然都是好事，至少"罢"去了不少开支，但蝗虫是不肯作"罢"的。在当时的条件下，剩下的办法也只有祈求上天了。朝廷派出各路使者分赴全国各地进香，并且在操作层面上务求严谨恭肃，生怕在哪个环节上有所疏漏，惹得老天不高兴。但世界上的事你怕什么往往来什么，这不，派到南海去进香的使者出事了。

派去南海进香的使者是张信。中使出京，用的都是各地驿站提供的马匹。一个殿前的小武官，好不容易有了一次出京办差的机会，张信很珍惜。他骑在马上，把祭祀用的一应圣物——敬献给神灵的青词、祝版和御封的名贵龙涎香——全都抱在怀里。一路颠颠簸簸，晓行夜宿。也不知是体质的原因，还是天气太热了，或是路赶得太急，或者三种原因凑在一起，反正，中使张信中途突然坠落马下，当场殒命。

这下麻烦了。

麻烦在于人命关天。这不是说张信的命有多重要，而是说他这一死，牵涉到去南海进香这趟皇差还要不要办了，进香当然关乎老天，所以叫人命"关天"。张信还有随行人员，现在他们有两种前途，一种是打马回京，向朝廷复命；一种是前赴后继，完成张信的未竟之业。若半途而废，回京复命，一行人由于没有完成使命，肯定不会有好果子吃。那么前赴后继呢？光是这说法就相当堂皇，当然是"后继"好。但问题是，不是你想"后继"就可以"后继"的，必须得到朝廷的旨意。而决定朝廷旨意的是对张信之死及其后果的研判：张信坠马而死,那些抱在他怀里的祭祀用品应该已经不干净了,还能用来祭天吗?

有一种说法:时势造英雄。但英雄毕竟是凤毛麟角,在更多的时候,则是时势造谎言。在当时的情况下,张信的那些随从别无选择,他们只能编造鬼话。他们说,在张信坠马时,他们听到空中有声音,曰:"无损祝版、香合。"[7]也就是说,张信虽死,于祭祀用品无碍,亦不应影响南海之行。

老实说,这样的鬼话编得太蹩脚了,但在一个从上到下鬼话连天的时代,编造鬼话不会有什么风险,你即便编得再蹩脚,也不会有人来戳穿,朝廷反而据此下诏,严申中使出京进香的若干细则,其中不仅包括一应祭祀用品如何"缄封护持",还包括在驿站过夜时如何保证安静严肃,甚至还规定选派进香的使者,其资格必须是承节郎以上。顺便说一下,死去的那个张信,其身份只是应奉祗应的殿侍——一种未入流品的低级武官,这就对老天不大恭敬了。

我在上文中说编造鬼话不会有什么风险,这话肯定太绝对了,因为不久就发生了两件与装神弄鬼有关的案件,闹得朝野沸沸扬扬。

婺州有一个叫黄衮的人跑到京师乾元门击登闻鼓,状告另一个叫袁象的人"家藏禁书,课视星纬,妖妄惑众"。[8]实际上袁象就是民间那种以占候卜筮为业的江湖术士,但他为了哗众取宠骗吃骗喝,把星象风水和政治运势联系在一起,这就犯大忌了。朝廷马上令御史台派员查处,这种事情,查处的效率当然是不用怀疑的，一个带有政治色彩的阴谋小集团很快就被挖出来了，涉案者包括乡民、进士、政府官员多人，他们或是听了袁大师的讲座，或是请袁大师为自己占卜过前程。结果，袁象和州民童某、进士吴某被处死，其他人或流放或除名，无一幸免。那个到京师告状的黄某人自然是立了大功，他受到的奖励是"补三班奉职"，堂而皇之地进入了公务员队伍。

　　这桩案子的处理相当严厉，在宋代，除去搞武装政变和叛乱，因政治问题而掉脑袋的很少，这次一下子就砍了三颗脑袋，其中还有一个进士。就因为一个贪图小利而狂妄无知但绝对谈不上有什么政治野心的江湖术士，竟兴此大狱，实在有点杀鸡用牛刀。而且，该案在审理中各方并无歧义，一致拥护。

　　但不久以后的另一桩案子就没有这么舆论一律了，犯案者其实也是一个占候卜筮的角色，这种人整天沉湎在神神鬼鬼的思维中，时间长了就出不来了，就真的以为自己能穿越人神两界未卜先知了，他竟然"上书言宫禁事"。结果"坐诛，籍其家"。[9]他在上书中究竟说了些什么，不知道，这属于敏感话题，不方便披露。那就让他"坐诛"吧。但接下来"籍其家"时，却抄出了不少朝士（中央官员）向他占问吉凶的书信。官家很愤怒，政府官员，而且还是中央机关的官员，竟然参与这种神神鬼鬼的活动，太不讲政治了。他下令把这些人统统交御史台审判。这时候王旦站出来说话了，他说，占卜吉凶，这是人之常情，而且他们所说的都与政治无关，不值得追究。又说，我当年还没有发达时，这种事也做过，官家一定要问罪，就先从我这里开始。官家说，这件事我已经通知御史台，只能这样处理了。话说到这种地步，做臣子的不应该再坚持什么了。王旦却仍然据理力争，说我作为宰相，执行国家的法律，怎么可以自己违法没被发现就暗自庆幸，一面又用同样的法律去惩罚其他人呢？官家对王旦一向尊重，说敬畏也不为过分，见他态度坚决，也只得听他的。王旦一回到中书，就叫把那些抄来的书信全烧了。但有和那些涉案官员过不去的人却不肯放手，一再揪住不放，上书要求究治。官家也心生悔意，叫王旦把那些书信拿出来，王旦双手一摊："臣已焚之矣。"[10] 遂作罢。

以上的两桩案子都发生在天禧元年二月左右，当时王旦的身体已经不行了，由此我们亦可以理解，向来性格温厚绵里藏针的王旦，这次在官家面前何以如此不依不饶。一个人在接近生命的终点时，考虑问题可能要简单一些，没有那么多的患得患失。两个多月以后，王旦上表请求病退，官家不许。两天后，再请，仍不许。但批准他五日一赴中书，遇军国重事，不论时日入预参决。也就是说，可以不用正常上班，但大权还在他手里。又给他加了很多光鲜的头衔。这其实不是什么好兆头，一般来说，朝廷忙着给某位老臣加官晋爵，特别是加一大堆荣誉性的虚衔，那就有点临终关怀的意思了。

真正的临终关怀是在王旦死前数日，官家亲自登门探望，除去对军国大事有所垂询，临走时又赐白金五千两。事后，王旦令家人奉还。奉还皇帝的赏赐要写一道表章，到了这种时候，估计只能让家人代笔了，但最后四句是他自己加上去的："已惧多藏,况无所用,见欲散施,以息咎殃。"⁽¹¹⁾为什么要说"以息咎殃"呢?难道他担心身后政局的动荡会殃及自身吗?不好说。在此之前,官家曾让人把王旦抬进宫中,问以后事,其实就是让他推荐接班人。王旦起初仅说"知臣莫若君",官家只好一一列举人名,王旦都不表态。直到最后,王旦才说:"以臣之愚,莫若寇准。"但官家不喜欢寇准的个性强势刚愎自用,要他推荐其他人,王旦说了一句:"他人,臣不知也。"⁽¹²⁾就不再说话了,他还能说什么呢?从天书首降到现在已经十年,十年折腾,国事日非,可官家仍执迷不悟。加之后宫太子孤幼,刘后擅权;外朝则有王钦若丁谓之流跃跃欲试。这样的政治局面让晚年的王旦忧心如焚。多事之秋,山雨欲来,他只能寄希望于耿介敢为的寇准,就才能和魄力而言,寇准可能更胜于自己,这是王旦对寇准的评价。

王旦最大的心病,是在天书问题上随波逐流。临终,他对儿子说:我没有别的过失,只有不谏天书,为过莫赎,死后为我削发披缁以殓。他也许是想用佛教的葬仪,对崇尚道教的皇帝做无言的抗议。儿子准备执行遗嘱,以表其父的无尽悔恨,最后被杨亿劝阻,毕竟,大家还得在赵宋的天空下过日子哩。

王旦死矣。这位鞠躬尽瘁的平世之良相,堪称死而后已。但最后连自己的遗嘱都未能实现,宰相若地下有知尚能"已"乎?王旦是个复杂的历史人物,后世对他的评价有各种声音。褒之者赞赏他的鞠躬尽瘁且奉身至薄,个人品德臻于完美,几乎把他捧上圣坛。贬之者则认为他世故圆滑且长袖善舞,所有的赞美都是"箭垛效应",对其不以为然。李焘在《续资治通鉴长编》中借"议者"之口这样评价:"旦逢时得君,言听谏从,安于势位而不能以正自终,或比之冯道云。"[13] 这样的评价稍显偏颇,特别是把王旦比之于五代时期没有政治节操的不倒翁冯道很不合适。因为两人所处的时代不同,一为乱世,一为治世。更重要的是,王旦对真宗并非一味逢迎,而且他自始至终也没有与"五鬼"同流合污。真宗死后,王旦配享庙廷,作为臣子,这是极高的荣誉。建碑时,其碑额由仁宗亲篆,曰"全德元老之碑"。这个"全德元老"大体上可以代表主流评价。其实,把一尊素颜装扮成道德完人,也是不靠谱的。最靠谱的还是他自己临终前对儿子说的那两句话:我没有别的过失,只有不谏天书,为过莫赎。这种自知之明,难能可贵。

这些年闹闹哄哄,折腾不歇,国家财政和政治生态固然每况愈下,各级官员也累得疲猴子似的。这么大的国家,万方多难,宰相首当其冲。王旦本来就体质羸弱,有人说他是累死的,这个"累"主要还是心累。其实,累死的不是他一个人,就在王旦去世半年前,比他小四岁的陈彭年就先倒下了。陈彭年学问不错,做事认真,但他是南唐降臣,为生存计只能奋不顾身地附和新主子。官家信奉天书祥瑞,他不仅不吝惜自己的老嗓门大唱赞歌,而且千方百计地为之提供理论根据,并因此名列"五鬼",坏了自己的名声。说他名声不好,有一个例子。陈死于中风,他发病时的情况,史书有详细记载:

初,加上(皇帝)祖宗谥册,刑部侍郎、参知政事陈

彭年,侍上朝天书毕,将诣太庙,退诣中书阁中,方如

厕,风眩仆地……[14]

　　他太辛苦了,"侍上""将诣""退诣""方",一连串表示趋向

和时态的动词渲染出马不停蹄的紧迫感。他是倒在厕所里的,

厕所不是什么值得大事张扬的所在,一般来说,这种情节在史

书中没有必要交代得如此详细,除非史书的作者厌恶其人,故意

用这种笔法糟践他。史家笔下,看似客观冷峻,其实是有情感有

温度的。你看,"方如厕,风眩仆地"。刑部侍郎、参知政事、"五

鬼"中的学者和理论家陈彭年最后死在厕所里,他死得其"所"。

其实官家自己的身体也已危机四伏,他才虚岁五十,正值壮年,

但皇帝这种职业很难高寿,何况他又是资质平平却又责任感很

强的君王,其内心承受的压力自然更大些。天禧元年三月,两浙

路转运使向朝廷报告赈灾举措,由于去年蝗灾歉收,开春后各州

府即设厂放粥。但由于外邑地远,饥民为了吃碗糜粥要跑很远

的路,势必影响耕作。转运司决定就地给米,"人日三合,颇济

穷乏"。我不知道这个"人日三合"的"合"是多大的量器,但

我知道当时的两浙路不仅包括后来浙江的大部,还包括后来江

苏的南部和整个上海,其核心区域即太湖平原。自晋室南迁以

后,这一带就成了全国最富庶的鱼米之乡。现在,连素称富庶的

两浙路也饥民奔竞,嗷嗷待哺,接到这样的报告,官家当作何感

想呢?

　　官家只说了一句话:

前转运司言蝗不为灾,皆妄也。[15]

　　"妄"者,荒谬也。官家总算知道了所谓蝗不为灾全是荒谬的假话,但把板子全打在下面官员的屁股上则难说公允。如果不是这些年到处装神弄鬼报喜不报忧的大气候,下面的官员能睁着眼说瞎话吗?真正的"妄"者,恰恰是官家自己。人最痛苦的,就是否定自己,所谓诛心者,莫过于自我批判。这些年,随着国事日非,官家内心的那座神殿正在一点一点地坍塌,他当然不会甘心,但又无可奈何。

　　七月的一天中午,他目睹了京师飞蝗蔽空的黑色一幕:

　　飞蝗之过京城也,上方坐便殿阁中御膳,左右以告,上起,临轩仰视,则蝗势连云障日,莫见其际。上默然还坐,意甚不怿,乃命撤膳,自是圣体遂不康。[16]

　　一叶落而知天下秋,官家患的是心病。

　　冬天来了,天禧元年的冬天似乎特别冷。一进入腊月,京师大雪兼旬。这时候,朝廷照例把一个本来就温情脉脉的成语用最煽情的方式演示一番,这个成语当然是雪中送炭。其实也不全是"送",而是减价鬻炭十万秤(每秤为十五斤)。公告腊月十六日五鼓开售,每人限购一秤。这个"限购"是上限也是下限,也就是每人只能购一秤,多购不行,少购也不行。结果很多市民大老远赶来排队,但口袋里的钱不够买一秤炭,白跑一趟。

朝廷只得又下诏，改为一斤起购，让那些升斗小民好歹也能分享一点朝廷德政的温暖。

这样的新闻令人彻骨生寒，都说天子脚下，金粉繁华，却竟然有连一秤炭也买不起的贫民。"朱门酒肉臭，路有冻死骨"，在这个承平时代的腊月里，开封以一种栩栩如生的方式向诗圣致敬。

2. 出山

太宗太平兴国五年的进士有"龙虎榜"之称，所谓"龙虎榜"就是走出的重量级人物特别多，那一榜后来在高层政坛上有头有脸的人物，随口就能说出李沆、苏易简、王旦、向敏中等名字。其中苏易简为新科状元，而王旦和苏易简则是儿女亲家，著名诗人苏舜钦就是王旦的外孙。

那一榜还有寇准。

后人对寇准的了解，多是通过话本小说《杨家将》，那自然带着很多演义的成分。因上谷为寇氏郡望，寇准入仕后，人们尊称他为上谷公或上谷寇公。上谷在山西，这样传来传去，后人便以为他是山西人，其实他是陕西华州人。他也不是旧戏舞台上那个节俭得抠门的寇老西，恰恰相反，作为高级官僚的寇准生活相当奢华，他好声色，好排场，好美食，宴客常通宵达旦。他还特别喜欢跳舞，那种名叫柘枝的舞蹈，有点类似于后来的迪斯科，寇准亦有"柘枝颠"之称。这个"颠"，是痴迷的意思。景德元年冬，契丹大举南侵，真宗在寇准的裹挟下勉强亲征，与契丹对峙于澶州。真宗心虚，老是派人去打听寇准在做什么，回报或曰寇准大白天在睡觉，鼻息如雷；或曰："寇准方命庖人斫鲙"，真宗才稍觉宽心。"斫鲙"就是制作生鱼片。当时宋军在澶州城内，城外是契丹二十万大军，大战一触即发，作为军事上负总责的寇准，竟然有心思叫厨师制作生鱼片。要知道，生鱼片要用活鱼，这些活鱼肯定都是养在水柜里由开封运来的。家国存亡之秋，戎马倥偬之际，斫鲙其重乎？但在北宋那个时候，官员——特别是高级官员——生活奢侈并不会引起非议，反而会得到鼓励，这种鼓励从太祖立国之初就开始了，那是在一次被称为"杯酒释兵权"的宴会上，太祖鼓励大家多积攒金钱，多买田置宅，多收歌儿舞女。当然还不止这"三多"，反正是鼓励大家纵情声色，及时行乐。上有所倡，谁还愿意苦逼呢？赶紧向着幸福裸奔呀。裸奔也要讲究品位，像钱惟演知淮宁府时，在城头上植草坪，每宴客命官妓光着袜子分行步于其上，一边传唱《踏莎行》，那样的创意，堪称一时盛事。有一次皇上在金明池赐宴，太宗亲自给寇准戴上鲜花，且赞叹道：爱卿青春年少，正是戴花饮酒之时啊。若说戴花饮酒，享受生活，寇准确实比别人更有资格，因为他还有一重光环，他的岳父是宋偓，宋偓有两个女儿，大女儿即太祖皇帝的孝章皇后，小女儿嫁给寇准。也就是说，寇准是太祖皇帝的连襟。可以想见，寇准当年不仅科场得意，颜值也应该不低，不然，一榜那么多进士，他又不是大魁天下的状元，娶太祖皇帝的小姨子，这种好事怎么单单落到他头上？男神呗。

寇准自景德三年罢相外放，已整整十三年了，其间他曾于祥符七年一度进京，任枢密使，但大半年后即被罢，判永兴军。这个永兴军就是汉唐的首都长安，当年王维笔下"九天阊阖开宫殿，万国衣冠拜冕旒"的国际大都市，如今已泯然州府矣。随着全国的经济重心逐渐南移，京都越来越依赖大运河的供养，从唐昭宗天复四年至今，时间不过一百年多一点，中国的政治中心已由长安而洛阳而开封。"衰兰送客咸阳道，天若有情天亦老。"一部带着悲情色彩的残唐五代史，就浓缩在三座都城的盛衰更替和一路向东的迁徙之中，令人不胜感慨。

一个对生活质量孜孜以求的士大夫，不可能不留恋官场，也不可能甘于长期沉沦州府。这些年，寇准一直密切注视着京师的官场，窥测方向，以求上位。官家东封西祀，他都上表请从，以表明自己的政治站位。各地官员以祥瑞取悦官家，寇准也踊跃跟风。祥符七年他短暂进入中央高层，曾"内出丁谓所贡芝草列文德殿庭宣示百官"。[17]这说明他对祥瑞并不反感，而且那时候他和丁谓的关系还没有闹翻。寇准是能力和个性都相当强势的人，其作风不是绵里藏针而是锋芒毕露。当年在朝堂上，他曾演绎过对皇帝"挽衣留谏"的情节。臣子敢于犯颜直谏并不稀奇，但臣子在朝堂上动手拉住皇帝的衣服，强令皇帝坐下来听他的意见，这种事情历史上似乎还不多见，何况对方乃一向强权的太宗。寇准一生三起三落，如果说前两次起落都与他的耿介孤忠刚直自任有关，那么现在为了第三次"起"，他或许会暂时把政治节操放到一边，当一回风派人物。因为归根结底，目的才是一切，要讲节操，也要等爬到了那个位置再讲，不然谁能看见？历史是势利的舞台，它只铭记成功者的名字。寇准已经五十九岁了，再不进入中枢，他就没有机会了。

作为后祥符时代的天禧年，虽然仍旧保持着祥符政治的巨大惯性，但一切已成强弩之末，同样是装神弄鬼，原先那种堂堂正正的做派已逐渐式微，而代之以社会底层的鼠窃狗偷之举。天禧二年夏天，西京洛阳讹言有"帽妖"入民家食人，闹得全民恐慌，市民竟每夜"聚族环坐，达旦叫噪"。连军营中的军士也不敢睡觉。这些年，官家自己装神弄鬼是家常便饭，但他决不容许别人借此"因缘为奸"。于是下诏追查谣言。但谣言跑得比天使快，天使到了洛阳，谣言已攻陷京师；天使回到京师，谣言又大举南侵，应天府望风而下，"时自京师以南，皆重闭深处"。[18]大半个国家的民众，天一黑就"重闭深处"，惶惶不可终夜。朝廷只得加大打击力度，公开列出赏格，鼓励民众举报妖人。但举报之门一开，便如同打开了潘多拉的魔盒，平日里人与人之间所有的争斗、仇隙、忌妒或者那些莫名其妙的人格缺陷，全都成了举报背后最蓬勃的动机，一时沉渣泛起，奸徒弹冠相庆；诬告奔竞，冤狱遍于国中。而涉案者一经举报，就被从快从重从严处理，有的被杀头，有的被流放。杀头者，皆弃市，也就是在闹市执行，以发挥震慑作用。那些滚在大街上的头颅多出自和尚道士及江湖术士之躯。祥符以来，朝廷高层装神弄鬼的政治气氛，对民间的左道旁门不无鼓励，但这些人其实是自作多情，不错，装神弄鬼从本质上讲都是一路货，但关键在于你是否在御用之列，如果有幸被官家御用——例如王钦若周怀政之流——你怎样胡说怎样讨喜；如果你只是游走江湖骗吃骗喝，那对不起，说不定什么时候就抓你一个"妖言惑众"。"帽妖案"以社会流言为滥觞，以群众性的举报和倾陷为高潮，以一大堆冤假错案为终结。其流言初起是在天禧二年六月中旬，到了七月中旬流言已大致消弭。这时候，始有谏官上言，认为这些案子多因"枉觊重赏"而"诬执平民"，要求重新审理。不久，官家发话了：

> "比令纠告造妖者，及吕夷简推勃，屡戒其审察，
> 无使枉滥，果多不实。"即诏令今日已前犯者，更不
> 问罪。[19]

他也知道"果多不实"，于是皇恩浩荡，一律不予追究。但那些在闹市被砍的头颅，还能长回去吗？

不久，陕西商州又破获了一件装神弄鬼的案子，一名道士因私藏禁书，而且吹嘘能用法术驱使六丁六甲，结果被逮捕。在审讯中，该道士交代曾出入王钦若家，并且有王钦若赠他的诗作和书籍。宋代严禁民间私藏天文卜相书，因为笃信天命鬼神的皇上认为，民众掌握了这些书就会危及统治。王钦若本身是个狂热的宗教信徒，他与那些人有来往很正常。但在官家看来，你帮我搞神道设教是可以的，但你与那些人搞在一起，究竟意欲何

为？难道想驱使六丁六甲入宫造反不成？这样一想，王钦若还有好果子吃吗？祥符以来的天书闹剧，功劳最大的就是周怀政和王钦若，其中承天门天书和功德阁天书具体炮制者就是周怀政，王钦若则有鼓吹襄助之功。而泰山醴泉亭天书从创意到操作都是王钦若一手包办，以王钦若在天书事件中的表现，他早就应该跻身相位了，只是因为王旦厌恶其为人，一直以"南人不相"的祖宗法力阻。王旦去世前夕，王钦若才好不容易由枢密使拜相。为此他很有些愤愤不平："为王子明故，使我作相晚却十年。"子明是王旦的字，王钦若字定国。现在，这位因帮助官家装神弄鬼好不容易爬上相位的王定国，在相位上屁股还没坐热，却因为自己装神弄鬼被官家罢免。

官场上有一个人倒霉，就意味着另一个人的机会，这样的定律既残酷又温馨。王钦若下台，拜相的机会大概率会轮到寇准头上，这不光因为王旦离世前曾向官家力荐；更赶巧的是，前些时在永兴军辖下的乾祐山发生了一件大事，官家要寇准向朝廷报告。

要你报告，就是考察你的政治站位。站位很重要。

但是这中间有一个问题，既然是永兴军发生的事，首先向朝廷报告的应该是当地最高军政长官寇准。现在官家指定要寇准报告，只能说明此前向朝廷报告的是其他人，寇准对事件还没有表态。这就有点令人费解了。

我们还是来看看事情本身。

事情的起因是永兴军巡检朱能在乾祐山中发现了天书，巡检的职能相当于后来的警察，除了负责日常的巡逻、捕盗、缉私、消防之外，战时还参加作战。这个朱能实在是"能"，一个正九品的小武官，能够把报告直接上达天听，说明他在朝廷高层有内应。这个内应就是和官家有一"腿"的宦官头目周怀政。

朱能伪造天书无非是想跟风投机，捞政治资本。但这种事周怀政已经干过好几次了，为什么还要干呢？这我们以后再说。先说说寇准如何站位。

乾祐山天书是祥符以来的第四封天书，但距离第三封天书已十年有余，十余年后再做天书的文章，朝野都知道是在造假。我们无法窥测官家内心的真实想法，但他别无选择，只能相信，因为这封天书是周怀政报告的，周怀政对前面的三封天书知道得太多了，一个臣子掌握了太多的最高机密，就等于掌握了官家的许多把柄，他就会拥"柄"自重。这时候，官家实际上就被他绑架了。周怀政说乾祐山发现了天书，官家只能相信，并下诏迎入大内，一面又让寇准进京报告。

寇准踌躇满志地上路了，春风得意马蹄疾，一日看遍长安花。长安的花他是无心多看了，他急着要去赶赴京师官场的加冕盛典。吟鞭东指，关河雄阔，此一去，他是认定了要大展宏图的。

但其他人却并不这样认为。

首先是处士魏野给他泼冷水。寇准判雄州期间，魏野曾为幕宾；寇准判永兴军，魏野退隐还山，与寇准仍时有过从。处士都能写诗，魏野的诗还写得不错，甚至连契丹皇帝也是他的粉丝。寇准这次进京，魏野自然有诗相赠，其中有"好去上天辞富贵，却来平地作神仙"这样的句子，对寇准去京师征逐官场持明确的反对态度。在他看来,朝廷的政局已远非寇公往日出入中枢时可比,帝政、后党以及执政集团内外,各种矛盾交织在一起,形势异常险恶。寇准是魄力有余而政治智慧不足的莽夫,此时入局,凶多吉少。魏野世事洞明,又处身局外,自然旁观者清。但寇准此时心气浮躁,一门心思向往"上天富贵",岂愿作"平地神仙"?"公得诗不悦。"他当然"不悦",并且从心底里鄙视山人陋见。两年后,寇准果然从官场落荒而去,贬斥道州。去国怀乡,满目萧然,失意凄惶之际,他才想起当初魏野诗中的人生规划是何等高远,遂"题前诗于窗间,朝夕吟讽之"。[20]

如果说魏野的送行诗只是一种意向性的规劝,那么寇准的门生则以上中下三策提出了相当详细的应对方案:

> 寇准自永兴来朝,准将发,其门生有劝准者曰:"公若至河阳,称疾坚求外补,此为上策;倘入见,即发乾祐天书诈妄之事,尚可全平生正直之名,斯为次也;最下则再入中书为宰相尔。准不怿,揖而起。君子谓准之卒及于祸,盖自取之也。"[21]

对魏野的诗,寇准是"不悦";对门生的上中下三策,他是"不怿"。"不悦"等于"不怿",都是不高兴。因为他太想"再入中书为宰相"了。"准不怿,揖而起。"那种义无反顾一意孤行的姿态太传神了,该姿态如果用于一项正义的事业,足可成就易水悲风之不朽,可惜他只是为了自己头上的一顶乌纱帽。

寇准拜相的制词出自杨亿之手。杨学士确是大手笔,制词大开大阖、华采赡丽,评价寇准数言以蔽之:"能断大事,不拘小节。有干将之器,不露锋芒;怀照物之明,而能包纳。"据说寇准本人对这几句尤为欣赏。制词这东西本来就是不着边际的大话套话,但杨亿评价寇准的这几句大体上还算贴切,只是"不露锋芒"与"而能包纳"难说实事求是。官场上的寇准缺少的恰恰是一点涵养,他锋芒太露,对别人也不够"包纳",这是他政治智慧不足的体现。制词中最确切的是"能断大事,不拘小节",但有时就是这个"不拘小节",让他的政治空间日见支绌。例如所谓的"拂须"事件。

寇准拜相的同时,丁谓也进入了内阁,为参知政事(副宰相)。两个强人相遇,要么惺惺相惜,要么暗斗明争。这两个"要么"他们全占了:先是惺惺相惜,后来暗斗明争。惺惺相惜是因为两人不在一个起跑线上,寇准虽然只比丁谓大五岁,但他少年得志,在官场上堪称前辈。寇准曾与李沆同在中书,李沆是真宗的老师,为人器度宏远,有"圣相"之誉。寇准多次向李沆推荐丁谓,李沆说:这种人品的人,能让他居于人上吗?寇准说:这样有才能的人,你能老压着不让他上吗?对于寇准的反问,李沆不置可否,只是笑道:"他日后悔,当思吾言也。"[22]"他日"是哪一天呢?没有谁说得准,那就不管他吧。在寇准的推荐下,丁谓果然上升得很快。寇准外放后,丁谓又搭上了天书事件的顺风车,在这场祸国殃民的闹剧中,丁谓居功至伟,亦一路青云。现在寇准和他又同在中书,鉴于寇准既往的声誉,丁谓起初对他甚

为恭谨,于是便发生了"拂须"事件:

> 谓在中书,事准谨甚。尝会食,羹污准须,谓起,徐拂之。准笑曰:"参政,国之大臣,乃为官长拂须耶?"谓甚愧之,由是倾诬始萌矣。[23]

这里的"会食"应该是工作餐,因此一切后果与公款吃喝或腐败之类无关,但与人的面子有关。不知寇准是玩笑开得太随便还是出于厌恶丁谓的奉承,反正他确实太过分了。打人不打脸,这是中国的古训;打脸易翻脸,这是人之常情。同僚之间,又不是什么原则问题,何苦当人目众地羞辱对方让对方下不了台呢?说到底,这还是一个政治智慧问题。

寇准和丁谓之间的惺惺相惜从此翻篇,暗斗明争正式拉开帷幕。强人出手,招招见血,真宗朝晚期波诡云谲的政治乱局,又平添了几分步步惊心的险恶气氛。

3. 乱局

入内内侍省副都知周怀政玩的这一手有点小儿科。大背景是,官家似乎正在疏远他,一个据说和官家有一"腿"的贴身内侍,现在连召见的机会也不多了。后宫那种地方,一个个都像乌眼鸡似的，恨不得我吃了你，你吃了我。谁得宠谁失意，大家都看在眼里。你得宠了，别人羡慕忌妒恨，但面常上还得奉承你、巴结你。但一旦发现你失意了，谁对你的脸色和腔调都不会好。这么多年，周怀政是用这脸色和腔调对待别人的，现在，轮到别人这样来对待他了。起初，他还能玩点小聪明：

> 怀政忧惧，时使小黄门自禁中出，诈称宣召，入内东门，坐别室，久之而还，以欺同类。[24]

但这样的小聪明有什么意思呢？也只能"以欺同类"而已。而且，一直这样玩，露馅是迟早的事。周怀政在后宫厮混了数十年，从太宗侍候到真宗，亦经历过不少政治大场面，面对目前的政治乱局，他当然不会无所作为，而所谓"作为"也肯定不仅仅是那些"以欺同类"的小花招，现在，策划乾祐山天书就是他的一个大动作。

关于乾祐山天书的具体内容，史书中一直没有披露，但从天禧三年八月朝廷因天书再降而大赦天下的制词中，可以推测天书中有"庆及元嗣"的表述。这是向天下宣告，皇太子与皇帝一样受命于天，是不容动摇的。为什么要强调这样的主题呢？在周怀政看来，朝廷高层的政治走向主要体现在帝党和后党的明争暗斗上，皇帝已患风疾，病情时好时坏，类似的症状在他大哥元佐身上也出现过，这种家族病，要痊愈也难。由于皇太子尚在冲龄，官家一旦失去执政能力，权力很有可能落到刘娥手中，而这恰恰是周怀政最不愿看到的。周怀政不愿看到当然不是出于对赵宋皇统的忠诚或所谓的历史正义感，他没有那么高尚。他担忧的是个人的官场利益。不知是不是他和官家那一"腿"被人们污名化了，刘娥明摆着很讨厌他。可以想象，一旦刘娥专政，他这个大内总管势必就此毕业。周怀政不甘心坐以待"毕"，他怎么说也要蹦跶几下，策划乾祐山天书就是一次大蹦跶，其目的在于唤起官家对前面三次天书主仆合作的美好记忆。同时也借助天书，把皇太子推上政治舞台，以阻击刘娥的专政之路。

但官家对刘娥的态度要更复杂一些。首先，作为帝王，他要维护赵宋的皇统，决不容许任何人觊觎神器，这是王朝最大的政治。而随着自己健康状况的恶化，身后的皇权赓续理所当然地成了他最大的心病，对于刘娥干政甚至篡政的危险，他有着足够的警惕。其次，作为男人，刘娥是他的妻子，他们的结合当然是权势和美貌的互相接纳，但又不全是，不然不会经历那么多的周折。那几乎是万水千山的周折，万水千山总是情啊。从街头卖艺的银匠的女人，到襄王府的专房宠幸，再到殿侍张耆家的金屋藏娇，不能说帝王和嫔妃之间就没有爱情。刘娥低贱的出身，乳母心怀恶意的小报告，太宗的雷霆震怒棒打鸳鸯，都没能阻止他们终成眷属，那只能证明他们确实是一对有情人，刘娥身上也确实有值得官家欣赏的东西。即便到了晚年，这种爱情记忆也并未湮灭。因此，即使刘娥在后宫权势日盛，官家的态度也只是遏制，而不是封杀。

周怀政的天书就是这时候出笼的，说官家对天书情有独钟，这当然没有错；但乾祐山天书给了他明确而及时的提醒，这才是他深信不疑的真正原因。"庆及元嗣"，这是上天的神谕。时局如此，山雨欲来，在政治上把皇太子推上前台，不失为王朝长治久安的根本大计。

天禧三年八月二十三日，乾祐山天书被迎入大内，不久，朝廷举行了一个盛大的仪式，参加者包括所有在京的高级干部和宗室贵胄，由当今皇上向皇太子赐书。书目为：《元良述》《六艺箴》《承华要略》《授时要略》《国史》《两朝实录》《太宗文集》《御集》《御览》。对于眼下的绝大多数读者来说，这些秘笈听起来相当古拗且陌生，那我可以告诉你，它们集中在一起，大体上就是当皇帝必备的一个技能包，或者说是当皇帝的一座思想武库，其选拔和组成的原则是"三突出"，即，在所有的思想武器中突出历史，在历史中突出当代史，在当代史中突出赵宋帝王统治术的理论与实践。把这些堪称统治秘笈的宝典非常仪式感地赐予皇太子，其寓意不亚于一次提前举行的皇权交接仪式，也就是说，官家借此向外界宣示：皇太子就是未来的继承人，大家要齐心协力支持他。

不久，朝廷制定了重大典礼的座次图，把皇太子的位置排在宰相之上。太子恳让。官家把太子的态度诏谕辅臣。这种事，老皇帝给儿子招呼一下，就说这是政治，叫他不要客气，不就行了吗？但他偏要诏谕辅臣，他这一"诏谕"，就有演戏的意思了，寇准等辅臣当然要配合演出，他们反复称颂太子的美德，又反复强调储副之重,不可谦让。"凡再请乃许。"〔25〕这段话前半句的主语应该是寇准等,后半句的主语是太子,宰相等再三请求太子遵守新出台的仪制,太子只得同意。于是,幕落,剧终。

皇帝病危叫"不豫"。豫:安适;不豫,说白了就是不舒服,我老家一带至今仍称长辈或老人生病为"不舒服",这是一种婉转的说法。天禧四年二月,官家再次"不豫",虽然后来转危为安,却让朝廷高层的各派政治力量愈发地感到危机在即,他们不约而同地加快了应对非常情势的步伐,准备最后的摊牌。

说各派政治力量,其实主要是两派:皇后刘娥和宰相寇准。刘娥有没有想当女皇的野心,由于后来并没有发生这样的情节,后人也就无从揣测。但她出身寒微,好不容易才爬到这个位置,其中包含了多少荣耀,多少辛酸,还有多少侥幸。现在,她绝不容许别人损害自己的地位,哪怕是太子也不行。她要捍卫自己和家庭的既得利益。这期间还发生了一件事,让她和寇准的矛盾更加激化:

> 刘氏宗人横于蜀,夺民盐井。上以皇后故,欲赦其罪,准必请行法,重失皇后意。〔26〕

刘娥的族人在四川横行不法,官家睁一只眼闭一只眼,寇准却坚持要依法惩处。以皇后之尊,这样的处理对刘娥可谓伤害性和侮辱性兼具,结果不言而喻,寇准"重失皇后意"。从道德和法律的角度讲,寇准在这件事上并无过错;但从政治斗争的角度而言,他做了一件蠢事。在各派政治力量盘马弯弓暗中较劲的关键时刻,人为地激化和皇后的矛盾,实在没有必要。因为政治斗争不是以道德人格论是非,而是以成败论英雄,这是政治斗争的残酷之处,也是其丑陋之处。

那么就早一点摊牌吧。

在一个皇权社会里,所谓的政治斗争,最重要的就是取得权力金字塔顶层的皇帝的支持。这中间,个人私情的作用不可小视。现在的情况是,争斗的双方和官家都有着源远流长的个人私情。皇后刘娥自不必说了,他们不仅有恩爱,而且曾共患难。而太宗当初之所以选择真宗,寇准则有拥立之恩,定策之功,仅凭这一点,真宗对他就应该用一辈子的眷顾来偿还。

寇准决定首先出牌,但这必须具备两个条件。其一,官家的神志时而清醒时而糊涂,出牌必须在他思维正常能够做出负责任的决策的时候。其二,宋朝实行执政班子集体进谒皇帝的制度,没有皇帝的召见,即使是宰相,一般也没有单独和皇帝说话的机会。而且宫中密布皇后的耳目,不能打草惊蛇。

但只要有心,机会总会有的:

> 准尝独间曰:“皇太子人望所属,愿陛下思宗庙之重,传以神器,以固万世基本。丁谓,佞人也,不可以辅少主,愿择方正大臣为羽翼。”上然之。[27]

间:秘密。独间曰:单独秘密进言。进言的内容,一是要真宗交权给太子；二是要丁谓彻底下课。这中间似乎没有涉及刘皇后，其实处处针对的都是刘皇后。在皇帝面前说皇后的坏话，这肯定不是聪明的做法。寇准要丁谓下课，这是就"辅少主"而言，太子才十一岁，若入承大统，刘皇后顺理成章地将是小皇帝的监护人。寇准进言的实质是把皇权移交给太子，撇开后宫的刘皇后，由自己单独充当监护人。

"上然之。"真宗照单全收。

人对决定自己一生命运的大事会永远铭记，直至生命的末期。真宗虽然神思恍惚，但他会永远记得当年寇准向太宗推荐他继承皇位的情节，这一情节成就了他和寇准之间数十年君臣际遇的主体色调，也是他即便不满意寇准的性格，也终不愿黜落的根本原因。当此风云变幻的非常时刻，他又把信任押在寇准肩上，让他有机会成为拥立两朝君主的元勋重臣。

据说那天寇准出宫时踌躇满志意气洋洋，不知这个"据说"是"据"谁人之"说"，谁这么关注寇准的一举一动一颦一笑。在这个敏感时期，这种"关注"同样很值得关注。

寇准的政治经验是不用怀疑的，这种带有政变性质的大动作，果断和保密尤其重要。寇准马上召来杨亿，让他连夜起草群臣拥戴太子的请愿书。杨亿亦深知事机重大，回家后他屏退所有的下人和家眷，一个人闭门疾书。当时照明无论是用油灯还是蜡烛，本来要有专人挑灯芯的，但为了保密，杨学士只得自己亲自"挑灯"。

但秘密还是泄露了。其中的原因，一说是杨亿跟小舅子讲了（"小舅子"又被污名化）；一说是寇准自己酒后失言；一说真宗和寇准的密谈被刘皇后侦知，因为整个后宫都在刘皇后的掌控之下。我觉得最后一种说法比较可信，应该是有人向刘皇后报告了寇准单独面君及出宫时的神态，机警的刘皇后预感到这中间有问题，遂向真宗施加压力。归根结底，还是软弱而糊涂的真宗出卖了寇准。

后党的反击迅疾而犀利。丁谓拜见真宗，大讲寇准让他禅让帝位，扰乱朝政，居心叵测的坏话。其实刘娥在后宫已用这番话对真宗洗过脑，真宗也已照单全收。于是接下来就是罢免寇准的相位。这实际上也是一场政变，但丁谓搞政变比寇准更专业。现在看来，当时寇准在进言得到官家首肯后就不应该出宫，应该马上召杨亿进宫起草诏书，当着真宗的面把程序走完，再召集群臣宣布，这就叫趁热打铁。"趁热打铁才能成功"，这样的法则不仅国际通用，而且古今同理。现在丁谓就是这么干的，官家刚同意罢免寇准，丁谓马上宣知制诰晏殊入宫，要他起草罢免诏书。晏殊可能觉得事情不太正常，想拖延一下，就说，我掌外制，任免宰相的诏书我无权起草。他说的是对的，任免宰相的诏书应该由翰林学士（内制）起草。丁谓马上召钱惟演入宫，同时为了保密，命晏殊当夜不得回家，寄宿学士院。

真宗不是那种强梁霸悍的马上天子，他生性文弱。面对来自外朝和后宫的压力，他现在能做的，只有尽可能地维护寇准的一部分利益。当钱惟演提议授与寇准太子太保时，官家认为应"更与加优礼"，最后授与太子太傅、莱国公。寇准被罢相后，也没有离开朝廷，而是以太子太傅归班，作为一品大员，上朝时列班的位置仍然很醒目。这些都体现了官家对他的回护。丁谓等人知道，像寇准这样的对手，如果不把他彻底扳倒，不仅旧恨难消，而且后患无穷。因此，决不能讲绅士风度和"费厄泼赖"。他们轮番在官家面前进谗倾陷，一会儿说寇准在京师纠结朋党，煽风点火，危害安定团结的政治局面；一会儿又攻击他女婿王曙为东宫宾客，趋附者甚众，于太子不利。总之，污名化加妖魔化，无所不用其极。官家虽然顺从他们的意愿调整了中书班子，把丁谓擢为宰相，却始终不肯把寇准逐出京师，对这位有拥立之功的老臣，他心头总有一份情义在。

天禧四年夏秋的气候如同政坛情势一样阴晴难测，先是整个六月酷热难当，昔日繁华的街市上人影寥落生机惨淡，只有旧宋门外卖冰块的店铺生意出奇地好。生计无虞的人家大多懒得上街，叫外卖相当普遍，雪柜冰盘和浮瓜沉李——那种浸在冰水里的瓜果——都可以随叫随送。这是开封市民的盛暑炎夏，不像《清明上河图》上那般活色生香。热浪扑城，殃及美人，大内的地下冰窖也告急了，那里面储存的冰块皆去年冬天采自金明池，今年还没到三伏，储冰已所剩无几。内侍省只得紧缩供应，后宫嫔妃身份在美人以下者（含美人）一律取消供冰待遇。大暑天，照理总该有几场雷阵雨的，可老天吝啬，每次都是雷声大雨点小，终不肯痛痛快快地下场透雨。待一进入七月，老天又突然像个苦大仇深忍无可忍的怨妇，终于歇斯底里地爆发了：

甲子，大雨，流潦泛溢公私庐舍大半，有压死者。是月连雨，而此夕为甚。[28]

　　甲子这一天是七月十五日，中元节，俗称鬼节，本来是生者祭祀死者，想不到祀礼方休，就有生者跟着死者去了。开封地势低平，又居河川下游，汴河、惠民河、五丈河被称为"东都三带"。"三带"固然"带"来了便利的漕运水网，但也"带"来了频繁的水患，暴雨成灾或河川决口是一再上演的惊险情节。淳化年间，有一次汴河决口，京师大水，居民惶恐不安。太宗率文武百官亲赴现场，见水势汹涌堵口困难，太宗毅然将乘坐的步辇行入洪水中百步。随从的大臣极为震惊，一个个都奋不顾身地下水抢险，扈驾的禁军亦拼死奋战，终于堵住决口。作为参与开国的皇帝，太宗在非常情况下那种义无反顾的狠劲，确实是后辈帝王无法望其项背的。

　　京师的暴雨并没有让政客们须臾分心，相反，以天地间的这场大喧闹为掩护，有关各方都加快了拼死一搏的准备，因此，当天灾的阴云刚刚消散，政坛的地震又接踵而来。

　　和官家有一"腿"的周怀政出事了。

　　作为在大内有相当掌控权的入内副都知，周怀政串联了禁卫侍奉系统的一批军官，图谋发动政变。其政治纲领是：杀丁谓，废刘后，再相寇准，奉真宗为太上皇，传位太子。但起事的前一天晚上，政变团队中有人向丁谓告密，丁谓迅速反击，周怀政在崇政殿东庑被执，经过简单的审讯，即被押往城西普安佛寺斩首,其他的涉案者亦很快被一网打尽。接下来轮到丁谓享受这桩谋反案的剩余价值了,首先是挖出伪造天书的朱能。朱能杀人拒捕,后在追兵围堵下自杀。挖出伪造天书的朱能,是为了清算上奏天书的寇准。现在连官家也无法保护他了,只得下旨派他到一个小州去做官。可是诏书发布时,丁谓把"小州"改成"远小州"。一字之增,处分就严重多了,意思是发配到更恶劣的偏远地方。很显然,丁谓已经开始弄权了,"拂须"的心理阴影笼罩着他,不把寇准置于死地他是不肯善罢甘休的。

丁谓胜利了,堪称完胜。他不仅把寇准扫地出门,而且自己又擢升首相。他将会用什么方式来向世界张扬自己的胜利呢?

（谓）召亿至政府,亿惧,便液俱下,面无人色。
谓……徐曰:"谓当改官,烦公作一好麻耳。"亿乃少安。[29]

杨亿,杨大年、杨学士、杨文公,这个当年曾是丁谓的西昆诗友后来"道不同不相为谋"的文坛巨擘,这个曾因为官家改了他文稿中的一个字而拂袖请辞的高傲才子,这个曾拒绝起草刘皇后册封诏书的铁骨铮铮的男人,此刻竟"便液俱下,面无人色"。他以为丁谓要清算他参与寇准集团的政治账,要罢官、流放,甚至杀头。毕竟是书生啊,到了这种境地,就不由自主地草鸡了。丁谓要的就是这种效果,他胜利了、升官了,一定要由这位名气最大同时又是自己对立面的大文豪来草制。请体味丁谓的那个

"徐曰"，为什么是"徐曰"？因为他要细细地欣赏、咀嚼、享受对方的恐惧，还有由恐惧转而释怀再转而感激的细微变化，就有如品味一席美食，他要慢慢受用，舍不得狼吞虎咽。因此他"徐曰"，"徐"就是细嚼慢咽，在这个"徐曰"中，丁谓的刻薄、险狭和小人得志尽显无遗。此刻，他很享受杨亿在自己面前的唯唯诺诺甚至感激涕零。他相信，这个往日里牛皮哄哄傲骨嶙峋的大才子，将会动用自己全部的才华，向他奉献一篇最华采的升官制词。

　　这一年的夏秋之交天灾频仍，人祸迭现。在政坛上"三起三落"的寇准落荒而去，大才子杨亿在宰相府尿了裤子，彻底的唯利主义者丁谓志得意满，一手遮天的刘皇后做着她的女皇梦。万家墨面，苍天无语，大家都在恐惧和不安中等待一件大事的降临：

　　老皇帝驾崩。

注释：

〔1〕〔2〕〔3〕〔4〕〔5〕〔7〕(宋) 李焘《续资治通鉴长编》卷八十七。

〔6〕〔11〕〔13〕《续资治通鉴长编》卷九十。

〔8〕〔9〕〔10〕〔14〕〔15〕《续资治通鉴长编》卷八十九。

〔12〕(宋) 朱熹《五朝名臣言行录》卷二。

〔16〕《续资治通鉴长编》卷八十八。

〔17〕《续资治通鉴长编》卷八十一。

〔18〕〔19〕《续资治通鉴长编》卷九十二。

〔20〕(宋) 司马光《温公诗话》。

〔21〕《续资治通鉴长编》卷九十三。

〔22〕(元) 脱脱等《宋史·李沆列传》。

〔23〕《宋史》卷二百八十一。

〔24〕《宋史》卷四百六十六。

〔25〕《续资治通鉴长编》卷九十四。

〔26〕〔27〕《续资治通鉴长编》卷九十五。

〔28〕《续资治通鉴长编》卷九十六。

〔29〕(宋) 苏辙《龙川别志》。

尾声　从坑书到焚书

一门兄弟皆大魁天下,这样的情况有,但不多,阆中陈氏兄弟——陈尧叟和三弟陈尧咨——即其一例。陈尧咨状元及第后曾以监丞通判州府,当时李迪尚在场屋,两人时相过从,每宴游题壁,最后也给李某人带上一笔,曰:"布衣李迪捧砚。"[1]李迪后来中了景德二年乙巳科状元,当时他已经三十五岁了,大器晚成。

这个曾经给陈尧咨"捧砚"的"布衣",进入仕途后却比陈尧咨进步快。

天禧四年七月,李迪与丁谓同时拜相,不久就发生了周怀政的未遂政变。丁谓趁机大搞政治清洗,寇准被逐出京师。官家本来说的是让他出知"小州",却被丁谓改成出知"远小州",对此,当时在场的李迪提出抗议,说皇上没说"远"字,丁谓则霸道地反诬李迪想篡改圣旨。丁谓太过分了,他已经不把病中的皇帝放在眼里了,他知道在当时的局势下,即使李迪去找官家对质,官家也可能装糊涂,甚至顺从他的说法。在众目睽睽之下,丁谓公然对圣谕上下其手信口雌黄,他有恃无恐啊!所"恃"者,皇后刘娥也。

在中书,丁谓越来越任性了,连任命官员也不与李迪打招呼。李迪愤然道:"我起自布衣,位至宰相,岂能屈服权幸而苟且自安?"两人经常争吵,有一次还差点在办公室里打起来。李迪因此郁郁不乐,为发泄愤懑,他常在政事堂的粉墙上题诗,但所题都是这样两句:"灰心缘忍事,霜鬓为论兵。"这是唐代裴晋公(裴度)《中书即事》诗中的句子,今天写过了,明天情绪上来了,再写,还是这两句。政事堂的粉墙上到处都是"灰心缘忍事,霜鬓为论兵",竟然有数十处。若干年后晏殊当宰相,亦写有《中书即事》诗,诗曰:"惨惨高槐落,凄凄馀菊寒。粉墙多记墨,聊为拂尘看。"所谓"粉墙多记墨",说的就是李迪题在墙上的诗。[2]

李迪当然也不光是在粉墙上题诗,官家视朝时,他当众列数丁谓枉上弄权的种种劣迹,说自己愿意与丁谓同时罢相,交御史台推问。这是豁出去鱼死网破同归于尽的姿态。两个当朝宰相闹成这样,官家很不高兴,一怒之下就命翰林学士起草两人同时罢相的制诰,李迪出知郓州;丁谓是首相,出知开封以外的第一大府河南府,亦即西京洛阳。

李迪老老实实地到郓州上任去了,丁谓却赖着不走,他利用入谢(大臣罢政入朝谢罪)的机会向官家诉说自己的无辜,表示愿意继续留在中央。官家还没有明确表态，他就自说自话地传达自己仍入中书视事的上谕，命翰林学士起草他复相的诏书。这等于是在朝堂上耍流氓。当年能写出那么唯美精丽的西昆体诗歌，又在传胪大典中名列前茅的丁谓，在政坛上怎么会这样流氓呢？这只能说明，有没有文化并不是一个人流氓不流氓的必要条件，有时候，反倒是有文化的流氓更可怕。丁谓不仅有文化，而且智商很高，因此耍起流氓来几乎所向披靡。

李迪离开中书后，王曾由参知政事拜相。王曾不仅是咸平五年壬寅科状元，而且乡试、会试亦为第一，是谓"连中三元"。我们还记得，早在祥符二年，王曾就曾上疏谏止昭应宫工程，他责问官家的那一句"奈何特欲过先帝之制作乎"（你为什么一定要超过先帝那些工程的规模呢），何等大胆。当时他的身份是知制诰。在真宗晚年的政治乱局中，王曾是站在寇准李迪他们这一边的，但他不像寇准和李迪那样赤膊上阵。事实证明，在君权旁落，后党坐大的情势下，赤膊上阵只能牺牲得更壮烈，其实于事无补。王曾入相后，中书凑足了三名宰相，除去首相丁谓（昭文相），还有一位就是那个曾经为了拍官家马屁、挖空心思地用斑鸠在监房里做窠孵雏来体现"狱空"进而体现形势大好的冯拯。王曾和冯拯都是集贤相，但冯的寄禄官阶是吏部尚书，王是礼部尚书，因此王曾排名垫底。这样一个班子，一看就知道是丁谓要风得风要雨得雨一手遮天的格局。面对丁谓的专横，王曾讲究的不是斗争，而是周旋，表面上他是个老好人，不动声色甚至唯唯诺诺，但在重大原则问题上决不让步。真宗驾崩后，在几个关键时刻，力挽狂澜的都是这个表面上不动声色甚至唯唯诺诺的老好人。

又改年号了。

年号就像个旧式女人，夫君得意时，她就是诰命夫人，光鲜且体面。夫君一旦流年不利，就要弃旧迎新，这时年号就成了冲喜的侍妾。天禧年号用了五年，现在主人要"冲喜"了，又急急忙忙地改元乾兴。乾兴元年正月初一，朝廷一连下了三道诏书，除去改元，第二道诏书更加出人意料：移今年南郊恩赏于二月初一颁行。南郊大礼三年一次，本来应该在今年初冬举行，一应恩赏当然在大礼之后，但现在将恩赏提前颁行，这就不光让人意外，而且喜出望外了。第三道诏书是命道士建道场于大内天安殿，宰执大臣轮流"斋宿焚香"。这一切，据说都是因为——

上疾浸愈也。[3]

皇上的病渐渐好起来了。

"上疾浸愈"当然很好，但稍加分析就会发现，情况可能不那么乐观。三道诏旨，其中只有改元在时间上紧迫一点，其他的两道有什么必要在年初一一大早急急忙忙地宣布呢？像提前颁行郊祀恩赏这种事，以前从来不曾有过，现在这样做，完全是等不及了。那么发生了什么事才这么急迫呢？只有皇上"大渐"，也就是病危。这样一分析，就和第三道诏旨对上了，让宰执大臣每晚轮流"斋宿焚香"为皇上祈福，这往往是皇上病危才会采取的措施。因此，所谓"上疾浸愈"可能只是一种委婉的说法，真实情况要比这严峻得多，最乐观的推测也是官家刚刚经历了一次病势垂危，现在暂时缓过来了，这才又是改元，又是祈天，又是提前颁行恩例，以求得上天的护佑。至于往后的事，不好说。

不好说那就不说，说点别的。

正月十三日，官家命皇太子朝拜启圣院。启圣院是太宗皇帝出生的地方，按照惯例，这种地方后来都改成了进行某种教育的纪念馆。一向在东宫深居简出的皇太子不仅走出宫城出头露面，而且去的是政治寓意极其丰富的启圣院，这应该是皇太子即将接班的信号。接班之前，先到启圣院接受打天下坐天下的传统教育，以体现不忘初心。一个十二岁的孩子，平时据说喜欢赤着脚在后院乱跑，此刻他会想些什么呢？

一个月后，真宗驾崩。

后事的一切都按照既定方针办，既定方针就是大行皇帝的遗诏，但大行皇帝的遗诏就真的靠得住吗？也未必。因为遗诏在公布之前往往经过了大臣们的修改，有时甚至因修改遗诏而争得面红耳赤。

真宗的遗诏大致有三条：一、皇太子即皇帝位，他就是两宋历史上在位时间最长的宋仁宗。二、尊皇后为皇太后，权处分军国事，也就是垂帘听政。三、尊淑妃杨氏为皇太妃。三条中，第一条没有疑问，二、三两条小有争议。首先是丁谓为了讨好刘太后，提出把遗诏中刘太后"权处分军国事"的"权"字去掉。"权"是权宜之意，也就是在仁宗年幼尚未亲政这期间，暂时由刘太后代行处理军国大事。如果去掉了"权"字，不仅仁宗的亲政会遥遥无期，刘太后的权力亦被无限放大，重演武周代唐那样的情节也不是没有可能。面对如此严峻的原则问题，王曾表现了一个士大夫应有的坚守，他对丁谓这样说：

政出房闼，斯已国家否运，称权尚足示后。且言犹在耳，何可改也。[4]

"房闼"，后宫。军国大事由太后兼权乃是不得已的事情，有个"权"字，表示是临时性的，对历史还可以交代。后面的话分量就重了，"且言犹在耳"，谁的"言"，当然是先帝的遗言。先帝的遗言，大家都听到了，你怎么能篡改呢？对于丁谓这种彻底的唯利主义者来说，他并不怕背负所谓的历史责任，身后名，功过评说，他才不管呢。但他不敢背负篡改先帝遗诏的罪名，一向胆大妄为的丁谓，被王曾的一句"何可改也"镇住了。

但丁谓岂是忍耻包羞之辈？当接下来王曾又提出不必把尊杨淑妃为皇太妃载入遗诏时，丁谓顺势反咬一口，说王曾想"擅改制书"。王曾在得不到同僚支持的情况下，也就不再坚持。皇太妃入不入遗诏，这件事看似无所谓，其实刘太后有心机在焉。在后宫，她和杨淑妃一直负责养育小皇子，小皇子亦称她们为"大嬢嬢"和"小嬢嬢"。大小嬢嬢，一个有心笼络，一个倾心巴结，关系当然很铁。现在，以先帝遗诏的形式提高杨淑妃的政治地位，是为了增加后党的基干力量，听政以后，自己一旦和小皇帝或外朝大臣发生冲突，皇太妃也是可以站出来说话的。王曾当然看到这些，也当然要予以阻击。但有时候明明是政治问题，当事人却故意不讲政治，讲程序。王曾说：尊礼淑妃这次太仓促，待日后再议，就不必载入遗诏了。要知道，同样是尊淑妃为皇太妃，出自先帝的遗诏和日后进封，分量是不同的，王曾这个人不简单，政治上他看得很远。十一年以后，刘太后去世，果然遗诏以杨太妃为皇太后，与皇帝同议军国事，那道女后听政的珠帘还是不肯撤除。御史中丞蔡齐和谏官范仲淹上书指出：尊皇太妃为皇太后可以，军国重事就不烦劳了。皇帝青春鼎盛，岂能让女后相继称制。于是删去遗诏中"同议军国事"的内容，仁宗正式亲政。

先帝升遐，按照惯例，由首相兼任山陵使，也就是负责修建大行皇帝的陵墓。赵宋的皇陵在巩县，丁谓当然用不着去现场监工，他只是政治上负总责。现场监工的是入内押班雷允恭。雷允恭是丁谓的亲信，又是大内副总管（总管是入内都知），这个人和丁谓几乎是一个模子里出来的，胆大妄为，无法无天。丁谓把皇陵工程交给这种人实在不大妥当。要知道，皇陵工程要么不出事，一出事就是可以让政敌抓住无限上纲的大事。那就让我们和丁谓的政敌一起，瞪大眼睛等着出事吧。

丁谓的眼睛也瞪得大大的，他盯着谁呢？他盯着贬放在外的寇准和李迪。一个人已经倒台了，却仍然让他的对手惴惴不安无法释怀，这恰恰证明了他的强大，不愧牛人。仁宗即位，太后听政，听政的地方在延和殿。延和殿是大内诸殿中唯一坐南朝北的宫殿，俗称"倒座殿"。从倒座殿最先发出的诏令都与大行皇帝的后事有关，例如大赦、加恩、赏赐近臣、营建山陵等，这些都是规定动作。到了第十天，自选动作来了：

> 戊辰，贬道州司马寇准为雷州司户参军，户部侍郎、知郓州李迪为衡州团练副使，仍播其罪于中外。[5]

"仍播其罪于中外"，就是向国内外宣传他们的罪行，这样的做法很少见。宋代是一个政治上相对宽容的社会，比较讲究大臣体面，政治上犯了错误属于公罪，公罪不像私罪（例如贪赃枉法）那样会身败名裂，大臣犯了公罪并不是什么见不得人的事，也不会受到人格上的羞辱，像这种一旦在政治上倒台就把所有的屎盆子都扣到他头上，一定要把人搞臭的做法，并非当时主流的社会风气。对寇准和李迪的追加处理是丁谓提出来的，理由是寇准勾结周怀政图谋发动政变，真宗受了惊吓，病势由此加重；李迪则是在真宗面前詈骂丁谓，也让真宗受惊而病重。两人贬迁的责词起初由知制诰宋绶起草，丁谓觉得不满意，亲自动笔修改："当丑徒干纪之际，属先皇违豫之初，罹此震惊，遂至沉剧。"丁谓确有才华，一出手就不同凡响。但他的才华却是用来整人的。他这样一改，就把真宗之死的账算到了寇准和李迪头上，于是寇准流放雷州，李迪发配衡州。

但丁谓的目的是要置两人于死地，而宋王朝有不杀士大夫的祖宗法，写在太庙密室的誓碑上。这时候，丁谓聪明才智中的那部分小人心术蠢蠢而出了。一个绝顶的聪明人,因为品格卑下而将其聪明才智阴谋化、伎俩化,这是人类智力进化中的悲剧。丁谓和宣旨的使者勾结起来,先故意制造朝廷要杀寇准的假象,中使则"以锦囊贮剑揭于马前,示将有所诛戮状"。因此,中使还在路上,坏消息已先风传。中使到道州时,寇准正在和地方上的官吏喝酒,同席的官吏去迎接中使,中使不见,地方官们感觉来者不善,一个个都吓白了脸。寇准去见中使,中使也不肯出来。这都是为了对寇准形成心理压力,诱使他因误判而自杀,因为在宣旨前自杀,可免于株连家眷。但寇准何等人物,他可是经历过大场面大风浪的,他神色自若,坚持要看圣旨。中使无奈,只得开读,原来是贬他到雷州去当司户参军。此前由于真宗的眷顾,寇准在道州的寄禄官阶为太常卿,正三品,服紫袍。而雷州司户参军仅为从八品,当服绿袍。寇准没有合适的官服接旨,就向在座的官吏借了一件绿袍穿上。这件绿袍很不合身,"短才过膝"(由此亦可见其身材魁梧,前文因其娶太祖宋皇后之妹而谓其男神当不为虚妄也)。好一个寇准,"拜敕于庭,升阶复宴"。[6]拜谢了皇恩,重又入席。来呀,都满上!人情高谊,浊酒一杯;是非成败,尽付笑谈。宴毕,拂须上马,一路风尘往雷州去了。

撇开政治作为不论,单说性格魅力,寇平仲也无愧男神。

再说郓州那边。李迪的心理素质不如寇准,让丁谓的阴谋几乎得逞:

中使到郓州,迪闻其异于他日,即自裁,不殊,其子东之救之,乃免。[7]

"不殊"就是不死,李迪自杀未成,丁谓又指使中使一路折磨他,幸有门客邓余护送,"迪由是得全"。事后有人问丁谓:李迪如果贬死,你如何面对后人的评判呢?他若无其事地说:日后有好事者舞文弄墨,"不过曰'天下惜之'而已"。好一个"而已",轻佻得如同吐瓜子皮一般。确实,比之于注重身后名节的士大夫,丁谓是一个异数。他曾在中书对同僚说:史书中的人物评价——所谓功与过、忠与奸、贤与愚——都是史家出自教化目的编造出来的,根本不足信。对历史、对政治、对所谓的千秋名节,他看得太透了,最后只剩下一个字:利,现世的、眼前的、实实在在的利益。所以我给他命名:彻底的唯利主义者。什么"主义"一旦"彻底",就会无所畏惧,丁谓既不畏惧当世的公议,也不畏惧历史的耻辱柱,他无所畏惧。

但无论是人类还是个体的人,都应该有所畏惧,若一味恣意妄为,恐怕离倒霉就不远了。

丁谓的倒霉缘于一次偶发事件。王曾知道,对付丁谓这样的对手,若不利用偶发事件,不借助皇权,是无法将其扳倒的。事件当然要足够敏感,才能惊动皇上和太后,例如眼下,最好出在皇陵工程上……

正如不少人瞪着眼睛所期待的,皇陵工程果然出事了。

雷允恭毕竟是个小人,小人得志,就容易忘乎所以,他竟然以"法宜子孙"为名,自说自话地将皇陵上移百步,结果墓穴一开挖就出水不止。按照风水的说法,葬地受水乃凶事,不仅梓宫不稳,而且要冲散子孙后世的福泽。现在轮到王曾出手了,他将此事秘密报告太后,太后大惊,又派他实地调查。这一查,不仅查出了雷允恭私移皇堂曾得到丁谓的庇护,而且查出了两人勾结贪赃枉法的其他劣迹。这中间,仅"包藏祸心,擅移皇堂于绝地"一条,就足以杀头。好在宋朝不杀士大夫,但雷允恭乃宦者,难逃一刀。

于是雷允恭赐死,丁谓流放崖州。

丁谓听说刘太后派王曾调查他的问题,"知得罪,颇哀请"。曾隔着帘子跪求刘太后:

> (谓)自辩于帘前,未退,内侍忽卷帘曰:"相公谁与
> 语? 驾起久矣。"谓皇恐不知所为,以笏叩头而出。[8]

这就是那个专横跋扈的丁谓吗?从气焰熏天到可怜巴巴,只在转瞬间,这就叫专制皇权。在此奉告那些当政者,不要有了一点权就以为自己有什么了不起,错矣,只要上司一变脸,你什么都不是。不知官人以为然否?

丁谓倒台后,他在宝康门外的住宅被籍没,赐给了观察留后杨景宗。观察留后是个品级较高但没有什么正经事的闲差,正四品,一般都授予皇亲国戚。杨景宗当然也是皇亲国戚,他是杨淑妃的弟弟。此人本是个游手好闲的无赖,因犯罪而黥面隶军,服役京师。一次真宗幸玉清昭应宫回銮,六宫则乘金车迎驾于

道上，杨景宗正好在这里担任警戒。淑妃在车内看到景宗，令问其姓名骨肉。景宗知道自己有个姐姐在宫中，就直呼淑妃带排行的小名，于是姐弟相认。后面的事就不用多说了，身为国舅，杨景宗不想富贵也难，先升右班殿直，再升观察留后，连脸上的黥痕也用药水去除了。皇亲国戚这个行业真是养人啊，不长时间，"小舅子"就出落得"肥皙如玉"，而且脾气也大了，"性横，好以木挝击人，世谓之杨骨槌"[9]。丁谓倒台，朝廷把他的住宅赐给杨景宗，这本来很平常，不值得多说，但此中有一桥段很有意思。当初丁谓建房时，动用了三衙禁军，杨景宗也在这里施工，他每天的活计就是运土垫高一块地基。如今他乔迁新居，竟发现"其正寝乃向所筑地也"。在这个世界上，所谓为谁辛苦为谁忙，谁说得清呢？杨景宗当初做梦也不会想到，那么堂皇的房子是给自己准备的。

在洛阳牡丹进京的驿铃声中，天气渐渐暖和了，大内的各种应时花卉亦喜笑颜开，全不似朝堂上的衮衮诸公那样因为皇上升遐而故作戚容。皇上升遐，庶民的治丧期只有三天，也就是三天之内停止娱乐活动。现在，三天早就过了，京师的瓦舍勾栏一如既往地活色生香。这是对庶民而言，对官员的要求当然要严格些，例如每年三月二十日皇上要驾幸金明池观龙舟争标并赐宴，今年就取消了。这并不完全是国丧的缘故，官员的治丧期为二十七天，皇上升遐是二月十九日，至三月二十日已过了治丧期。真正的原因在于，现在是皇太后垂帘听政，但皇太后又不方便抛头露面，若只是小皇帝驾幸金明池，太后既不放手也不放心，那就索性取消活动。估计此类活动以后几年举办的可能性都不大了——因为皇上才十二岁。

四月一日为天祥节，也就是天书降于大内功德阁的日子。这些年来，每逢重要节日——与天书有关的天庆节、天祥节、天贶节，以及与圣祖降世有关的先天节和降圣节——真宗都要率两府两制的近臣拜谒天书，这已经成为一项政治制度。天书的原件并不在玉清昭应宫，昭应宫里奉安的是玉刻副本，原件藏大内龙图阁。既然龙图阁拜谒天书是已有的政治制度，太后和皇上当然应该遵守。但太后又不宜和外朝大臣一起参加活动，因此今年只能由太后带着皇上先行拜谒，辅臣的拜谒则由宰相率领嗣后进行。当天在龙图阁，太后还向小皇帝讲了先帝的一段逸事。龙图阁其实就是皇家图书馆，除去历代的经典史传、子书、文集、天文、图册以外，这里还贮有开国以来的诏令和奏章。先帝万机之暇亦常在这里读书。一次他读到太宗朝翰林学士王禹偁的奏章，其论述之切直及文笔之漂亮令其大为赞赏。王禹偁是当时的文坛领袖，诗文辞章冠绝一代。先帝便打听他后人的状况，得知其子嘉言举进士及第，为江都县尉，颇勤于词学，而家贫母老。先帝嗟叹久之，下旨召对，且特授大理评事。[10]特授就是不经过官员除授的正常途径，由皇帝特旨任用。江都县尉，从九品；大理评事，从八品，月俸从七千增加到十千，聊解无米之炊。小皇帝听了这样的故事，也应该会有所感慨的。仁宗是历史上有名的仁厚之君，刘太后虽不是他的生母，但从他一降生就一直陪伴到他二十三岁，女性那种宽悯温和的天性对他当有更多的滋润。所谓"长在妇人之手"，有时也不一定都是贬义。承平时代的君王，可以不那么雄才大略，却绝对不能缺少宽容仁厚。

天祥节过了，下一次拜谒天书当是六月六日的天贶节，然后是七月一日的先天节、十月二十四日的降圣节，再然后又是正月初三的天庆节。一年到头，然而有后；周而复始，没完没了。仪式依赖症患者已然升遐，但仪式仍在延续。三封天书静静地躺在金匮里，承受着一个王朝最神圣的崇拜，这是先帝留下的政治遗产，这遗产太重了，对继任的执政者来说，太重的遗产，很容易变成包袱。刘太后是极聪明的女人，也是极清醒的政治家，她不可能不知道天书出笼过程中那些装神弄鬼的把戏，不可能不知道这些年折腾的后果，不仅天怒人怨，而且国家财政也吃不消了。但先帝晚年基本上就做了这一桩大事，对天书的评价涉及对一段历史的评价，当然也涉及对先帝历史地位的评价。这中间有很多政治忌讳，也有很多难言之隐，让后继者有临渊履薄之感。况且，更重要的是刘太后本人的执政合法性来自先帝，她不能容忍对先帝形象的丝毫亵渎。

对天书的处置，考验着执政集团的政治智慧。

乾兴元年九月十一日，皇帝和皇太后视朝延和殿。过去皇帝视朝，皇帝坐着，辅臣站着，中间有一块象征性的仪石作为界线，君臣面对面地说话，对方的神情举止都看得一清二楚，太宗时甚至发生过寇准越过仪石拉住皇帝的袖子"挽衣留谏"的事。现在还是面对面地说话，但中间有一道帘子，谁也看不见谁。这样语言以外的一切辅助因素都无法传达，只剩下了语言本身。但有道是说话听音，即便隔着一道帘子，话的感情色彩还是听得出来的。当天视朝时有一段话，史书记载为"上与皇太后谕辅臣曰"，其实应该出自皇太后之口。这段话水平极高，内涵亦相当丰富，须全文照录：

> 上与皇太后谕辅臣曰："前后所降天书，皆先帝尊道奉天，故灵贶昭答。今复土有日，其刻玉副本已奉安于玉清昭应宫，元降真文止于内中供养，则先意可见。矧殊尤之瑞，专属先帝，不可留于人间，当从葬永定陵，以符先旨。"〔11〕

除去一个"矧"（连词，况且的意思），这段话的意思并不难懂：天书原件将从葬永定陵。其中最关键的是两句，一句是"先意可见"，一句是"以符先旨"。"先"就是先帝，"先意"和"先旨"意思一样，都是先帝的意愿。先帝的意愿是什么呢？一句话：他离不开天书。生前离不开，因此把刻玉副本陈列在面向公众的玉清昭应宫，真迹则藏于大内，以方便自己朝夕瞻仰。死后也离不开，因为这样富于特殊意义的祥瑞（殊尤之瑞），只属于先帝本人，不可留于人间。最后的结论是：天书应从葬永定陵，"以符先旨"。

"以符先旨"，这是何等聪明的说辞，先前所有的政治忌讳，所有的难言之隐，所有的临渊履薄，这一句就全给打发了：这是遵从先帝的遗愿。就这么简单。各位还有什么要说的吗？没有了，那好，退朝。

一个月后，真宗奉安于永定陵，三卷天书亦随同入土。这一天是乾兴元年十月十一日，距承天门天书降世已十四年矣。这十四年，宋王朝的天空日朗风和，既无战乱亦无全国性的灾荒，这位文明武定章圣元孝皇帝却兢兢业业地把太祖太宗两朝以及自己执政早期总共半个世纪积累的家底挥霍一空。元朝人在修《宋史》时，面对这一段历史竟大为不解：

> 及澶渊既盟，封禅事作，祥瑞沓臻，天书屡降，导迎奠安，一国君臣如病狂然。吁，可怪也。[12]

但终于结束了。

坑书，或许标志着一个新时代的开始。

真宗时期的祭祀体系是以天书为中心的，天书入土似乎向人们传递了某种信号。于是，紧接着便有大臣以财政问题为理由，提出裁减与天书相关的节庆：

> 而宰相冯拯因奏"海内久安，用度宜有节"。帝及太后曰："此先帝意也，会寝疾，不果行。"即诏礼仪院裁定。[13]

冯拯就是那个曾以监狱里鸠窠生雏来歌颂"狱空"的马屁

精，他算不上敢作敢为，但他善于观察风向。现在他能站出来说话，说明天书造成的祭祀政治的弊端大家都看在眼里，拨乱反正势在必行。而太后所采取的策略还是和决定天书陪葬时一样，都是假借先帝的遗愿：这是先帝先前就想做的，只是因为生病，没来得及实施。既然是先帝未完成的遗愿，那还有什么说的呢？赶紧落实吧。

这几乎是一场禁锢之后的思想解放运动，坚冰已经打破，但航路尚未开通，因为沉迷旧梦者大有人在，例如王钦若。

丁谓倒台后，王钦若又进京拜相。此时的中书有三名宰相：冯拯、王曾、王钦若，正好一个左中右的组合。三个人吵架是常事，但谁也不能独大。一次，王钦若与王曾在太后帘前发生争论，争论的由头是王钦若认为"宫观钦奉之礼，疏怠不若昔时"。[14]也就是说，以天书为中心的那一套礼仪活动，现在废除的废除，压缩的压缩，还有的名存实亡，政风日下，今不如昔，老臣王钦若忧心如焚。他屡次奏请恢复先帝时的祭祀制度，而太后则"依违未能决"。这一天，王钦若又在帘前大谈旧时的"宫观钦奉之礼"，而且口口声声"昔先帝在日"，俨然以功勋老臣自居，结果被王曾嘲弄一顿。王曾凭什么嘲弄王钦若呢？他并不是凭借雄辩滔滔的论战，而是通过对一个历史细节的回味和反诘，让对方理屈词穷下不了台。王曾起初也是以"天道远人道迩"这种穿靴戴帽式的套话开始的，但他突然觉得和王钦若讲理论，你永远占不了上风，最多只能打个平手。因为理论是灰色的，正反两面都是灰色，怎样说怎样有理；而事实之树常绿——即使那是许多年以前的事实,既然王钦若动不动就"昔先帝在日",自己何不拿一件当时的事情怼一怼他?

王曾说:有一件事,太后想必也记得,那一年天书中说先帝圣寿三万日,王钦若抢先祝贺先帝:三万日,八十三岁。现在我问一句,说得好好的八十三岁呢?应验了吗?

他这样问,王钦若能说什么呢?他只能"赧然而退"。

王钦若这次"赧然而退",竟然从此就"退"出了政治舞台,因为不久他就死了。而在此前不久,首相冯拯也死了。他们都是太宗时期进入政坛的老臣,已经侍奉过两代帝王了。见证真宗祥符闹剧的老一代政治家相继凋零,而作为一个特殊年代的标志,天书也渐渐淡入了历史的深处。

到了天圣七年时,年富力强且风头正劲的首相王曾却突然被罢,因为京师出了一件大事:

> 丁未,大雷雨,玉清昭应宫灾。宫凡三千六百一十
>
> 楹,独长生崇寿殿存焉。[15]

楹,《辞海》中的解释是:"计算房屋的单位,一列为一楹。一说一间为一楹。"如果取前者,三千六百一十列,那就太夸张了。但即使取后者,也已相当可观。现在,三千六百一十间宫殿——除去几间小殿——一夕延燔殆尽,玉石皆焚。

"玉石皆焚"在这里不是修辞,而是实指,因为奉安于昭应宫的天书刻玉副本亦毁之一炬。

天书玉殒香消。

天书灰飞烟灭。

天书休矣!

现在我们来打量一下这片废墟,原先立项时说位于天波门外、大内西北之乾位。但后来丁谓在施工时又向东扩展至景龙门外,整个建筑群实际上在大内之正北。当初施工时,又因基地"多黑土疏恶,乃于东京城北取良土易之,自三尺至一丈有六不等"。[16]所谓"取良土易之"其实就是填土增高,玉清昭应宫就建在天波门至景龙门之间的这块台基上。

我之所以絮絮叨叨地说得这么详尽,是为了考定一个事实,北宋末年的艮岳就大致建在玉清昭应宫的地基上,只不过艮岳的规模更大,又从昭应宫地基向东扩展至封丘门,向南延伸至里城内侧,因而其总体方位在大内之东北,为八卦中的艮位。也就是说,艮岳大致是在玉清昭应宫填土增高的台基上再堆山叠石,尽宫室之丽,夺天工之巧。而且其由头竟也和昭应宫一样,是为了"多子之福"。其实当时徽宗已有了三十多个儿子。他要那么多儿子干什么呢?靖康之难后,那些龙子龙孙都成了金人的奴隶,猪狗一样苟活在金人的淫威之下,只有九子赵构侥幸逃脱。所谓"多子之福",福兮?祸兮?

艮岳催生了中国政治史上臭名昭著的弊政个案——花石纲。当是时也,在从江南到东京的千里运道上,装载花木奇石的纲船艨艟相继。云帆浩荡,洋洋大观,渲染了一个王朝最后的奢华,那种极致之恶和极致之美的联袂演出,盛大而绝望,令人不敢回眸。

现在是宋仁宗天圣七年，耗费巨亿的玉清昭应宫毁于天火，连同三封天书的刻玉副本。到了宋钦宗靖康二年，还是在这块传承了某种精神基因的地基上，比玉清昭应宫耗费更巨的艮岳毁于战火，而时间正好在百年之后。

在民间，"百年之后"就是寿终正寝的意思。

北宋遂亡。

亡于斯。

辛丑年立秋于兰香湖畔

注释：

〔1〕（宋）高晦叟《珍席放谈》。

〔2〕（宋）阮阅《诗话总龟》。

〔3〕〔4〕〔5〕〔6〕〔7〕〔8〕（宋）李焘《续资治通鉴长编》卷九十八。

〔9〕（宋）司马光《涑水纪闻》。

〔10〕《续资治通鉴长编》卷八十三。

〔11〕《续资治通鉴长编》卷九十九。

〔12〕（元）脱脱等《宋史·真宗本纪》。

〔13〕《续资治通鉴长编》卷一百。

〔14〕《续资治通鉴长编》卷一百零二。

〔15〕《续资治通鉴长编》卷一百零八。

〔16〕《续资治通鉴长编》卷七十一。